함께 알아가는 근로관계

유 선 용 지음

현장경험을 바탕으로 한
다양한 사례 중심의 실무지침서

考試界社

함께 알아가는 근로관계

CONTENTS

Chapter 10 근로계약의 변경

Chapter 11 해고1

Chapter 12 해고2

Chapter 13 경영상 이유에 의한 고용조정

Chapter 14 부당해고의 구제

Chapter 15 비정규직 근로자 보호

Chapter 1

근로기준법 총칙

제1절 근로기준법의 목적 및 정의규정

Ⅰ. 서설

1. 근거규정

헌법 제32조 3항③근로조건의 기준은 인간의 존엄성을 보장하도록 법률로 정한다.

2. 의의

(1) 근로기준법(이하 "근기법"이라 함)은 근로조건의 최저기준을 정한 것으로서 개별근로자에게 적용되는 노동보호법이다.

(2) 헌법은 제 32조 제 3항에서 근로조건의 기준은 인간의 존엄성을 보장하도록 법률로 정한다고 함으로써 사용자에 비하여 상대적으로 약자의 지위에 있는 근로자의 근로조건에 관한 보호를 헌법적 차원에서 보장하고 있다.

3. 법적 성질

(1) 강행법규이므로 근로자도 권리를 포기할 수 없다.

(2) 사용자의 의무 설정은 물론 사용자에 대한 근로자의 권리까지 설정하므로 사법관계인 근로관계를 직접 규율하는 법이다.

(3) 공법적 성격과 사법적 보호도 전제된다.

4. 목적

제1조 (목적) 이 법은 헌법에 따라 근로조건의 기준을 정함으로써 근로자의 기본적 생활을 보장, 향상시키며 균형 있는 국민경제의 발전을 꾀하는 것을 목적으로 한다.

Ⅱ. 정의규정

1. 근로자 (제 2조 제 1항 제 1호)

1. "근로자"란 직업의 종류와 관계없이 임금을 목적으로 사업이나 사업장에 근로를 제공하는 자를 말한다.

(1) 직업의 종류를 불문하고 사업 또는 사업장에 임금을 목적으로 근로를 제공하는 자(사실상 근로를 제공하는 취업근로자에 한정)

(2) 인정 : 신문사광고 외근원, 수련의, 불법체류외국인근로자, 수련의, 입시학원종합반강사, 미용학원강사 등

(3) 부정 : 한전의 위탁수금원, 지입차주(레미콘운송차주), 학습지상담교사, 실업자, 해고효력을 다투는 자, 보험회사 외무원, 골프장 경기보조원 등

관련판례

• 근로자성의 판단기준 – 사용종속성

근로기준법상의 근로자에 해당하는지 여부는 계약의 형식이 고용계약인지 도급계약인지보다 그 실질에 있어 근로자가 사업 또는 사업장에 임금을 목적으로 종속적인 관계에서 사용자에게 근로를 제공하였는지 여부에 따라 판단하여야 하고, 위에서 말하는 종속적인 관계가 있는지 여부는, 업무 내용을 사용자가 정하고 취업규칙 또는 복무(인사)규정 등의 적용을 받으며 업무 수행 과정에서 사용자가 상당한 지휘 · 감독을 하는지, 사용자가 근무시간과 근무장소를 지정하고 근로자가 이에 구속을 받는지, 노무제공자가 스스로 비품 · 원자재나 작업도구 등을 소유하거나 제3자를 고용하여 업무를 대행하게 하는 등 독립하여 자신의 계산으로 사업을 영위할 수 있는지, 노무제공을 통한 이윤의 창출과 손실의 초래 등 위험을 스스로 안고 있는지, 보수의 성격이 근로 자체의 대상적(對償的) 성격인지, 기본급이나 고정급이 정하여졌는지 및 근로소득세의 원천징수 여부 등 보수에 관한 사항, 근로 제공 관계의 계속성과 사용자에 대한 전속성의 유무와 그 정도, 사회보장제도에 관한 법령에서 근로자로서 지위를 인정받는지 등의 경제적 · 사회적 여러 조건을 종합하여 판단하여야 한다. 다만, 기본급이나 고정급이 정하여졌는지, 근로소득세를 원천징수하였는지, 사회보장제도에 관하여 근로자로 인정받는지 등의 사정은 사용자가 경제적으로 우월한 지위를 이용하여 임의로 정할 여지가 크다는 점에서, 그러한 점들이 인정되지 않는다는 것만으로 근로자성을 쉽게 부정하여서는 안 된다(대법 2007.09.07, 2006도777).

2. 사용자 (제 2조 제 1항 제2호)

2. "사용자"란 사업주 또는 사업 경영 담당자, 그 밖에 근로자에 관한 사항에 대하여 사업주를 위하여 행위하는 자를 말한다.

(1) 의의

1) 사업주 또는 사업경영담당자(사립학교 교장, 병원장) 기타 근로자에 관한 사항에 대하여 사업주를 위하여 행위하는 자를 말한다.

2) 형식적인 직명에 구애됨이 없이 구체적인 직무실태에 따라 판단한다. 예컨대, 주식회사의 이사라 하더라도 사용자(대표이사)의 지휘 명령 하에서 근로를 제공할 수 있고, 또 근기법은 이를

금지하고 있지 않으므로 한편으로 사용자의 지위에 있다하여 근기법의 근로자에 관한 규정이 전혀 배제되는 것은 아니다. 그러므로 이러한 경우의 회사의 임원인 근로자에게 근기법의 규정이 적용될 수 있다.

3) 근기법을 준수하여야 할 의무를 부담하는 근기법상의 '사용자'개념은 상대적이지만, 근로계약을 체결한 당사자로서의 사용자개념은 상대성을 가지지 아니한다.

사용자에 대한 벌칙 · 양벌규정

사용자의 지위에 있는 자가 근기법을 위반하면 벌칙이 적용된다. 근기법의 위반행위를 한 자가 당해 사업의 근로자에 관한 사항에 대하여 사업주를 위하여 행위한 대리인 사용인 기타 종업원인 경우에는 사업주도 행위자로 처벌한다(제115조 제2항).

(2) 사용자 개념의 확장

1) 원수급인의 사용자

사업이 수차의 도급에 의하여 행하여지는 경우에는 재해보상에 대하여는 그 원수급인을 사용자로 본다(제 90조 제1항).

2) 직상수급인의 연대

사업이 수차의 도급에 의하여 행하여지는 경우에 하수급인이 직상수급인의 귀책사유로 근로자에게 임금을 지급하지 못한 때에는 그 직상수급인은 당해수급인과 연대하여 책임을 진다(제 44조 제1항).

3) 파견법에 의한 사용사업주의 책임

사용사업주는 파견근로자와 근로계약을 체결한 당사자는 아니지만, 파견근로자에 대하여 사용자책임을 지는 경우도 있다(파견법 제 34조 참조).

(3) 근로자, 사용자 개념의 중복성

1) 공장장 · 지점장 · 부장 · 과장 등 소위 중간관리자는 사업주와의 관계에 있어서는 근로계약상 사업주의 지휘 · 명령을 받아 근로를 제공하는 근로자의 지위에 서고, 근로자에 대하여는 사업주로부터 위임을 받은 지시권과 감독권을 행사하는 지위에 있다. 이를 근로자 · 사용자개념의 중복성이라 한다.

2) 이들은 해고 · 퇴직금 · 재해보상 등의 근로조건에 있어서는 근로자에 해당되고 근기법의 준수의무와 그에 대한 책임에 있어서는 사용자에 해당되는 바, 예컨대, 회사의 이사가 위임사무 외에 일정한 노무를 담당하고 일정한 급여를 받아왔다면 근기법상 근로자로 볼 수 있다.

3. 근로 (제 2조 제1항 제3호)

3. "근로"란 정신노동과 육체노동을 말한다.

4. 근로계약 (제 2조 제1항 제4호)

4. "근로계약"이란 근로자가 사용자에게 근로를 제공하고 사용자는 이에 대하여 임금을 지급하는 것을 목적으로 체결된 계약을 말한다.

근로계약의 당사자인 근로자가 사용자에게 근로를 제공하고 사용자는 이에 대하여 임금을 지급함을 목적으로 체결된 계약으로서, 계약형식이나 명칭 불문하고 구두뿐만이 아니라 명시 및 묵시의 계약체결도 가능하며 반드시 서면으로 해야 할 필요는 없다(쌍무 · 유상 · 낙성계약). 민법상의 노무도급계약과는 달리 근로자가 사용자의 지휘명령에 따라 근로를 제공하는 관계가 유지되어야 한다.

5. 임금 (제 2조 제1항 제5호)

5. "임금"이란 사용자가 근로의 대가로 근로자에게 임금, 봉급, 그 밖에 어떠한 명칭으로든지 지급하는 일체의 금품을 말한다.

「근로의 대상」이란 「근로의 대가」 뿐만이 아니라 「근로자로 하여금 근로의 제공을 원활히 하게 하거나」, 「근로의욕을 고취시키기 위한 것」도 포함하지만, ① 의례적 · 임의적, 호의적 · 은혜적 경조사비, ② 복지후생을 위한 시설이나 비용, ③ 기업설비에 갈음하여 실비변상조(출장여비 · 작업용품비)로 지급되는 금품은 제외된다.

6. 평균임금 (제 2조 제1항 제6호)

6. "평균임금"이란 이를 산정하여야 할 사유가 발생한 날 이전 3개월 동안에 그 근로자에게 지급된 임금의 총액을 그 기간의 총일수로 나눈 금액을 말한다. 근로자가 취업한 후 3개월 미만인 경우도 이에 준한다.

(1) 이를 산정하여야 할 사유가 발생한 날 이전 3월간에 그 근로자에 대하여 지급된 임금 총액을 그 기간의 총일수로 나눈 금액. 취업 후 3월 미만도 이에 준한다(여기에서 지급된 임금의 총액이란 실제로 지급된 임금뿐만 아니라 지급되지 않았더라도 사유발생일에 이미 채권으로 확정된 임금도 포함).

기간의 총일수는 실근로연수가 아니라 역법상의 일수이다.

(2) 평균임금이 당해 근로자의 통상임금보다 저액일 경우에는 그 통상임금액을 평균임금으로 한다(제2조 제2항).

평균임금의 계산에서 제외되는 기간 및 임금
1. 수습사용중의 기간
2. 사용자의 귀책사유로 인하여 휴업한 기간
3. 산전후휴가기간
4. 업무수행으로 인한 부상 또는 질병의 요양을 위하여 휴업한 기간
5. 육아휴직기간
6. 쟁의행위기간
7. 병역법 · 향토예비군설치법 또는 민방위기본법에 의한 의무이행을 위하여 휴직하거나 근로하지 못한 기간. 다만, 임금을 지급받은 경우 제외.
8. 업무외 부상 · 질병 기타의 사유로 인하여 사용자 승인을 얻어 휴업한 기간
다만, 개인적인 범죄로 구속되어 직위해제 되었던 기간은 산정함(판례).

7. 소정근로시간 (제2조 제1항 제7호)

7. "소정(所定)근로시간"이란 제50조, 제69조 본문 또는 「산업안전보건법」 제46조에 따른 근로시간의 범위에서 근로자와 사용자 사이에 정한 근로시간을 말한다.

근로시간의 개념

① 근로자가 사용자의 지휘 · 감독 아래 근로계약상의 근로를 제공하는 시간으로서 작업개시부터 종료까지의 시간에서 휴게시간을 제외한 시간을 말한다.

② 실제근로에 부수된 작업과 관련한 활동시간이나 대기시간, 교육시간이라 하더라도 사용자의 지휘 · 감독하에 이루어진 시간이라면 당연히 근로시간으로 볼 수 있다.

③ 그러나 갱내에서의 식사 및 휴게시간, 입출갱소요시간은 근로시간에서 제외된다(대법 1993.3.9).

8. 단시간 근로자 (제 2조 제1항 제8호)

8. "단시간근로자"란 1주 동안의 소정근로시간이 그 사업장에서 같은 종류의 업무에 종사하는 통상 근로자의 1주 동안의 소정근로시간에 비하여 짧은 근로자를 말한다.

(1) 의의

1주 동안의 소정근로시간이 그 사업장에서 같은 종류의 업무에 종사하는 통상 근로자의 1주 동안의 소정근로시간에 비하여 짧은 근로자를 말한다.

(2) 비례보호의 원칙

근로시간과 관계있는 휴가 · 휴일 · 급여 등에 관해서는 비례보호의 원칙에 따라 통상근로자의 근로시간에 비례하여 근로조건을 결정하고, 근로시간과 관계없는 근로조건은 통상근로자와 마찬가지로 적용한다.

(3) 단시간근로자의 근로조건 결정기준 등에 관한 사항

1) 근로계약의 체결

① 사용자가 단시간근로자를 고용할 경우에는 임금 · 근로시간 그 밖의 근로조건을 명확히 적은 근로계약서를 작성하여 근로자에게 내주어야 한다.

② 단시간근로자의 근로계약서에는 계약기간, 근로일, 근로시간의 시작과 종료시각, 시간급임금 그밖에 고용노동부장관이 정하는 사항이 명시되어야 한다.

2) 임금의 계산

단시간근로자의 임금산정 단위는 시간급을 원칙으로 하며, 시간급임금을 일급통상임금으로 산정할 경우에는 1일 소정근로시간수(4주간의 소정근로시간을 그 기간의 총일수로 나눈 시간수)에 시간급임금을 곱하여 산정한다.

3) 초과근로

① 사용자는 단시간근로자를 소정근로일이 아닌 날에 근로시키거나 소정근로시간을 초과하여 근로시키고자 할 경우에는 근로계약서 · 취업규칙 등에 그 내용 및 정도를 명시하여야 하며, 소정근로시간을 초과하여 초과근로를 한 경우 통상임금의 100분의 50 이상을 가산하여 지급하여야 한다.

② 사용자는 근로자와 합의한 경우에만 초과근로를 시킬 수 있다.

4) 휴일 · 휴가의 적용

① 사용자는 단시간근로자에게 유급휴일(제55조), 생리휴가(제73조) 및 산전 · 후보호휴가(제74조)을 주어야 하며, 임금산정기준은 일급통상임금을 기준으로 한다.

② 사용자는 단시간근로자에 대하여 연차유급휴가(제60조)를 주어야 하며, 임금산정기준은 시간급을 기준으로 한다. 이 경우 유급휴가는 각각 다음의 방식으로 계산한 시간단위로 하며, 1시간 미만은 1시간으로 본다.

$$\text{통상근로자의 연차휴가일수} \times \frac{\text{단시간근로자의 소정근로시간}}{\text{통상근로자의 소정근로시간}} \times 8\text{시간}$$

5) 취업규칙의 작성 및 변경

① 사용자는 단시간근로자에게 적용되는 취업규칙을 통상근로자에게 적용되는 취업규칙을 적용하거나 통상근로자에게 적용되는 취업규칙과 별도로 작성할 수 있다.

② 취업규칙을 작성하거나 이를 변경하고자 할 경우에는 적용대상이 되는 단시간근로자 과반수의 의견을 들어야 한다. 다만, 취업규칙을 단시간근로자에게 불이익하게 변경하는 경우에는 그 동의를 얻어야 한다.

제2절 근로기준법의 기본원리

Ⅰ. 근로기준법 상의 기본원리

1. 법정기준을 이유로 하는 근로조건의 저하금지

> 제3조 (근로조건의 기준) 이 법에서 정하는 근로조건은 최저기준이므로 근로관계 당사자는 이 기준을 이유로 근로조건을 낮출 수 없다.

(1) 법 제 3조에서는 이 법에서 정하는 근로조건은 최저기준이므로 근로관계당사자는 이 기준을 이유로 근로조건을 낮출 수 없다고 규정하고 있다. 이는 법에서 정한 근로조건의 기준은 최저한이므로 근로관계 당사자는 이 기준 이상의 근로조건유지에 노력하여야 한다는 의미이다.

(2) 이 기준을 이유로 근로조건을 저하시킬 수 없다는 것은 다른 여건에 관계없이 이 기준 만을 내세워 근로조건의 개선을 거부하거나, 이법의 개정만을 이유로 근로조건을 저하시킬 수 없다는 것을 의미한다. 다만, 사회경제적인 변동, 경영여건의 변화, 직무의 변동에서 오는 근로조건의 저하는 가능하다.

2. 근로조건의 노사대등결정

> 제4조 (근로조건의 결정) 근로조건은 근로자와 사용자가 동등한 지위에서 자유의사에 따라 결정하여야 한다.

3. 근로조건의 준수

> 제5조 (근로조건의 준수) 근로자와 사용자는 각자가 단체협약, 취업규칙과 근로계약을 지키고 성실하게 이행할 의무가 있다.

근로조건의 노사대등결정의 원칙을 전제로 하여 그 결과 결정된 근로계약을 비롯하여 단체협약, 취업규칙 등을 서로가 준수하고 성실하게 이행하는 노사관행을 확립하고자 하는 취지에서 마련된 훈시적, 선언적 규정으로 위반 시 벌칙규정은 없고, 그 행위는 무효로 된다.

Ⅱ. 구체적인 원리

1. 균등대우

(1) 의의

> 제6조 (균등한 처우) 사용자는 근로자에 대하여 남녀의 성(性)을 이유로 차별적 대우를 하지 못하고, 국적 · 신앙 또는 사회적 신분을 이유로 근로조건에 대한 차별적 처우를 하지 못한다.

1) 이는 헌법 제 11조의 법 앞에 평등을 사용자와 근로자와의 관계에 대하여 구체적으로 실현하고자 하는 것이다.

2) 근기법은 차별대우를 단지 사법적으로 무효화 하는 것에 그치지 않고 벌칙으로써 사용자로 하여금 준수, 이행을 강제하고 있다. 따라서 동조는 강행적 효력규정이다.

(2) 남녀의 차별적 대우금지

1) 차별사유

① 근기법 제 6조 전단은 임금을 포함한 근로조건 전반에 관하여 포괄적으로 남녀의 차별적 대우를 금지하고 있다.

② 근기법 제 5장에서 여성근로자에 대한 차별보호 규정을 두고 있는데, 이는 여성근로자의 육체적, 생리적 특수성을 감안한 모성을 보호하고자 하는 것으로 제 6조의 차별대우에 해당되지 않는다.

2) 임금에 대한 차별대우

① 동일한 근로를 하고 있는 여성근로자에게 여자라는 이유만으로 남자근로자보다 낮은 임금을 주는 차별대우는 금지된다. 따라서 사업주는 동일한 사업내의 동일가치의 노동에 대하여는 동일한 임금을 지급하여야 한다(남녀고용평등과 일 · 가정 양립 지원에 관한 법률(이하 "남녀고평법"이라 함) 제 8조 제1항).

② 동일가치 노동의 기준은 직무수행에서 요구되는 기술, 노력, 책임 및 작업조건 등을 기준으로 구체적으로 판단하여야 한다(동법 제 8조 제2항). 따라서 근로자가 제공하는 근로의 성질, 내용, 근무형태나 성적 등 구체적인 사정을 고려하여 합리적인 기준을 두어 직책 또는 직급에 따라 차별대우하는 것은 위법이 아니다.

③ 여기서 임금이라 함은 근기법 제 2조 제1항 제5호에서 정의하고 있는 임금으로서, 단순히 임금액 뿐 만 아니라 임금체계, 임금형태, 지급방법 등에 대한 차별적 대우도 포함된다.

3) 차별정년제

① 여성이라는 것을 이유로 남자보다 낮은 정년제를 설정한다는 것은 성별에 의한 차별대우에 해당한다.[1] 따라서 사업주는 근로자의 정년, 퇴직 및 해고에 있어서 차별을 하여서는 아니된다(남녀고평법 제11조 제1항).

② 그러나 여성에 대한 차별정년이 사업이나 작업의 성질, 내용, 근무형태 등에 비추어 객관적

---

1) 대판 1988. 12. 27, 89다카657.

으로 합리적일 때에는 근기법 제 6조 위반이라 할 수 없다.[2)]

관련판례

여성전문직에 대한 조기 정년퇴직

단체협약에서 여성전문직종에 합리적인 이유 없이 여성근로자들이 조기 퇴직하도록 부당하게 낮은 정년을 정한 경우 남녀차별금지 규정에 반한다(대법 2001.02.23, 92누15765).

합리적인 이유가 있는 여성의 정년 차별

근로기준법 제5조에서 말하는 남녀의 차별적 대우란 합리적인 이유 없이 남성 또는 여성이라는 이유만으로 부당하게 차별대우하는 것을 의미한다. 따라서 일반직 직원의 정년을 58세로 규정하면서 전화교환직렬 직원만은 정년 을 53세로 규정하여 5년간의 정년차등을 둔 것이 사회통념상 합리성이 있다(대법 1996.08.23, 94누13589).

4) 결혼퇴직제 및 출산퇴직제

① 결혼, 출산을 이유로 여성근로자를 퇴직시키는 것도 차별대우로서 허용될 수 없다. 따라서 여성근로자의 결혼, 출산을 퇴직사유로 정한 취업규칙이나 근로계약은 근기법 제 6조 및 제 23조 제1항 (해고 등의 제한)에 위반하여 제 97조 (위반의 효력) 및 제 15조 (이 법을 위반한 근로계약)에 의하여 그 부분이 무효가 된다.

② 남녀고평법에서도 사업주는 근로여성의 혼인, 임신 또는 출산을 퇴직사유로 예정하는 근로계약을 체결하여서는 아니된다 규정하고 있다(제 11조 제2항).

③ 그러나 업무의 성질상 결혼 또는 출산으로 인하여 업무를 감당할 수 없는 합리적이고 정당한 사유가 있는 경우에는 차별대우에 해당되지 않는다.

(3) 국적, 신앙, 사회적 신분을 이유로 하는 차별대우 금지

1) 국적

외국의 국적을 가진 자나 이중 국적자 또는 무국적자인 근로자에 대하여 국적을 이유로 차별하는 경우에는 근기법 제 6조의 위반이 된다. 불법체류외국인도 근로자인 이상 동법이 적용된다.

2) 신앙

① 여기서 신앙은 기독교, 불교 등과 같이 종교적 신념뿐 아니라 정치적 신조까지 포함하는 개념이라고 해석된다. 따라서 헌법 제 11조 제1항의 종교를 이유로 한 차별대우보다 넓은 개념이다.

② 그러나 종교 또는 정치적 목적활동을 사업의 내용으로 하는 사업체를 경향사업체라 하는데, 이러한 목적활동이 근로의 주된 내용을 이루고 있을 때에는 해당 종교나 정당의 목적활동에 반

2) 대판 1991. 4. 9, 90다16245.

하는 행위를 한 근로자에 대한 차별대우는 근기법 제 6조에서 말하는 차별대우에 해당되지 않는다.

3) 사회적 신분

사회적 신분이란 사람이 태어나면서 가지고 있는 사회적 지위를 말하는 것으로서, 봉건적 특권적 신분을 근거로 한 선천적 신분을 이유로 한 근로조건에 대한 차별대우는 금지된다.

(4) 차별의 내용

근기법 제 6조가 금지하고 있는 것은 임금, 근로시간 등의 근로조건에 관한 차별이다. 특히 문제가 되는 것은 채용과 해고의 경우이다.

1) 채용

① 채용이 근로조건에 해당되는 지의 여부가 문제되는데, 사용자에 대하여 균등대우를 요구하고 있는 것은 사용자와 근로관계에 있는 근로자에 대하여 차별적인 처우를 할 수 없다고 하는 취지이며 아직 기업 밖에 있는 자에 대해서까지 균등대우를 요구하는 것은 아니다.

② 남녀고평법은 사업주는 근로자의 모집 및 채용에 있어서 남녀를 차별하여서는 안된다고 규정(제 7조)하여 채용에 있어서까지도 차별대우를 금지하고 있다.

2) 해고

① 국적, 신앙, 사회적 신분을 이유로 하여 해고할 수 없다.

② 채용 전에 미혼여자임을 채용조건으로 한 경우에도 일단 채용된 후에는 그 여성 근로자를 결혼을 이유로 해고하는 것은 제 6조에 위반된다.

(5) 위반의 효과

본조를 위반한 경우에는 형사적으로 벌칙 적용을 받게 되고 (제 114조 제 1호), 민사적으로 강행법규 위반에 의한 무효가 된다.

(6) 본조의 예외

하나의 사업장에서 상시 사용되는 동종의 근로자 반수 미만이 하나의 단체협약의 적용을 받는 경우나 비조합원에 대한 차별이나 근로자의 집단적 동의를 얻지 못한 취업규칙 불이익 변경의 경우, 기존 근로자와 다른 신규근로자에 대한 취업규칙의 차별적 적용이 가능하다.

2. 강제근로의 금지

(1) 의의

> 제7조 (강제 근로의 금지) 사용자는 폭행, 협박, 감금, 그 밖에 정신상 또는 신체상의 자유를 부당하게 구속하는 수단으로써 근로자의 자유의사에 어긋나는 근로를 강요하지 못한다.

(2) 대상

금지의 대상이 되는 근로의 강제라 함은 근로의 실행 뿐 만 아니라 준비단계의 착수도 포함된다.

(3) 정신상 또는 신체상의 자유를 부당하게 구속하는 수단

1) 이는 정신의 작용 또는 신체적인 행동이 방해를 받도록 하는 방법으로 장기근로계약, 사표수리 거부 등을 말한다.

2) 법에서 강제근로를 금지하는 취지는 근로자의 자의에 의하지 않는 근로를 일체 배제하고자 하는 데 있으므로 폭행, 협박, 감금 등의 수단에 의하지 않더라도 이에 준하는 정도의 정신적 또는 신체적인 부당구속에 의한 근로는 모두 금지되어야 한다고 해석된다.

(4) 근로의 강제

강제적인 근로가 실제로 행해져야 하느냐의 여부에 관하여 견해의 대립이 있으나, 법 제 7조의 취지가 근로의 강제 그 자체의 금지에 있으므로 실제로 행하지 아니하더라도 근로자의 자유의사에 반하는 근로의 강제이면 족하다고 본다.

(5) 기타의 강제근로수단

위약금의 예정 (제 20조), 전차금 상계 (제 21조), 강제저축 (제 22조) 등도 제도 그 자체만으로는 부당한 구속수단에 해당하는 것은 아니지만, 그 제도를 둘러싼 각종의 구체적 조건에서부터 그것이 근로자의 의사에 반하여 근로할 것을 강요할 수 있을 정도의 것이면 부당한 구속수단에 해당한다고 볼 수 있다.

(6) 위반의 효과

본조를 위반한 경우에는 벌칙의 적용을 받게 된다(제 107조).

3. 폭행의 금지

(1) 의의

> 제8조 (폭행의 금지) 사용자는 사고의 발생이나 그 밖의 어떠한 이유로도 근로자에게 폭행을 하지 못한다.

(2) 폭행금지의 내용

1) 사고발생 기타의 사유

① 사고발생이란 사업장의 근로과정에서 사고가 일어난 것을 말하며, 근로자의 고의, 과실을 불문한다.

② 기타 어떠한 이유란 근로자가 공장의 질서유지에 지장을 초래하였다든가 또는 상사가 부하 직원을 지도하기 위한 구실 등을 말한다.

2) 폭행, 구타, 행위

① 제 8조의 폭행은 제 7조의 폭행과 동일한 개념이다. 즉, 근로자에 대한 모든 형태의 유형력의 행사를 말한다.

② 제 8조에서 폭행과 별도로 구타행위를 금지하고 있는데, 구타행위는 당연히 폭행의 범주에 포함되며, 폭언을 수차 반복하는 것도 폭행이다. 또한 버스회사의 간부가 안내양의 취침장소에 들어가 몸수색을 하는 행위도 폭행에 해당된다.

> **관련 행정해석**
>
> 업무감시가 폭행인가의 여부
>
> 근로기준법은 제7조에서 "사용자는 사고발생 기타 여하한 이유로도 근로자에게 폭행, 구타행위는 하지 못한다"라고 규정하고 있는 바, 이는 업무와 관련하여 근로자가 사용자로부터 보복적 또는 징계적인 가혹 행위를 당하는 것을 방지하고자 하는 취지이므로 사용자의 근로자에 대한 업무감시 행위가 이에 해당한다고 볼 수는 없다(1993.11.24, 근기68207-2452).

4. 중간착취의 배제

(1) 의의

> 제9조 (중간착취의 배제) 누구든지 법률에 따르지 아니하고는 영리로 다른 사람의 취업에 개입하거나 중간인으로서 이익을 취득하지 못한다.

1) 본조는 근로자의 근로관계의 개시, 존속에 관련하여 이익을 취득하는 소위 Kick-Back Pay의 폐습을 근절시키기 위해 중간착취를 금지하는 규정이다.

2) 직업안정법에서는 주로 근로자의 취업을 조건으로 하는 중간착취를 금지하고 있는 데 반하여, 근기법 제 9조의 규정은 취업 시에 있어서 뿐만 아니라 취업 후의 중간착취까지도 배제하려는 데 그 목적이 있다.

(2) 중간착취의 성립요건

1) 영리의 목적

① 영리로 타인의 취업에 개입하여 함을 영리의 목적으로 개입하는 경우를 말한다. 그러므로 영리의 목적으로 한 것이라면 이를 직업적으로 한 것이 아니더라도 법 위반이 된다.

② 또한 단 1회의 행위라도 영리의 목적으로 한 것이면 법 위반이 된다.

2) 타인의 취업에 개입

① 타인의 취업에 개입하여 라는 것은 근기법이 적용되는 근로관계의 개시 및 존속 등에 관여하여 알선 또는 소개행위를 하는 것을 말한다.

② 취업이란 취직 또는 취직기간 중을 말하고, 개입이란 소개, 알선 등 취업과 어떤 인과관계를 갖는 일이며 반드시 근로계약의 성립을 요하지 아니한다.

3) 이익의 취득

① 이익이라 함은 소개료, 중개료, 수수료, 구전, 보수 기타의 금품 등 그 명칭을 불문하며 유형이든 무형이든 상관없다.

② 이익의 취득은 개입하는 행위와 인과관계만 있으면 충분하므로 이익을 얻는 대상이 근로자, 사용자, 제 3자 어느 쪽이든지 관계없다.

(3) 적용제외

개입 또는 중개행위가 법률에 근거하여 행하여지는 경우에는 제 9조의 적용을 받지 않는다. 그 근거되는 법률로는 직업안정법과 근로자파견법이 있다.

(4) 중간착취의 주체

제9조의 위반행위의 주체는 타인의 취업에 개입하거나 중간인으로서 이익을 얻는 제3자를 말한다. 그러므로 근기법의 적용을 받는 사용자에 한정하지 않고 개인, 단체 또는 당해 사업장의 감독자이든 불문한다.

5. 공민권행사의 보장

(1) 의의

> 제10조 (공민권 행사의 보장) 사용자는 근로자가 근로시간 중에 선거권, 그 밖의 공민권(公民權) 행사 또는 공(公)의 직무를 집행하기 위하여 필요한 시간을 청구하면 거부하지 못한다. 다만, 그 권리 행사나 공(公)의 직무를 수행하는 데에 지장이 없으면 청구한 시간을 변경할 수 있다.

본 조는 근로자가 국민으로서의 권리와 의무인 공민권의 행사 또는 공의 직무집행을 보장하기 위한 것으로 사용자에 의한 방해를 금지하는데 그 취지가 있다.

(2) 내용

1) 공민권

① 공민권이라 함은 공민에게 인정된 국가 또는 공공단체의 공무에 참가하는 권리를 말한다. 그러므로 다른 후보를 선거하는 선거권뿐만 아니라 스스로 입후보하는 선거운동은 포함되나 다른 후보의 선거운동은 포함되지 않는다.

② 법원에의 소송의 제기가 공민권의 행사에 해당하는 지가 문제 될 수 있는 바, 사법상의 채권, 채무에 관한 소송은 공민권의 행사라고 볼 수 없으나, 공직 선거법상의 선거 또는 상선에 관한 소송은 공민권의 행사라고 보아야 할 것이다.

2) 공의 직무

① 공의 직무라 함은 법령에 근거가 있고 직무자체에 공적 성질이 있는 것을 말한다.

② 근로시간 중의 노동조합 활동은 공의 직무에 해당되지 않으며 또한 부당노동행위 구제신청을 한 근로자가 사건조사를 위하여 관할 노동위원회의 요구에 따라 출석하는 시간은 공권이 아닌 사권의 성격이 강하므로 공의 직무로 볼 수 없다.

3) 필요한 시간

필요한 시간의 범위는 당해 공민권의 해사 또는 공의 직무의 성질에 따라 판단하여야 한다. 실제로는 권리의 행사를 위한 사전 준비나 사후 정리 등을 포함한 충분한 시간이 되어야 할 것이다.

(3) 보장내용

1) 거부의 금지

① 법 제 10조의 위반은 사용자의 거부만으로 족하며 거부의 결과 당해 근로자가 권리를 행사할 수 없었느냐의 여부는 문제되지 않는다.

② 취업규칙 등에서 공민권의 행사를 근로시간 외에 하여야 한다고 정하고 있는 경우에는 그 규정 자체만으로는 본조 위반이 아니나, 이를 이유로 하여 근로자가 청구하는 시간을 거부하는 경우에는 본조 위반이 된다.

2) 시간의 변경

① 사용자는 공민권의 행사 또는 공의 직무의 집행에 지장이 없는 한 청구한 시간을 근로시간 중의 다른 시간으로 변경하는 것은 허용된다.

② 이 경우 시간의 변경은 일의 변경을 포함하지 않는다는 설이 있으나, 공민권의 행사 또는 공의 직무의 집행에 지장을 주지 않는 한 일의 변경도 가능하다고 해석된다.

(4) 관련문제

1) 공민권행사와 임금

① 공민권 등의 행사로 근로를 제공하지 않은 기간 동안의 임금은 법률에 특별한 규정이 없는 한 취업규칙이나 단체협약에서 정한 바에 따르고, 별도로 정함이 없는 경우에는 무급으로 해도 위법이 아니다.

② 공직선거 및 선거부정방지법, 향토예비군설치법, 민방위기본법에 의한 공민권 등의 행사기간은 유급으로 해석된다.

관련 행정해석

공의직무 집행시간에 임금에 관해 별도의 정함이 없는 경우

근로기준법 제9조는 근로자가 국민으로서의 권리행사를 위해 근로시간중에 공민권 행사나 공의 직무 집행을 위하여 필요한 시간을 청구하는 경우에 이를 거부할 수 없도록 규정하고 있는 바, 지방의회의원 입후보 이후 자신을 위한 적법한 선거운동은 공민권 행사의 범위에 포함되고, 지방의회의원으로 당선된 이후 관계 법령에 의해 정기회의나 임시회의에 참석하는 시간, 기타 상임위원회위원으로 활동하는 시간 등은 공의 직무의 범위에 포함될 것임. 기타 자료준비를 위한 시간이나 비공식적인 회합시간에 대하여는 법령에 근거가 있거나 사회통념상 공의 직무 집행을 위하여 필요 불가결하다고 인정되는 시간인 경우에는 부여하여야 하고, 사적인 성격이 강하거나 사업장의 소정근로시간외에 수행이 가능하거나 부여치 않아도 공의 직무 집행에 직접적인 지장을 초래치 아니한다고 인정되는 시간은 부여치 않을 수 있음. 공의 직무 집행시간에 대한 임금지급에 관하여는 단체협약, 취업규칙, 근로계약 등에 별도의 정함이 없는 한 공의 직무 수행시간에 대해 사용자가 임금을 지급할 법적 의무는 없으며, 공의 직무 집행시간이 1일의 소정근로시간 전체에 걸침으로써 출근치 못한 경우 이 날을 결근처리 할 수는 없으므로 연차휴가산정 등의 출근율 계산에 있어 동 기간을 제외한 잔여일수를 소정근로일로 하여야 하고, 공의 직무로 인해 장기간 근로를 제공할 수 없는 경우에는 당사자간 합의로 휴직처리토록 하는 것이 바람직할 것이다(1991.06.28, 근기 01254-9404).

2) 공직취임과 해고, 휴직

법 제10조의 취지로 볼 때, 정상적인 근로관계의 유지가 객관적으로 보아 불가능한 경우의 해고 또는 휴직은 본조 위반이라고 할 수 없다.

관련 행정해석

지방의회 의원활동으로 정상적인 업무수행이 어려운 경우 해고할 수 있는지와 그 해고의 종류

[질 의]

근로기준법 제9조(공민권행사의 보장)의 범위에 지방의회 의원으로서 활동시간이 포함되는지 여부 회사가 위 직원이 시의원을 겸직할 경우 장기간 정상적인 근로관계를 유지할 수 없다고 판단하여 정관과 취업규칙 관련조항에 의거 겸직을 불허한다면 이것이 근로기준법 제9조(공민권행사의 보장)에 위반되는지 여부, 또한 이와 같은 사유로 근로자가 의원면직하거나 해고당할 경우 근로기준법 제9조에 위반되는지 여부 지방의회 당선 직원이 장기간(4년) 휴직을 요청할 경우 회사에서 정상적이 근로관계 유지 불가능을 사유로 징계해고 이외의 통상적인 해고를 할 수 있는지 이러한 상태에서 위 직원의 사직원을 자의적인 의원면직 요청(진의적 의사표시)으로 볼 수 있는지

[회 시]

근로기준법 제9조에 의하면 '사용자는 근로자가 근로시간 중에 선거권 기타 공민권의 행사 또는 공의 직무를 집행하기 위하여 필요한 시간을 청구하는 경우에는 거부 할 수 없음. 다만, 그 권리행사 또는 공의 직무를 집행함에 있어 지장이 없는 한 청구한 시각을 변경할 수 있다' 고 규정하고 있음. 이 경우, '공의 직무'라 함은 법령에 근거하여 직무 자체가 공적인 성격을 띠는 업무를 말하며, 근로자가 지방의회의원에 당선되어 의원으로 활동하는 것은 이를 공의 직무로 볼 수 있을 것으로 사료됨. 귀 질의내용만으로는 구체적 사실관계를 확인할 수 없어 정확한 답변이 곤란하나, 근로자가 지방의회의원으로 선출되어 의원활동 등 공의 직무를 수행하기 위하여 필요한 시간을 청구할 경우 사용자는 이를 거부하지 못함. 그러나, 근로기준법 제9조의 취지는 정상적인 근로관계의 존속을 전제로 하여 근로자의 공의 직무 집행을 보장하려는데 그 목적이 있으므로 공직취임에 의한 공의 직무 활동으로 사회통념상 정상적인 근로관계의 유지가 어렵다고 인정될 수 있는 경우라면 근로기준법 제30조에 따라 해고가 가능할 것으로 사료됨. 다만, 이 경우에도 징계해고가 아닌 통상해고로 처리해야 할 것임. 근로자의 사표가 회사의 강요 없이 자발적으로 제출되었다고 인정되면 유효한 사직의 의사표시로 볼 수 있을 것이다(2002.07.29, 근기68207-2612).

Ⅲ. 적용범위

인적 적용범위 (제11조)	상시 5명 이상의 근로자 사용하는 모든 사업 또는 사업장에 적용(다만, 동거의 친족만을 사용하는 경우 및 가사사용인 적용 불가)되며, 상시 5명 이상인 사업인 경우에는 영리추구여부 · 국내외를 묻지 않고, 심지어 무허가 · 사용금지사업도 적용된다. ※ 특별법에 의한 적용의 제한 선원- 선원법 ,국가 공무원 및 지방공무원- 국가 공무원법, 지방공무원 법 행정기관의 잡급직원- 잡급직원규정, 사립학교 교원- 사립학교법 청원경찰- 청원경찰법의 적용을 받는 사항을 제외하고는 근기법의 적용을 받는다.
	상시 5명 미만의 근로자를 사용하는 사업 · 사업장에 대하여는 대통령령이 정하는 바에 따라 일부 규정(해고시기의 제한, 해고예고, 산전후보호휴가 등)은 적용하지만, 해고의 제한, 퇴직급여, 휴업수당 · 근로시간(가산금) · 휴가, 근로계약기간 등은 적용하지 아니한다.
장소적 적용범위 (제12조)	국가, 특별시 · 광역시 · 도, 시 · 군 · 구, 읍 · 면 · 동 그 밖에 이에 준하는 것에 대하여도 적용(단, 치외법권자, 독립된 해외진출사업체 등의 해외현지법인에는 적용불가)된다.

(1) 국외사업의 근기법 적용여부

근기법은 국내법이므로 통치권이 미치지 못하는 국외의 사업에 대해서는 적용되지 않는 것이 원칙이다. 따라서 우리나라의 기업이 해외에서 현지법인을 설립하여 우리나라의 근로자를 고용하고 있는 경우에는 근기법은 적용되지 않는다.

그러나 국내에 본사가 있고 외국에 지점, 출장소 등이 있는 경우에는 그 지점, 출장소에 근무하는 우리나라 근로자에게 근기법이 적용된다.

(2) 외국기업의 국내사업의 근기법 적용여부

국내의 외국기업에 고용되어 있는 한국인 근로자에 대하여는 근기법이 적용된다.
주한미군부대의 한국인 종사자인 근로자에 대하여도 원칙적으로 근기법이 적용된다. 그러나 외교특권을 향유하고 있는 대사관이나 영사관 등에 고용되어 있는 자에게는 근기법이 적용되지 않는다.

관련 행정해석

불법으로 취업한 외국인근로자도 근로자수에 포함되는지 여부

근로기준법 제10조 제1항의 규정에 의한 법적용 사업(장)규모를 판단함에 있어서는 사실상 임금을 목적으로 근로를 제공하는 자를 포괄하여 상시 5인 이상 여부를 가려야 할 것으로 사료되므로, 불법취업 외국인이 불법고용계약의 당사자로서 근로기준법 적용이 배제된다고 하더라도 사업장 규모 판단시 이를 포함하는 것이 타당하며, 따라서 불법취업 외국인을 포함하여 총 5인 이상이 되는 사업장에 대해서는 근로기준법이 적용된다고 보아야 한다(1994.06.13, 근기68208-948).

[참고] 상시근로자수 산정방법(시행령 제7조의 2)

① 법 제11조제3항에 따른 "상시 사용하는 근로자 수"는 해당 사업 또는 사업장에서 법 적용 사유(휴업수당 지급, 근로시간 적용 등 법 또는 이 영의 적용 여부를 판단하여야 하는 사유를 말한다. 이하 이 조에서 같다) 발생일 전 1개월(사업이 성립한 날부터 1개월 미만인 경우에는 그 사업이 성립한 날 이후의 기간을 말한다. 이하 "산정기간"이라 한다) 동안 사용한 근로자의 연인원을 같은 기간 중의 가동 일수로 나누어 산정한다.

② 제1항에도 불구하고 다음 각 호의 구분에 따라 그 사업 또는 사업장에 대하여 5명(법 제93조의 적용 여부를 판단하는 경우에는 10명을 말한다. 이하 이 조에서 "법 적용 기준"이라 한다) 이상의 근로자를 사용하는 사업 또는 사업장(이하 이 조에서 "법 적용 사업 또는 사업장"이라 한다)으로 보거나 법 적용 사업 또는 사업장으로 보지 않는다.

1. 법 적용 사업 또는 사업장으로 보는 경우: 제1항에 따라 해당 사업 또는 사업장의 근로자 수를 산정한 결과 법 적용 사업 또는 사업장에 해당하지 않는 경우에도 산정기간에 속하는 일(日)별로 근로자 수를 파악하였을 때 법 적용 기준에 미달한 일수(日數)가 2분의 1 미만인 경우
2. 법 적용 사업 또는 사업장으로 보지 않는 경우: 제1항에 따라 해당 사업 또는 사업장의 근로자 수를 산정한 결과 법 적용 사업 또는 사업장에 해당하는 경우에도 산정기간에 속하는 일별로 근로자 수를 파악하였을 때 법 적용 기준에 미달한 일수가 2분의 1 이상인 경우

③ 법 제60조부터 제62조까지의 규정(제60조제2항에 따른 연차유급휴가에 관한 부분은 제외한다)의 적용 여부를 판단하는 경우에 해당 사업 또는 사업장에 대하여 제1항 및 제2항에 따라 월 단위로 근로자 수를 산정한 결과 법 적용 사유 발생일 전 1년 동안 계속하여 5명 이상의 근로자를 사용하는 사업 또는 사업장은 법 적용 사업 또는 사업장으로 본다.

④ 제1항의 연인원에는 「파견근로자보호 등에 관한 법률」 제2조제5호에 따른 파견근로자를 제외한 다음 각 호의 근로자 모두를 포함한다.

1. 해당 사업 또는 사업장에서 사용하는 통상 근로자, 「기간제 및 단시간근로자 보호 등에 관한 법률」 제2조제1호에 따른 기간제근로자, 법 제2조제8호에 따른 단시간근로자 등 고용형태를 불문하고 하나의 사업 또는 사업장에서 근로하는 모든 근로자
2. 해당 사업 또는 사업장에 동거하는 친족과 함께 제1호에 해당하는 근로자가 1명이라도 있으면 동거하는 친족인 근로자

Chapter 2

근로계약 체결시의 근로자 보호

Ⅰ. 근로계약의 의의

1. 정 의

"근로계약"이란 근로자가 사용자에게 근로를 제공하고 사용자는 이에 대하여 임금을 지급하는 것을 목적으로 체결된 계약을 말한다(제2조 제1항 제4호).

2. 법적 성질

근로계약은 근로자와 사용자 사이에 채권 · 채무의 총체로서의 근로관계를 성립시키는 법률행위로서 근로자는 근로제공을 약정하고 이에 대한 임금지급을 약정함으로써 양 당사자간 각각 채권 · 채무를 발생케 하는 것이므로 근로계약은 낙성 · 유상 · 쌍무 · 계약이다.

3. 근로계약과 근로관계

(1) 근로관계의 성립시기

근로계약은 근로자와 사용자간의 채권 · 채무를 발생시키는 법률행위로서, 근로관계는 사용자와 근로자간의 합의, 즉 근로계약의 체결에 의하여 성립한다.

(2) 학 설

그런데 근로관계의 성립에는 근로계약만으로 충분한가, 아니면 그 외에 작업의 개시 또는 경영체내로의 편입이라는 사실적인 요소가 필요한가에 대해 견해가 대립된다.

1) 계약설

근로관계의 성립에는 근로계약의 유효한 체결이 필요하고 그것으로 충분하다고 한다(다수설 · 판례[3]).

2) 편입설

근로관계의 성립에는 근로계약 이외에 근로자가 실질적으로 근로를 제공하거나 또는 경영체내로의 편입이라는 사실적 요소가 필요하다는 견해이다.

4. 근로관계와 고용관계

(1) 근로관계는 본질적으로는 민법상의 고용관계에 속하지만, 특별법에 의한 보호를 받기 때문에 고용관계의 특수한 형태라고 하여야 할 것이다.

---

3) 대판 1980. 4. 22, 79다1566 외.

(2) 또한 형식상으로는 민법상의 도급 또는 위임의 외형을 취하고 있더라도 그 근로제공의 형태가 실질적으로는 사용자의 지휘 · 명령 하에 행하여지는 경우에는 그 한도 내에서 근로관계의 성립을 인정해야 할 것이다.

Ⅱ. 근로계약상의 근로자의 보호

1. 근기법 위반의 근로계약의 효력

(1) 의의

> 제15조 (이 법을 위반한 근로계약) ① 이 법에서 정하는 기준에 미치지 못하는 근로조건을 정한 근로계약은 그 부분에 한하여 무효로 한다.
> ② 제1항에 따라 무효로 된 부분은 이 법에서 정한 기준에 따른다.

(2) 무효로 되는 근로계약의 내용

1) 근기법에 정한 기준 미만의 근로계약은 설령 단체협약이나 취업규칙에 정함이 있거나 당사자의 동의가 있더라도 무효이다.[4] 예컨대, 근로자의 임금에 관하여 근로자와 사용자간에 이를 지급받지 않기로 하거나 이를 포기하는 약정은 무효라고 보아야 할 것이다.[5]

2) 근로계약 자체에 대한 제한이므로 근로계약이 아닌 재해보상의 합의는 그것이 불합리하여 반사회질서의 법률행위(민법 제103조)가 아닌 한 유효하다.

(3) 무효로 된 근로계약의 효력

1) 부분무효
근기법에 위반되는 부분만 무효가 되므로 근로계약 자체는 그대로 존속한다.

2) 부분무효의 보충적 효력
무효로 된 부분은 근기법에 정한 기준으로 대체된다.

2. 근로조건의 명시

(1) 의의

> 제17조 (근로조건의 명시) ①사용자는 근로계약을 체결할 때에 근로자에게 다음 각 호의 사항을 명시하여야 한다. 근로계약 체결 후 다음 각 호의 사항을 변경하는 경우에도 또한 같다.

4) 대판 1990. 12. 21, 90다카24496 ; 대판 1993. 5. 27, 92다24059.

5) 대판 1976. 9. 28, 75다801.

1. 임금
2. 소정근로시간
3. 제55조에 따른 휴일
4. 제60조에 따른 연차 유급휴가
5. 그 밖에 대통령령으로 정하는 근로조건

② 사용자는 제1항제1호와 관련한 임금의 구성항목 · 계산방법 · 지급방법 및 제2호부터 제4호까지의 사항이 명시된 서면을 근로자에게 교부하여야 한다. 다만, 본문에 따른 사항이 단체협약 또는 취업규칙의 변경 등 대통령령으로 정하는 사유로 인하여 변경되는 경우에는 근로자의 요구가 있으면 그 근로자에게 교부하여야 한다.

근로자가 처음부터 근로조건의 내용을 모른다는 것은 계약자유의 원칙에 근본적으로 반할 뿐만 아니라 근로조건의 미확정 상태에서 불리한 취업을 강제당할 위험이 있기 때문이다.

(2) 근로조건명시의 내용

1) 명시하여야 할 시기

① 사용자가 근로자에 대하여 근로조건을 명시하여야 할 시기는「근로계약의 체결시」이다.

② 채용내정의 경우에는 그 법적 성격에 관하여 통설인 근로계약설에 의하면 채용내정의 시기가 계약의 성립시기라 할 수 있으므로 채용내정시에 근로조건을 명시하여야 한다.

③ 근로계약의 변경이나 갱신의 경우에는 그 변경이 새로운 계약의 체결에 준한다고 인정되는 정도의 것이면 명시의무가 있다고 해석된다.[6)]

2) 명시하여야 할 근로조건의 범위

① 사용자가 명시하여야 할 근로조건의 범위는「임금, 소정근로시간, 제 55조의 휴일, 제 60조의 연차유급휴가 그 밖에 대통령령으로 정하는 근로조건」을 말한다.

②「그 밖에 대통령령이 정하는 근로조건」은 ㈎ 취업의 장소와 종사하여야 할 업무에 관한 사항, ㈏ 취업규칙 작성 시 필요적 기재사항, ㈐ 기숙사 규칙에 관한 사항을 말한다(영 제8조).

③ 채용에 있어서 시용기간을 정하고 있는 경우에 이를 명시하여야한다.[7)]

3) 명시의 정도

근로자가 쉽게 이해할 수 있도록 상세하고 구체적으로 명시하여야 한다.

4) 명시의 방법

① 근로조건을 명시하는 방법에 관하여도 명문의 규정이 없으므로 문서에 의하든 구두로 행하

6) 선원법에서도 근로계약의 체결 시뿐만 아니라, 변경 시에도 근로조건을 명시하도록 규정하고 있다(제29조).

7) 대판 1991. 11. 26, 90다4914.

든 상관이 없다.

② 다만, 근로계약의 체결내용 중 「임금의 구성항목 · 계산방법 · 지급방법, 소정근로시간, 제55조의 휴일 및 제 60조에 따른 연차유급휴가에 관한 사항」에 대하여는 이를 보다 명확히 하기 위하여 서면으로 명시하고, 그 근로자에게 교부하여야 한다(제17조 후단).

③ 상시 10명 이상의 근로자를 사용하는 사용자는 취업규칙의 작성 · 신고의무(제93조)가 있으므로 취업규칙에 명시하는 것으로 충분하다고 본다.

관련 행정해석

연봉확인서를 전자문서로 작성하여 개인별로 열람 출력케 한 근로조건 명시의 효력

사용자가 개인별 연봉계약서의 비밀을 유지하기 위하여, 노사 당사자간에 연봉액을 합의할 때 연봉과 관련된 근로조건은 별도의 연봉확인절차로 갈음토록 근로계약서를 작성한 후, 근로자가 지정된 인터넷사이트에서 개인별 연봉확인서를 서면으로 출력하여 보관하도록 하였을 경우, 근로계약서 및 연봉확인서에 임금의 구성항목, 계산방법 및 지불방법에 관한 사항이 포함되어 있다면 근로조건을 서면으로 명시하였다고 볼 수 있다(근로기준팀-812, 2005.10.28).

(3) 근로조건의 명시가 없는 근로계약의 효력

근로계약의 체결에 있어서 근로조건을 명시하지 않았다 하더라도 처벌의 대상이 될 뿐이며, 그 계약자체는 유효하게 성립한다. 즉, 본조는 단속규정에 불과하며 효력규정이 아니기 때문이다.

(4) 명시의무 위반에 대한 근로자의 구제

제19조 (근로조건의 위반) ①제17조에 따라 명시된 근로조건이 사실과 다를 경우에 근로자는 근로조건 위반을 이유로 손해의 배상을 청구할 수 있으며 즉시 근로계약을 해제할 수 있다.
② 제1항에 따라 근로자가 손해배상을 청구할 경우에는 노동위원회에 신청할 수 있으며, 근로계약이 해제되었을 경우에는 사용자는 취업을 목적으로 거주를 변경하는 근로자에게 귀향 여비를 지급하여야 한다.

1) 손해배상청구권

① 근로자의 손해배상의 청구를 준사법적 기능을 담당하고 있는 노동위원회에 신청할 수 있도록 함으로써 간이 · 신속하게 근로자가 배상을 받을 수 있도록 한 것이다.

② 노동위원회에 대한 손해배상청구는 근로조건위반에 관한 모든 손해배상청구에 대하여 허용되는 것은 아니며, 「근로계약체결시」에 명시된 근로조건이 사실과 다른 경우에만 허용된다.[8] 여기서 손해배상청구권의 소멸시효기간은 근기법 제49조에서 정한 임금채권에 준하여 3년이라고 본다.[9]

8) 대판 1983. 4. 12, 82누507.

9) 대판 1997. 10. 10, 97누5732.

2) 계약의 즉시해제권

① 즉시로 해제할 수 있다는 것은 해제권 행사에 관한 민법상의 요건(제544조 · 제660조)을 갖추지 않더라도 즉시 계약을 해제할 수 있다는 것이다.

② 근기법에 의하여 즉시해제권을 인정한다고 해서 민법상의 구제방법이 배제되는 것은 아니다. 따라서 민법상의 일반원칙에 의하여 근로자는 명시된 근로조건의 이행청구와 손해배상청구 또는 의사표시의 하자로 인한 근로계약의 취소를 주장할 수 있다.

3) 귀향여비

근로자가 근로계약을 해제하고 귀향하는 경우에 그 근로자가 취업을 목적으로 거주를 변경할 때에는 사용자는 그에게 귀향여비를 자급하여야 한다.

3. 위약예정의 금지

(1) 의의

제20조 (위약 예정의 금지) 사용자는 근로계약 불이행에 대한 위약금 또는 손해배상액을 예정하는 계약을 체결하지 못한다.

이는 근로자에 대한 강제근로나 인신구속의 폐단을 배제하여 자유로운 직장선택을 보호하기 위한 취지이다.

(2) 위약금을 약정하는 계약

위약금은 채무불이행의 경우에 채무자가 채권자에게 지급할 것을 미리 약정하는 금액으로서 민법에서는 계약자유의 원칙에 따라 위약금의 약정을 인정하고 있다. 그러나 근로관계에 있어서의 위약금은 근로자를 사용자에게 예속시켜 두는 수단으로 이용되어 근로자의 신분을 구속할 염려가 있기 때문에 이를 금지하고 있다.

관련 행정해석과 판례

퇴직 후의 영업비밀 유출에 대한 위약금예정이 근기법 제20조 위반이 되는가의 여부

근로계약 불이행에 따른 위약금 또는 손해배상액을 예정한 것이 아니라 퇴직 후에 유사업종에 종사함으로써 영업비밀 유출에 대한 위약금 또는 손해배상액을 예정한 것이라면 동법 동조 위반으로 보기는 어렵다(2002. 06. 17, 근기68207-2217).

해외연수와 의무복무기간

해외훈련 후 의무재직기간은 교육비용 반환채무 면제기간으로 근로계약기간, 강제근로금지, 전차금상쇄금지에 반하는 것이 아니다(대법 1992. 02. 25, 91다 26232).

[관련판례] - 대법 2006다37274 (2008-10-23)

근로자가 일정 기간 동안 근무하기로 하되 이를 위반할 경우 일정 금원을 사용자에게 지급하기로 한 약정은 효력을 인정할 수 없다

1. 근로자가 일정 기간 동안 근무하기로 하면서 이를 위반할 경우 소정 금원을 사용자에게 지급하기로 약정하는 경우, 그 약정의 취지가 약정한 근무 기간 이전에 퇴직하면 그로 인하여 사용자에게 어떤 손해가 어느 정도 발생 하였는지 묻지 않고 바로 소정 금액을 사용자에게 지급하기로 하는 것이라면 이는 명백히 구 근로기준법 제27조에 반하는 것이어서 효력을 인정할 수 없다. 또, 그 약정이 미리 정한 근무 기간 이전에 퇴직 하였다는 이유로 마땅히 근로자에게 지급되어야 할 임금을 반환하기로 하는 취지일 때에도, 결과적으로 위 조항의 입법 목적에 반하는 것이 어서 역시 그 효력을 인정할 수 없다. 다만, 그 약정이 사용자가 근로자의 교육 훈련 또는 연수를 위한 비용을 우선 지출하고 근로자는 실제 지출된 비용의 전부 또는 일부를 상환하는 의무를 부담하기로 하되 장차 일정 기간 동안 근무하는 경우에는 그 상환 의무를 면제해 주기로 하는 취지인 경우에는, 그러한 약정의 필요성이 인정된다. 이때 주로 사용자의 업무상 필요와 이익을 위하여 원래 사용자가 부담하여야 할 성질의 비용을 지출한 것에 불과한 정도가 아니라 근로자의 자발적 희망과 이익까지 고려하여 근로자가 전적으로 또는 공동으로 부담하여야 할 비용을 사용자가 대신 지출한 것으로 평가되며, 약정 근무 기간 및 상환해야 할 비용이 합리적이고 타당한 범위 내에서 정해져있는 등 위와 같은 약정으로 인하여 근로자의 의사에 반하는 계속 근로를 부당하게 강제하는 것으로 평가되지 않는다면, 그러한 약정까지 구 근로 기준법 제27조에 반하는 것은 아니다.
2. 회사에 입사해 사측과 영업비밀 보호계약을 체결하면서 10년간 일하고 그 이전에 퇴사하면 10억원을 배상하기로 하는 약정을 한 경우 이는 피고가 약정근무기간 이전에 퇴직하는 등 위 약속을 위반하기만 하면 그로 인하여 사용자에게 어떤 손해가 어느 정도 발생하였는지 묻지 않고 바로 미리 정한 10억원을 사용자에게 손해배상액으로 지급하기로 하는 것으로, 구 근로기준법 제27조가 금지하는 전형적인 위약금 또는 손해배상액의 예정에 해당하여 그 효력을 인정할 수 없다.

(3) 손해배상액을 예정하는 계약

1) 손해배상액의 예정은 채무불이행의 경우에 채무자가 지급해야 할 손해배상의 액을 당사자 사이에서 미리 계약으로 정하는 것을 말하는데, 사용자는 채무불이행으로 인하여 손해가 발생한 경우에 정확한 입증과 손해액의 산정절차를 생략할 목적으로 근로계약체결에 있어서 미리 손해배상액을 예정할 가능성이 있으므로 법은 이를 금지하고 있다.

2) 근로자의 채무불이행으로 인한 손해배상액의 예정 이외에 불법행위로 인한 손해배상액의 예정도 법 제20조의 금지대상에 포함되느냐에 관하여 문제가 되는 바, 본조의 취지가 배상액예정을 통한 근로자의 종속적인 강제근로를 방지하려는 데 있으므로 긍정적으로 해석해야 할 것이다.

3) 손해배상액을 예정하지 않는 신원보증법에 의한 신원보증계약의 체결하는 경우[10]나 해외연수 후 의무재직기간 동안 근무하지 않을 경우 회사부담의 교육비용의 상환과 같이 일정한 사유가 있는 경우[11]에는 금전소비대차약정으로 보아 예외적으로 허용된다고 본다.

(4) 위반계약의 효력

1) 위약금 또는 미리 약정된 손해배상액을 현실적으로 징수하였을 때에 그 위반이 성립되는 것이 아니라, 그와 같은 계약을 체결하였을 때에 그 위반이 성립된다.

2) 본 조에 위반한 위약금계약 또는 손해배상액을 예정하는 계약은 무효가 된다.

4. 전차금 상계의 금지

(1) 의의

> 제21조 (전차금 상계의 금지) 사용자는 전차금(前借金)이나 그 밖에 근로할 것을 조건으로 하는 전대(前貸)채권과 임금을 상계하지 못한다.

이는 근로자가 전차금이나 전대채권으로 인해 자신의 의사에 반하는 근로를 강제당함으로써 신분적 구속에서 오는 인권침해를 배제하려는 데 그 취지가 있다.

(2) 전차금

전차금이란 취업 후 근로를 제공할 것을 조건으로 하여 사용자로부터 차용하여 장래의 임금으로 변제할 것을 약정하는 금전을 말한다.

(3) 근로할 것을 조건으로 하는 전대채권

1) 전차금 외에 전차금에 추가하여 근로자 또는 그 친권자 등에 지급되는 금전으로서 전차금과 동일한 목적을 가지는 것을 말한다.

2) 근로할 것을 조건으로 한다는 것은 사용자가 전대하는 채권을 근로자의 임금과 상계함으로써 그 채권을 변제하도록 하는 목적으로 대부한 전차금과 같이 금전대차계약과 근로관계가 밀접하게 관련되어 신분적인 구속을 수반하는 것이라 해석된다.

---

10) 대판 1980. 8. 24, 80다1040.

11) 판례로 허용된 사례는, 근로자의 기술습득을 위하여 필요한 해외파견훈련비를 대여하고 의무기간 내에 퇴직 시 그 비용을 반환하도록 한 약정(대판 1974. 1. 28, 72다2565)이나 근로자의 해외교육훈련에 있어서 회사가 교육훈련기간동안 일정한 임금 및 교육비용을 지급 · 부담하고, 근로자의 의무재직기간을 설정하여 그 기간동안 재직하지 않는 경우에는 회사가 지급한 임금이나 해당 교육비용의 전부 또는 일부를 상환하도록 하고 의무재직기간동안 근무하는 경우 이를 면제하기로 약정한 경우(대판 1996. 12. 6, 95다24951)등이 있다.

3) 그러나 임금지급기일전 그 일부를 지급하는 가불이나 학자금 대여나 주택자금대여는 강제근로의 위험이나 신분적 구속이 따르지 않으므로 전차금에 해당되지 않는다.

(4) 임금과의 상계금지

본 조에서 금지하는 상계는 사용자가 전차금 또는 전대채권과 임금을 상계하는 것이다.

관련 행정해석

근로자의 임금에서 회사에 대한 채무를 공제하는 경우

근로기준법에 임금은 근로자에게 통화로 직접 그 전액을 지급하도록 규정되어 있고 또한 임금에 대하여는 전차금과 상쇄하지 못하도록 규정되어 있으므로 회사가 채무액을 근로자의 임금에서 공제하도록 규정한 단체협약은 그 부분이 무효가 된다(1987. 06. 16, 근기01254-9703).

금전대차와 근로관계의 분리

[질 의]

1. 근로기준법 제25조에 의하면 "사용자는 전차금 기타 근로할 것을 조건으로 하는 전대채권과 임금을 상쇄하지 못 한다"라고 규정되어 있는 바,

2. 이는 근로자의 사용자에 대한 채무액과 임금을 완전히 분리하여 근로자의 신분적 구속을 방지하고 근로자의 실질임금을 저하시켜 근로자의 생활을 위협하는 것을 방지하는데 그 목적이 있다 할 것이므로,

3. 택시업계의 사납금제도와 관련하여 택시운전자가 1일의 소정근로시간을 정상적으로 근로하고도 사납금을 채우지 못했을 경우 임금에서 사납금 부족분을 공제하고(임금의 일부, 임금의 전부가 공제되는 경우도 있음) 임금을 지급한다면 이를 근로기준법 제25조의 규정에 위배 된다 사료되어 질의함.

[회 시]

근로기준법 제25조에는 사용자는 전차금 기타 근로할 것을 조건으로 하는 전대채권과 임금을 상쇄하지 못한다고 규정하고 있는 바, 이는 근로자와 사용자간의 금전대차관계와 근로관계를 분리함으로써 근로자의 신분이 부당하게 구속되는 것을 막고 근로자로 하여금 불리한 근로조건을 감수하게 하는 것을 방지하기 위해 전차금 또는 전대채권과 임금을 상쇄하지 못하도록 한 취지라고 보아야 할 것임.

따라서 택시사납금에 대한 임금공제 규정은 동조 위반이라 볼 수는 없음(1993. 11. 06, 근기68207-2289).

5. 강제저축의 금지와 저축금의 관리

제22조 (강제 저금의 금지) ① 사용자는 근로계약에 덧붙여 강제 저축 또는 저축금의 관리를 규정하는 계약을 체결하지 못한다.

② 사용자가 근로자의 위탁으로 저축을 관리하는 경우에는 다음 각 호의 사항을 지켜야 한다.

1. 저축의 종류 · 기간 및 금융기관을 근로자가 결정하고, 근로자 본인의 이름으로 저축할 것
2. 근로자가 저축증서 등 관련 자료의 열람 또는 반환을 요구할 때에는 즉시 이에 따를 것

(1) 강제저금의 금지

근로자의 이직을 방지하기 위하여 근로자의 임금을 강제적으로 저축하게 하는 폐단을 시정하고 저축금을 회사 운영자금으로 운용하는 것을 금지하려는데 그 취지가 있다. 퇴직적립금이나 곗돈도 강제저축에 해당된다고 보며, 강제저축계약의 당사자는 사용자뿐만 아니라 제3자인 은행, 우체국, 단자회사도 포함된다.

(2) 저축금의 관리

이는 임의저축이 종국적으로 강제저축과 유사한 폐단이 생기거나, 저축금이 근로자에게 제대로 반환되지 않을 것을 염려하여 규정한 것이다.

Chapter 3

채용내정과 시용

Ⅰ. 채용내정

1. 의의

(1) 개 념

채용내정이란 사용자가 근로자를 채용하기로 내정하였으나 정식 근로계약을 체결하지 않은 경우로서 법률상 제도가 아닌 당사자간의 계약자유를 기초로 하여 등장한 제도이다. 문제는 회사가 졸업예정자를 모집하고 졸업을 조건으로 입사시험에 합격시킨 다음, 이 기간 동안 졸업시까지 어떤 법적 지위를 갖게 되며 내정취소의 정당성을 논의할 실익이 있다.

(2) 취 지

회사가 필요로 하는 우수한 인재를 조기에 확보하기 위하여 먼저 채용을 내정하여 근로자를 채용하려는 것이다. 최근 인턴사원제도의 확장으로 채용내용에 대한 관심이 제고되고 있는 바, 본 채용 때까지 실질적인 근로를 제공하지 않는다는 점에서 시용 · 수습과 구별된다.

2. 법적 성질

(1) 학 설

1) 예약설

사용자가 근로자에 대한 채용내정을 근로계약의 체결을 위한 약속, 즉 예약에 불과하다고 본다. 따라서 채용내정행위에 대한 근로계약의 성립은 부인되고 단지 채용내정의 취소에 대해서만 사용자에게 손해배상을 청구할 수 있을 뿐이다.

2) 근로계약체결과정설

전통적인 계약 이론에 입각한 견해로 채용내정을 특별한 사정이 없는 한 채용과정에서 본 채용에 이르기까지 일련의 절차로서 근로계약체결을 위한 하나의 과정으로 본다. 따라서 사용자가 내정을 취소한 경우 신뢰이익의 침해 또는 예약불이행에 따른 손해배상을 청구할 수 있지만, 근로계약체결을 청구할 수 없다고 주장한다.

3) 근로계약성립설(통설)

회사의 모집공고를 청약의 유인으로, 응모를 청약으로, 채용내정을 승낙으로 해석함으로써 근로계약이 체결된 것으로 보는 견해로서 졸업을 하지 못하는 등 부적격 사유가 발생하면 근로관계가 당연히 해제되는 것으로 보는 해제조건부 근로계약성립설[12]과 졸업 등의 사유를 근로계약의 정지조건으로 보는 정지조건부 근로계약성립설, 그리고 채용내정에 의해 근로계약은 성립하나, 현실적인 노무제공이나 사업장에 편입되는 시기가 계약에 부가되어 있을 뿐이고, 근로계

12) 김형배, 198면 외.

약은 채용내정에 의해 그 효력이 발생하여 채용내정자는 취업시기 이전에도 취업을 전제로 하지 않는 한도에서는 근기법상의 보호규정이나 취업규칙 등의 의무 규정을 적용받게 된다는 취업시기부 근로계약성립설[13]로 나누어진다.

(2) 판 례

채용내정 취소는 법률상 해고에 해당되며, 정당한 사유가 없는 내정취소는 부당해고로서 무효이나, 부득이한 경영상의 이유에 의한 채용내정의 취소는 해고의 정당성을 갖고 있다고 판시하여 해약권유보부근로계약성립설[14] 또는 취업시기부 근로계약성립설[15] 입장에 있다.

(3) 검토의견

채용내정된 근로자의 근로관계에 있어서 단지 장래에 발생될 「졸업」등 특수한 상황에 따른 조건만이 다른 신입사원과 다르다고 한다면, 근로관계는 합격통지에 의하여 성립되고, 졸업 등은 해제조건으로 보아야 하기 때문에 해제조건부 근로계약성립설이 타당하다고 본다.

3. 성립시기와 피내정자의 법적 지위

(1) 성립시기

채용내정에 있어서 근로계약의 성립시기는 졸업예정자가 채용시험에 응시하는 것을 청약으로, 사용자에 의한 채용내정 통지를 승낙으로 보아야 하기 때문에 근로계약은 채용내정의 통지를 발송한 때에 성립한다고 본다.

(2) 피내정자의 법적 지위

1) 근로계약이 체결되면 채용시까지 피내정자에게는 일정한 법적 지위가 주어진다. 즉, 실질적 해고사유 없이 내정기간이 경과할 때에는 피내정자는 약정된 날부터 취업할 수 있는 법적 지위를 취득하는 것이다.

2) 채용내정에 의하여 설령 근로계약이 체결되었다 하더라도 효력발생 시기는 대체로 「졸업」이후 등 특정 기간 이후로 정하고 있기 때문에 내정기간 중에는 근기법이 한정적으로 적용될 것이다. 취업을 전제로 하지 않는 일정한 근로자로서의 의무를 부담하며 그에 상응하는 권리를 갖게 된다.

3) 다만, 출근권유만 받았을 뿐 채용시기 · 임금 등 근로조건 등에 관하여 사용자와 구체적인 약

---

13) 이승욱, 29면.

14) 대판 2000. 11. 28, 2000다51476.

15) 서울고판 2000. 4. 28, 99나41468.

정사실 없이 임용대기만 한 경우 근로자로 보기 어려워 근기법에 의한 보호는 받을 수 없다고 판단되며, 우선 당사자간 협의하여 문제를 해결하거나 그렇지 못할 경우 민사절차에 따라 손해배상 청구소송을 제기할 수 있다.

4) 졸업예정자라 하더라도 사용자가 채용을 목적으로 근로계약을 체결하고 정상의 근로를 제공하고 있는 경우라면 근로자로 취급하여야 할 것이나, 근로를 제공함이 없이 명목상으로만 근로계약을 체결하고 있는 경우나 학교졸업전 일정기간동안 기술습득을 목적으로 실습에 임하고 있는 경우라면 근로자로 취급할 수 없다.

4. 효력발생시기

일반적으로 근로관계는 근로계약에서 약정된 주된 의무는 이행상태에 들어갈 때에 성립하는 것이므로 채용내정시부터 취업개시 전까지는 고유한 의미의 근로관계가 존재한다고 볼 수 없을 것이다. 따라서 근로관계의 효력발생시기는 채용내정에 의하여 정해진 취업개시일이라고 해야 한다.

5. 채용내정의 취소

(1) 해지권의 정당화 사유

1) 원 칙

채용내정단계에서는 구체적인 근로제공이 없었으므로 정당한 사유는 통상의 해고와는 달리 해석해야 하며, 일반적으로 채용내정제도의 취지 및 목적에 비추어 합리적이고 사회통념상 상당할 경우 채용의 거부 또는 취소가 정당할 것이다.

2) 사 례

해지권의 정당한 사유란 채용내정 제도의 취지 · 목적에 비추어 객관적으로 합리적인 사유가 존재하는 경우로서, 구체적으로 졸업의 연기, 요양을 요하는 질병의 발생, 내정 후 노동력의 현저한 질적 저하, 경력서나 신상명세서에서 중요한 부분의 허위기재 등을 들 수 있다.

3) 검토의견

채용내정 취소의 정당성은 사실상 법 제23조 해고의 정당성 판단에 따르게 되므로 내정취소 당시의 사정에 비추어 근로관계의 유지 · 존속이 객관적으로 기대할 수 없는 가를 기준으로 판단해야 할 것이다.

(2) 정당한 해지권의 행사가 아닌 경우

1) 채용내정에 있어서 해지권이 유보되어 있을 지라도 그 취소는 법률상 해고에 해당한다. 따라서 내정취소에서 정당한 해지권의 행사가 아닌 경우 이는 무효인 해고로서(제23조 제1항) 노동위원회에 구제신청을 할 수 있다(제28조).

2) 사용자가 채용내정을 통지한 후 정당한 사유 없이 내정을 취소한 때에는 불법행위가 성립하여 사용자는 근로자가 직원으로 채용되기를 기대하고 다른 취직의 기회를 포기함으로써 입은 손해배상책임을 부담해야 할 것이다.[16]

관련 판례

내정취소와 사용자의 손해배상책임

학교법인이 원고를 사무직원 체용시험의 최종합격자로 결정하고 그 통지와 아울러 1989년 5월10일자로 발령하겠으니 제반 구비서류를 5월8일까지 제출하여 달라는 통지를 하여 원고로 하여금 위 통지에 따라 제반 구비서류를 제출하게 한 후 원고의 발령을 지체하고 여러 번 발령을 미루었으며, 그 때문에 원고는 위 학교법인이 1990년 5월28일 원고를 직원으로 채용할 수 없다고 통지할 때까지 임용만 기다리면서 다른일에 종사하지 못한 경우 위 학교법인은 불법행위로서 원고가 위 최종합격자 통지와 계속된 발령약속을 신뢰하여 직원으로 채용되기를 기대하면서 다른 취직의 기회를 포기함으로써 얻은 손해를 배상할 책임이 있다(대법 1993.09.10, 92다42897).

3) 채용내정자가 취업예정일 이후 사용자가 정당한 이유 없이 근로수령을 거부하는 경우에는 사용자는 임금전액을 지급해야한다.[17]

(3) 사정변경원칙에 의한 해지권 인정여부

정상적인 경영상황을 전제로 채용내정을 하였으나 예기치 못한 사유로 인해 경영이 악화되어 사용자와의 근로관계의 유지를 더 이상 기대할 수 없는 경우에는 변화된 사정에 적응하기 위하여 사용자의 채용내정 취소는 신의측상 인정될 수 있다.

(4) 경영상 이유에 의한 해지권 인정 여부

채용내정자들에 대한 경영상 이유에 의한 해고시에는 50일 전 근로자대표와의 협의의무와 관련하여 채용내정시부터 정식발령일까지 사이에는 사용자에게 근로계약의 해약권이 유보되어 있기 때문에 채용내정자들에게는 근기법 제24조 제3항이 적용되지 않는다고 한다.[18]

따라서 경영악화로 인한 정리해고는 객관적으로 보아 합리성이 인정된다고 판단되므로 채용내정자에 대한 해지권은 인정될 수 있다고 본다.

16) 대판 1993. 9. 10, 92다42897.

17) 대판 2002. 12. 10, 2000다25910.

18) 정리해고는 여러 인정사실에 비추어 ① 긴박한 경영상의 필요에 의하여, ② 해고 회피를 위한 사용자의 노력이 병행되면서, ③ 객관적 · 합리적 기준에 의하여 해고대상자를 선정하여, ④ 근로자측과의 성실한 협의를 거쳐서 행하여진 것이고, 한편 회사의 취업규칙에 비추어 신규채용된 자들의 채용내정시부터 정식발령일까지 사이에는 사용자에게 근로계약의 해약권이 유보된다고 할 것이어서 채용내정자들에 대하여는 근기법 제24조 제3항이 적용되지 않는다고 보아야 한다고 하여, 결국 채용내정자들에 대한 정리해고가 정당하다고 판단한 것은 모두 정당하고 정리해고의 유효요건에 관한 법리를 오해한 위법이 있다고 할 수 없다(대판 2000. 11. 28, 2000다51476).

(5) 해고예고 조항의 적용여부

1) 법 제35조 '수습중인 근로자'에 대해 해고예외를 적용 제외하는 규정에 비추어 볼 때 채용내정자를 이보다 더욱 두텁게 보호하는 것은 법리에 맞지 않기에 채용내정자에게 적용될 수 없다고 보는 주장[19]이 있다.

2) 그러나 해고예고제도가 반드시 계속근로를 전제로 하는 것이라는 근거는 없으므로 채용내정제도의 취지와 목적에 비추어 채용내정시 정한 취업개시일 이후에는 근로자의 귀책사유에 해당하는 졸업 불능의 확정과 같은 특별한 경우 이외에는 해고예고규정을 적용하는 것이 타당하다고 본다.

6. 근기법의 적용

채용내정기간은 근로를 제공할 의무가 아직 도래하지 않았기 때문에 실질적인 근로제공과 관련된 규정은 적용이 되지 않으나, 현실적인 근로제공을 전제로 하지 않는 규정인 균등처우, 근로조건의 명시, 위약예정의 금지 등은 적용 또는 준용된다고 본다.

Ⅱ. 시용기간

1. 의의

(1) 개 념

시용기간이란 사용자에게 근로를 제공한 해당 근로자가 종업원으로서 적격성을 가졌는가를 신중히 판단하기 위하여 상당 기간 근로계약을 유보한 상태에서 시험삼아 사용하기 위해 근로관계를 갖는 것을 말한다. 이 경우 시용기간은 근로계약의 체결에 있어 당사자가 약정한 경우에만 인정되는 것이다.

(2) 취 지

이 제도는 근로자의 기초적 교육 및 연수의 실시, 자질 및 적성의 평가에 따른 적재적소배치, 종업원으로서의 적격성 판단 등을 위해 널리 활용되고 있다. 근로자의 현실적 근로제공이 있다는 점에서 채용내정과 구별되고, 이미 근로계약을 체결한 뒤 교육이나 연수를 하는 견습기간과 구별된다.

2. 법적 성질

(1) 학 설

1) 특별계약설

---

19) 임종률, 340면.

시용계약은 근로계약과는 달리 일정기간 동안 별개의 실험을 목적으로 한 근로계약과 유사한 무명의 특별계약이며, 해고에 관하여는 근기법 제23조를 유추하여 권리남용이론이 적용되는 것이라고 한다.

2) 조건부 근로계약설

근로자로서 적격하다는 평가를 정지조전으로 하여 근로자가 채용된다는 정지조전부 근로계약설과 근로자로서 부적격하다는 평가를 해제조건으로 하여 근로관계가 해지된다는 해제조건부 근로계약설로 나뉜다.

3) 해지권유보부근로계약설(통설)

시용당초부터 본 채용계약은 성립하고 있으나 시용기간 중 근로자의 부적격을 이유로 사용자는 근로관계를 해지할 수 있는 권리를 유보한다는 견해이다.[20]

(2) 판례의 입장

시용기간 중의 근로관계는 수습사원으로 발령한 후 일정기간 동안에 당해 근로자가 앞으로 담당하게 될 업무를 수행할 수 있는가에 관하여 그 능력 등을 평가하여 정식사원으로서의 본채용 여부를 결정하는 것이므로 이른바 '해지권유보부근로계약'으로 판단하고 있다.[21]

(3) 검토의견

1) 시용기간은 원래부터 채용단계에서는 충분히 근로자의 근로능력이나 업무적격성을 판단하기 어려우므로 그에 대한 새로운 실험기간으로서 설정된 것이다.

2) 따라서 현실적인 근로제공이 있어도 그것은 당사자 사이에 확정적 권리 · 의무관계를 설정하는 것은 아니므로 해지권유보부근로계약설이 타당하다고 본다.

3) 다만, 당사자의 일정한 목적을 위해 설정된 시용기간부 근로관계라는 점을 고려할 때 해고의 정당성판단에 있어 근기법 제23조를 제한적으로 적용된다고 보기에 통상의 해고보다도 광범위하게 인정될 수 있다고 본다.

3. 시용과 근로계약관계

20) 임종률, 365면 외.

21) 시용기간 중에 있는 근로자를 해고하거나 시용기간이 끝날 때 본 계약의 체결을 거부하는 것은 사용자에게 유보된 해약권의 행사로서, 당해 근로자의 업무능력, 자질, 인품, 성실성 등 업무적격성을 관찰 · 판단하려는 시용제도의 취지 · 목적에 비추어 볼 때 보통의 해고보다는 넓게 인정되나, 이 경우에도 객관적으로 합리적인 이유가 존재하여 사회통념상 상당하다고 인정되어야 한다(대판 2006. 2. 24, 2002다62432).

(1) 시용계약체결

시용이 성립하려면 해당 근로자와 사용자간에 시용에 관한 명시적 합의인 시용계약이 체결되어야 한다. 사용자는 근로자를 시용으로 채용하는 경우 이를 근로계약에 명시해야 한다. 시용은 임금의 계산 및 상여금 지급여부 등과 관련하여 근로조건의 중요한 사항이기 때문에 이를 명시하지 아니하는 경우 정식직원으로 채용된 것으로 보아야 한다.[22)]

(2) 시용시 판단대상

시용시 판단대상으로 근로자가 구체적으로 수행할 직무에 요구되는 객관적 능력 및 자격이나 자질 뿐만 아니라 성실성 및 인품 등의 주관적 요소도 포함될 수 있다.

(3) 시용기간

시용기간은 당사자간의 합의에 의하여 자유롭게 정하는 것이 원칙이지만, 근기법 제35조에서 3개월 이내의 수습근로자를 해고예고의 예외대상으로 정하고 있으므로 시용기간은 3개월로 보는 것이 타당하다고 해석되며, 대부분의 취업규칙이나 단체협약의 경우에 시용기간을 3개월로 정하는 것이 일반적이다.

4. 본 채용 거절과 정당한 사유

(1) 해지권행사의 제한

1) 근기법은 시용기간 중의 근로자에 대하여 해고예고 적용배제규정(제35조 제5호)만을 두고 있을 뿐, 해고사유에 관하여는 규정된 바 없다.

2) 따라서 시용근로자에 대하여 본 채용을 거절함에 있어서 어떠한 법적 제한을 받을지 여부가 문제되나, 시용근로관계에도 근기법이 적용됨에 비추어 무제한적인 해고의 자유가 인정된다고 볼 수는 없다.

3) 다만, 해지권유보의 취지 · 목적에 비추어 객관적으로 상당성이 인정되는 경우에는 해고할 수 있다고 보지만, 시용기간 중의 해고는 정당한 해지권행사가 아닌 한, 부당해고로서 무효가 된다.

(2) 본 채용거절의 정당한 사유

1) 시용에서 본 채용을 거절하기 위한 정당한 사유로 가장 중요한 것은 적격성 평가의 기준이다. 즉, 사용자의 무제한적 해고로부터 근로자를 보호하기 위하여 사용자의 객관적인 합리성을 확보하기 위한 적격성 평가의 기준을 명확히 하는 것이 필요하다고 할 것이다.

---

22) 대판 1991. 11. 26, 90다4914 ; 대판 1999. 11. 12, 99다30473.

2) 판례도「통상의 해고보다도 넓은 범위에서 해고의 자유가 인정되는 것」[23] 이라고 하면서도「부적격하다고 판단되는 객관적이고 합리적인 이유가 존재하고 사회통념상 상당하다고 시인될 수 있는 경우에만 허용 된다」고 판시[24]하고 있다.

3) 시용근로계약 체결 시 시용근로자가 사용자의 적법한 질문 · 조사에 대해 사실을 은폐하고 허위로 신고한 경우 견해의 대립이 있으나, 근로자의 고지의무는 예정된 근로제공을 침해할 것으로 기대되는 사유에 한정해서 판단해야 하므로 시용계약을 해지할 수 없다고 본다.

관련 판례

1. 시용(試用)기간 중에 있는 근로자를 해고하거나 시용기간 만료시 본계약(本契約)의 체결을 거부하는 것은 사용자에게 유보된 해약권의 행사로서, 당해 근로자의 업무능력, 자질, 인품, 성실성 등 업무적격성을 관찰 · 판단하려는 시용제도의 취지 · 목적에 비추어 볼 때 보통의 해고보다는 넓게 인정되나, 이 경우에도 객관적으로 합리적인 이유가 존재하여 사회통념상 상당하다고 인정되어야 할 것이다.
2. 피고 은행이 각 지점별로 C나 D의 평정 등급 해당자 수를 할당한 점, 피고 은행이 근무성적평정표 제출 후 일부 지점장들에게 재작성을 요구하고, 이에 따라 일부 지점장들이 평정자와 확인자를 달리하도록 한 근무성적평정요령에 어긋나게 혼자서 근무성적평정표를 다시 작성하기도 한 점, 원고들에 대한 근무성적평정표와 평정의견서만으로 원고들의 업무수행능력이 얼마나, 어떻게 부족했는지, 그로 인하여 업무수행에 어떠한 차질이 있었는지를 알 수 없는 점 등에 비추어, 피고 은행이 원고들과 맺은 이 사건 근로계약을 해지한 데에 정당한 이유가 있다고 보기 어렵다(대법 2006. 02. 24., 882002다62432).

5. 시용기간의 장단

(1) 원칙적으로 당사자의 합의에 위임하고 있지만, 시용기간제도의 취지에 비추어 근로자의적격성 판단에 필요한 최소한의 기간이어야 하며, 일반적으로 단체협약이나 취업규칙에 의하면 시용기간은 3개월로 되어 있다.

(2) 시용기간은 근로자의 지위를 불안정하게 할 우려가 있으므로 장기간의 부당한 시용기간은 무효라고 해야 할 것이다.

23) 대판 1994. 1. 11, 92다44695.

24) 대판 1991. 5. 31, 90가합 18976.

관련 판례

시용기간을 연장할 수 있는 요건

시용기간의 연장은 근로자의 법적지위에 중대한 영향을 미치고, 근로계약의 중요한 일부를 이루는 사항이므로 최소한 시용기간 연장은 그에 대하여 근로자가 동의하거나 근로자에게 통보되어야 그 효력이 있다고 할 것인데, 참가인의 근로계약서에 기재된 시용기간 연장부분은 원고 회사 부장이 일방적으로 기재한것으로서 원고회사가 그러한 사실을 참가인에게 통보한 사실이 없는 이상, 시용기간의 연장은 참가인에 대하여는 효력이 없다고 할 것이므로 본채용을 거부 할 수 없다(서울행법2006.09.26, 2006구합20655).

6. 시용기간만료의 효과

(1) 시용기간이 만료되었음에도 불구하고 사용자가 부적격 사유를 제시하지 아니하고 근로자를 사실상 계속 취업시키는 경우에는 시용기간은 기간의 약정이 없는 근로관계로 변경된다고 보아야 할 것이다.

(2) 시용기간 후 사용자가 근로자를 정규근로자로 채용하여 정규근로관계가 성립되면 기존시용기간은 정규근로관계의 존속기간으로 산입된다. 즉, 시용기간 만료 후 사용자가 근로자를 정식근로자로 채용한 경우에는 기존의 시용기간은 퇴직급여, 연차유급휴가 등의 계산시 계속근로년수에 산입된다.

Chapter 4

임금

제1절 평균임금 및 통상임금

Ⅰ. 임금의 의의

1. 서설

(1) 근로 조건 중 임금은 근로자의 생존을 확보하기 위한 유일한 수단이 되므로 가장 중요한 부분이다. 따라서 임금문제는 노동운동에 있어서도 가장 큰 관심의 대상이 될 뿐만 아니라 근로자의 최저한의 근로조건을 정하는 근기법에 있어서도 필수적인 보호의 대상이 되며, 나아가 최저임금법으로 임금의 최저액을 보장하고 있다.

(2) 다른 한편 임금은 사용자의 입장에서 보면 기업비용의 중요한 요소로서 기업이윤과 직결되는 문제이다. 나아가서는 유효수요 확보나 물가상승 등과 관련하여 국민경제적인 측면에서 임금이 차지하는 비중은 크다고 본다.

2. 정의

(1) 법 규정

제2조 제1항 제5호 "임금"이란 사용자가 근로의 대가로 근로자에게 임금, 봉급, 그 밖에 어떠한 명칭으로든지 지급하는 일체의 금품을 말한다.

임금의 요건은 ① 사용자가 근로자에게 지급하는 금품이며, ② 근로의 대가이다. 그리고 이 두 요건을 충족하면 그 명칭의 여하는 불문한다.

(2) 구체적 내용

1) 사용자가 근로자에게 지급하는 금품

① 임금은 사용자가 근로자에게 지급하는 것이므로 사용자가 근로자를 위해 부담하는 산재보험료도 근로자에게 지급하는 금품이 아니므로 임금이 아니며,[25] 또한 사용자 이외의 자로부터 지급되는 것도 원칙적으로 임금이 아니다. 예컨대, 손님으로부터 주어지는 팁은 임금이 아니다.

② 그러나 팁과 유사한 것으로서 사용자가 봉사료로서 일정률을 정하여 손님으로부터 받아 일괄 관리하여 배분하는 경우라면 그 배분금액은 임금에 해당된다.

③ 사용자가 지급하는 「금품」은 금전에 한하지 않고 물건 또는 이익도 포함되는 것이며, 「지급」 역시 현실적인 수수뿐만 아니라, 널리 이익의 공여도 포함된다.

25) 대판 1994. 7. 29, 92다30801.

관련행정해석

손님이 주는 봉사료가 임금이 되는 경우

[질 의]

당사는 요식업체로서 고객으로부터 판매가격의 5%를 봉사료로 일괄적으로 받아 당일 마감시 봉사료를 산정하여 바로 직원 대표에게 전액을 지급하고, 근로자대표는 봉사료를 매일 매일 일정기준에 의하여 직원들에게 스스로 배분하고 있음.

근로자 대표가 직원들에게 봉사료를 배분하는 기준은 고객 접점에 따라 직종별로 차등지급하고 있으며, 이러한 기준은 동종 업계의 관행으로 당사 역시 이러한 기준이 오래전부터 적용되고 있음(예 : 웨이트리스 70%, 조리 25%, 기타 관리자 5%).

한편, 당사는 매일 고객으로부터 봉사료를 받아 당일 마감시 직원대표에게 전달하는 것 외에는 봉사료의 관리 및 배분 등에는 일체 관여를 하지 않고 있음.

사정이 위와 같은 경우 직원들에게 매월 지급되는 봉사료가 퇴직금산정을 위한 평균임금에 포함되는지 여부

[회 시]

1. 근로기준법상 임금이라 함은 사용자가 근로의 대상으로 근로자에게 임금, 봉급 기타 어떠한 명칭으로든지 지급하는 일체의 금품을 말하는데, 봉사료가 임금에 해당하는지에 관하여는 고객이 자의에 의하여 직접 근로자에게 지급한 봉사료를 근로자들이 자율적으로 분배한 것은 사용자로부터 지급받은 근로의 대상이라고 할 수 없으므로 임금으로 볼 수 없을 것이나, 일정률 또는 일정금액으로 정하여진 봉사료는 사용자가 경영하는 용역에 대한 대가로서 영업수입에 해당될 것임.

2. 귀하의 질의내용이 불명확하여 정확한 답변을 드리기는 곤란하나, 봉사료의 지급여부가 고객의 자율적인 의사에 따라 정해지는 것이 아니라 판매가격의 5%가 봉사료로 책정되어 사업주가 이를 일괄적으로 수령하였다면, 달리 볼 특별한 사정이 없는 한 이러한 봉사료는 근로자 개인에게 지급된 것이 아니라 사용자가 경영하는 용역의 대가로서 지급된 것으로 사료되므로, 이를 근로자 대표를 통하여 배분하였다면 근로기준법상 임금으로 볼 수 있을 것이며, 따라서 평균임금에 포함되어야 할 것임(근로기준과-1934, 2005.04.04).

해외체제비의 임금성여부

해외체제비의 성격이 명확하지 않으나 동 금품이 근로자가 해외 근무라는 특수한 근로환경에서 직무를 수행하게 됨에 따라 추가로 소요되는 비용을 변상하기 위하여 지급하는 실비변상적인 금품이라면 근기법 제18조 규정에 의한 임금으로 보기는 어려울 것으로 보인다(임금근로시간정책팀-1498, 2006.06.26).

2) 근로의 대상

① 임금은 사용자가 근로자에게 지급하는 금품 가운데 「근로의 대가」로 지급하는 금품을 말한다.

「근로의 대가」란「사용자가 근로자에게 지급하는 금품 중 사용종속관계에서 행하는 근로에 대한 보수」를 말한다.

② 근로자 개인의 실적에 따라 결정되는 성과금은 단체협약 등에 지급조건과 지급시기가 정해져 있더라도 근로제공 자체의 대가라고 볼 수 없으므로 임금이 아니며,[26] 해고예고수당[27]이나 재해보상금은 사용자에게 지급책임이 있으나 근로의 대가로서의 지급의무를 부담하는 것은 아니기에 임금으로 볼 수 없다. 다만, 실 근로와 관계없어도 근로제공과 관련이 있는 휴업수당[28]이나 떡값[29] 등도 임금으로 볼 수 있다.

③ 근로자에게 지급되는 금품이「근로의 대가」로 지급되는 것이냐를 판단함에 있어서는 다음과 같은 기준이 제시되고 있다.

㉠ 임의적 · 은혜적인 것이냐의 여부

임의적 · 은혜적 급부는 근로의 대가로 인정되지 않는다.[30] 예컨대, 결혼축의금, 질병위문금, 직계존비속 사망시의 조의금 등 경조사비는 원칙적으로 이와 같은 임의적 · 은혜적 급부에 속한다고 할 것이다.

㉡ 복지후생시설이냐의 여부

근로에 대한 직접적인 보수로서가 아니고 근로자의 복리후생을 위하여 지급하는 이익 또는 비용은 임금이 아니다.[31] 예컨대, 사택 제공, 운동시설, 휴양시설 등이 그 전형적인 것이다. 다만, 사택을 제공받지 않는 다른 근로자에 사택제공에 갈음한 주택수당이 지급되는 경우에는 주택수당과 함께 사택제공 자체도 그 평가액을 한도로 임금에 해당된다.

㉢ 기업설비의 일환으로 지급되는 것이냐의 여부

기업설비란 기업이 하나의 경영체로서 근로자로부터 근로를 수령하기 위하여 당연히 갖추어야 할 유형 · 무형의 설비를 말한다. 이와 같은 기업설비의 일환으로 지급되는 실비변상적 급부는 임금이라 볼 수 없다.[32] 예컨대, 작업복, 작업용품비, 출장여비, 차량유지비, 판공비 등이다.

3) 명칭의 여하를 불문

위 두 요건이 갖추어지면 그 명칭의 여하를 불문한다. 즉 사용종속관계에서 근로의 대가로 지급되는 것이면 급료 · 봉급 · 기본급 · 급여 · 수당 등의 어떠한 명칭이라도 모두 임금에 해당된다.

26) 대판 2004. 5. 14, 2001다76328.

27) 판례는 근기법에 의한 무예고 해고보상금청구권은 동법 제48조에서 말하는 임금채권에 해당하여 근기법에 의한 소멸시효의 적용을 받는다고 한다(대판 1965. 7. 6, 65다877).

28) 대판 1993. 5. 27, 92다20316.

29) 서울고판 1997. 5. 27, 97나36390.

30) 1981. 5. 7, 예규 제30호.

31) 대판 1991. 2. 26, 90다15662.

32) 대판 1996. 4. 23, 94다446.

관련판례

가족수당과 차량유지비가 임금이 될 수 있는 경우

가족수당이 일정한 요건에 해당하는 근로자에게 일률적으로 지급되어 왔다면, 이는 임의적, 은혜적인 급여가 아니라 근로에 대한 대가의 성질을 가지는 것으로서 임금에 해당하고, 차량유지비의 경우 그것이 차량 보유를 조건으로 지급되었거나 직원들 개인 소유의 차량을 업무용으로 사용하는 데 필요한 비용을 보조하기 위해 지급된 것이라면 실비변상적인 것으로서 근로의 대상으로 지급된 것으로 볼 수 없으나 전 직원에 대하여 또는 일정한 직급을 기준으로 일률적으로 지급되었다면 근로의 대상으로 지급된 것으로 볼 수 있다(대법 2003. 10. 23, 2003다40859).

임금에 포함되는 것	임금에 포함되지 않는 것
• 상여금 • 퇴직금 • 물가수당, 통근 · 가족수당, 월동수당 • 유급휴가중 지급되는 급여,하기휴가비 • 사택제공(주택수당이 타근로자에지급) • 식사대, 김장값, 추석떡값 • 사업주가 배분하여 지급하는 봉사료 • 휴업수당	• 해고예고수당 • 경조금, 위로금 • 재해보상금 • 사업주부담의 의료보험료 • 사택제공(복리후생시설에 해당시) • 작업복 · 작업용품비, 출장여비,교제비 • 고객으로부터 직접 받은 팁 • 노조전임자의 임금, 파업중의 금품

Ⅱ. 평균임금

1. 평균임금의 의의

(1) 평균임금의 개념

제2조 제1항 제6호

6. "평균임금"이란 이를 산정하여야 할 사유가 발생한 날 이전 3개월 동안에 그 근로자에게 지급된 임금의 총액을 그 기간의 총일수로 나눈 금액을 말한다. 근로자가 취업한 후 3개월 미만인 경우도 이에 준한다.

평균임금은 근로자가 현실적으로 지급받는 임금의 한 종류가 아니라 어떤 급여산출에 기초가 되는 단위개념에 지나지 않는다.

(2) 평균임금으로 산출하여야 할 경우

평균임금은 퇴직급여 상의 퇴직금 (제34조), 휴업수당(제45조), 연차유급휴가수당(제59조 3항), 재해보상금(제82조, 제83조, 제85조~제88조)과 제재로서의 감급액(제98조) 및 각종 보험급여를 산출하는 기초가 된다.

2. 평균임금의 산출방법

$$\text{평균임금} = \frac{\text{산정사유발생일이전 3개월간의 임금총액}}{\text{산정사유발생일이전 3개월간의 총일수}}$$

(1) 평균임금의 기산일

평균임금을 산정하여야 할 사유가 발생한 날[33)]이다.

(2) 기간의 총일수

1) 평균임금의 산정에 있어서 기간의 총일수는 지급사유가 발생한 날 이전 3월간이며, 이는 역법에 의한 총일수를 말하는 것이고 실제로 근로자가 근로한 근로일수가 아니다. 또한 지급사유가 발생한 당일은 포함되지 않는다.[34)]

2) 취업 후 3개월 미만의 기간 내에 평균임금의 산정사유가 발생한 경우에는 취업한 후의 전 기간과 그 기간 중에 지급된 임금의 총액으로 산정한다.

(3) 근로자에 대하여 지급된 임금총액

1) 임금의 총액이란 근로시간의 장단에 의한 임금의 다소에 불구하고 당해 기간 중에 근로의 대가로서 지급된 임금의 총액을 말한다.

2) 실제로 지급된 임금뿐만 아니라 지급되지 않았다 하더라도 사유 발생일에 이미 채권으로 확정된 임금이 있으면 이를 모두 포함해야 할 것이다. 원칙적으로 법 제2조 제1항 제5호에 규정된 임금을 모두 포함하는 액수를 말한다.

---

33) 구체적으로 살펴보면 (1) 퇴직금 : 근로자가 퇴직한 날이다.(2) 사용자의 귀책사유로 인한 휴업수당 : 휴업일이다. 휴업이 2일 이상 계속되는 경우에는 휴업하는 최초일 (3) 연차유급휴가 : 연차유급휴가를 준 날, 동 휴가가 2일 이상 계속되는 경우에는 연차유급휴가의 최초일 (4) 재해보상 : 사상의 원인이 되는 사고가 발생한 날 또는 진단에 의하여 질병이 발생되었다고 확정된 날 (5) 감급의 제재 : 제재의 의사표시가 해당 근로자에게 도달한 날 등이다.

34) 민법 제157조 ; 대판 1973. 3. 27, 72다2425.

관련판례

성과금(상여금)의 평균임금 산정시 포함 여부

'상여금이 평균임금 산정의 기초가 되는 임금의 성질을 가지기 위한 요건'에 대하여, "사용자가 근로자에게 지급하는 금품이 평균임금 산정의 기초가 되는 임금 총액에 포함될 수 있는 임금에 해당하려면 그 금품이 근로의 대상(對償)으로 지급되는 것이어야 하고, 어떤 금품이 근로의 대상으로 지급된 것이냐를 판단함에 있어서는 그 금품 지급의무의 발생이 근로제공과 직접적으로 관련되거나 그것과 밀접하게 관련된 것으로 볼 수 있어야 할 것인데, 이른바 상여금이 임금후불적 성질의 것인지 또는 은혜적, 포상적 성질의 것인지는 획일적으로 분류할 수 없는 것이기는 하나 상여금 명목의 금원이 근로자들에게 불확정적이고 일시적으로 지급되는 것이 아니라 계속적 · 정기적으로 지급되고 그 지급액이 확정되어 있다면 근로자에 대한 근로의 대상으로 지급되는 임금의 성질을 가지는 것으로서 평균임금 산정의 기초가 되는 임금총액에 포함될 수 있다고 해석하여야한다" (대법 2002. 10. 25, 2000두9717).

평균임금 산정의 기초가 되는 임금총액에는 사용자가 근로의 대상으로 근로자에게 지급하는 일체의 금품으로서, 근로자에게 계속적 · 정기적으로 지급되고 그 지급에 관하여 단체협약, 취업규칙 등에 의하여 사용자에게 지급의무가 지워져 있으면 그 명칭 여하를 불문하고 모두 포함된다. 한편, 어떤 금품이 근로의 대상으로 지급된 것인지를 판단함에 있어서는 그 금품지급의무의 발생이 근로제공과 직접적으로 관련되거나 그것과 밀접하게 관련된 것으로 볼 수 있어야 하고, 이러한 관련 없이 그 지급의무의 발생이 개별 근로자의 특수하고 우연한 사정에 의하여 좌우되는 경우에는 그 금품의 지급이 단체협약 · 취업규칙 · 근로계약 등이나 사용자의 방침 등에 의하여 이루어진 것이라 하더라도 그러한 금품은 근로의 대상으로 지급된 것으로 볼 수 없다. 피고 회사가 인센티브(성과급) 지급규정이나 영업 프로모션 등으로 정한 지급기준과 지급시기에 따라 인센티브(성과급)를 지급하여 왔고, 차량판매는 피고 회사의 주업으로서 영업사원들이 차량판매를 위하여 하는 영업활동은 피고 회사에 대하여 제공하는 근로의 일부라 볼 수 있어 인센티브(성과급)는 근로의 대가로 지급되는 것이라고 보아야 하며, 매월 정기적, 계속적으로 이루어지는 인센티브의 지급이 개인근로자의 특수하고 우연한 사정에 의하여 좌우되는 우발적, 일시적 급여라고 할 수 없고, 지급기준 등의 요건에 맞는 실적을 달성하였다면 피고 회사로서는 그 실적에 따른 인센티브의 지급을 거절할 수 없을 것이므로 이를 은혜적인 급부라고 할 수도 없으며, 인센티브(성과급)를 일률적으로 임금으로 보지 않을 경우 인센티브(성과급)만으로 급여를 지급받기로 한 근로자는 근로를 제공하되 근로의 대상으로서의 임금은 없는 것이 되고 퇴직금도 전혀 받을 수 없게 되는 불합리한 결과가 초래될 것인 점 등에 비추어 보면, 이 사건 인센티브(성과급)는 퇴직금 산정의 기초가 되는 평균임금에 해당한다(대법 2011. 07. 14, 2011다23149).

(4) 공제되는 기간 및 임금

평균임금의 산정기간인 3개월 중에 다음에 해당하는 기간이 있는 경우에는 그 기간과 그 기간 중에 지급된 임금은 당해 기간과 임금의 총액에서 각각 뺀다(영 제2조 제1항). 이 기간과 그 임금을 포함시키면 평균 임금액이 부당히 낮아져 근로자에게 불리하기 때문이다.

1) 수습사용 중의 기간(근기법 제35조 제5호)
2) 사용자의 귀책사유로 인하여 휴업한 기간(동법 제46조)
3) 산전후휴가기간(동법 제74조)
4) 업무상 부상 또는 질병의 요양을 위하여 휴업한 기간(동법 제78조)
5) 육아휴직기간(남녀고평법 제19조)
6) 쟁의행위기간(노조법 제2조 제6호)
7) 병역법 · 향토예비군설치법 또는 민방위기본법에 의한 의무이행을 위하여 휴직하거나 근로하지 못한 기간. 다만, 그 기간 중 임금을 지급받은 경우에는 포함
8) 업무 외 부상 또는 질병, 그 밖의 사유로 사용자의 승인을 얻어 휴업한 기간

(5) 제외되는 임금

법 제 2조 제 1항 제6호에 따른 임금의 총액을 계산할 때에는 임시로 지급된 임금 및 수당과 통화 외의 것으로 지급된 임금을 포함하지 아니한다. 다만, 고용노동부 장관이 정하는 것은 그러하지 아니하다(영 제2조 제2항).

1) 「임시로 지급된 임금」이란 임시 또는 돌발적인 사유에 의하여 지급되거나 또는 지급조건은 사전에 규정되어 있어도 지급사유의 발생이 불확실하거나 매우 드물게 발생하는 경우에 지급되는 것을 말한다.

2) 일시적으로 또는 일부근로자에게 지급되는 교통비, 자가운전보조비, 자녀가 있는 경우만 지급하는 학자보조금과 같은 순수한 의미의 복리후생비는 근로의 대가로 볼 수 없으므로 제외된다.[35)]

(6) 일용근로자 및 특별한 경우의 평균임금

1) 일용근로자[36)]의 평균임금은 고용노동부장관이 사업이나 직업에 따라 정하는 금액으로 한다(영 제3조).

2) 이상의 방법으로도 타당한 평균임금을 산정할 수 없는 경우에는 고용노동부장관이 정하는 바에 따른다(영 제4조).

3. 평균임금의 조정

(1) 의의

35) 대판 1995. 5. 12, 94다55934.

36) 일용근로자란 1일 계약기간으로 고용되어 고용당일 근로계약이 종료하는 근로자를 말한다.

장기요양자의 경우 재해당시의 평균임금을 기초로 하므로 장기간 요양을 하는 경우 물가와 임금이 계속적으로 인상되는데도 보상액은 고정되어 있어 손해를 보게 되는 폐단을 시정하기 위한 것이다. 이를 방지하기 위하여 당해 근로자가 소속한 사업장 동종 근로자의 통상임금의 변동에 따라 임금을 변동시키는 것을 말한다.

(2) 최초의 평균임금의 조정

휴업보상 · 장해보상 · 유족보상 · 장의비 및 일시보상 등의 보상금을 산정할 때 적용할 평균임금은 그 근로자가 소속한 사업 또는 사업장에서 같은 직종의 근로자에게 지급된 통상임금의 1명당 1개월 평균액이 그 부상 또는 질병이 발생한 달에 지급된 평균액보다 100분의 5 이상 변동된 경우에는 그 변동비율에 따라 인상되거나 인하된 금액으로 하되, 그 변동사유가 발생한 달의 다음 달부터 적용한다(영 제5조 제1항 본문).

(3) 2회 이후의 평균임금의 조정

제2회 이후의 평균임금을 조정하는 때에는 직전 회의 변동사유가 발생한 달의 평균액을 산정기준으로 한다(동항 단서).

(4) 사업이 폐지된 때의 평균임금의 조정

근로자가 소속한 사업 또는 사업장이 폐지된 때에는 그 근로자가 업무상 부상 또는 질병이 발생한 당시에 그 사업 또는 사업장과 같은 종류, 같은 규모의 사업 또는 사업장을 기준으로 한다(동조 제2항).

(5) 동일한 직종의 근로자가 없는 때의 평균임금의 조정

근로자의 직종과 같은 직종의 근로자가 없는 때에는 그 직종과 유사한 직종의 근로자를 기준으로 한다(동조 제3항).

(6) 요양보상대상자에 대한 퇴직금산정

업무상 부상이나 질병에 걸린 근로자에게 지급할 퇴직금을 산정할 때 적용할 평균임금은 제1항부터 제3항까지의 규정에 따라 조정된 평균임금으로 한다(동조 제4항).

4. 평균임금의 최저보장

> 원칙적인 평균임금산출방식에 의하여 산출된 금액이 그 근로자의 통상임금보다 적으면 그 통상임금액을 평균임금으로 한다(법 제2조 제2항).

최저보장의 취지는 임금이 시간급제 · 일급제 · 성과급제에 의하여 지급되는 경우라든가 도급제의 경우에는 평균임금을 산정하여야 하는 3개월 사이에 결근일수가 많아서 그 근로자의 평균임금이 저액일 수밖에 없으므로 이로 인한 근로자의 불이익을 방지하려는 데 있다.

5. 평균임금과 통상임금의 구별실익

일반적으로 평균임금액이 통상임금액을 상회하기 때문에 평균임금을 지급하여야 할 경우에 근로자에게 평균임금을 확보해 주려는 데 있다. 따라서 평균임금액으로 지급하여야 할 경우에 평균임금액이 통상임금액보다 적을 경우에는 통상임금을 평균임금으로 한다.

Ⅲ. 통상임금

1. 의의

통상임금이란 근로자에게 정기적이고 일률적으로 소정 근로 또는 총 근로에 대하여 지급하기로 정한 시간급금액 · 일급금액 · 주급금액 · 월급금액 또는 도급금액을 말한다(영 제6조 제1항).

통상임금은 고정적 · 정기적 · 일률적으로 지급하기로 정하여진 임금액으로서 시간급 · 일급 · 월급금액 등 다양한 형태로 정해지므로 일액으로 단일화되어 있는 평균임금과는 구별된다.

2. 통상임금으로 산정하여야 할 경우

통상임금은 평균임금의 산정(제2조 제2항), 해고예고수당(제26조 제1항), 가산금(제56조), 연차유급휴가수당(제60조 제5항), 산전 · 후 보호휴가수당(제74조) 등을 산출하는 기초가 된다.

3. 통상임금 판단기준

(1) 통상임금 여부의 판단기준

통상임금은 근로자에게 정기적이고 일률적으로 소정근로에 대하여 지급하기로 정한 금액을 말하며, 어떠한 임금이 통상임금에 속하는지 여부는 그 임금이 소정근로의 대가로 근로자에게 지급되는 금품으로서 정기적 · 일률적 · 고정적으로 지급되는 것인지를 기준으로 그 객관적인 성질에 따라 판단하여야 하고, 임금의 명칭이나 그 지급주기의 장단 등 형식적 기준에 의해 정할 것이 아니다.

1) 소정근로대가성

소정근로의 대가라 함은 근로자가 소정근로시간에 통상적으로 제공하기로 정한 근로에 관하여 사용자와 근로자가 지급하기로 약정한 금품을 말한다. 근로자가 소정근로시간을 초과하여 근로를 제공하거나 근로계약에서 제공하기로 정한 근로 외의 근로를 특별히 제공함으로써 사용자로부터 추가로 지급받는 임금이나 소정근로시간의 근로와는 관련 없이 지급받는 임금은 소정근로의 대가라 할 수 없으므로 통상임금에 속하지 아니한다.

위와 같이 소정근로의 대가가 무엇인지는 근로자와 사용자가 소정근로시간에 통상적으로 제공하기로 정한 근로자의 근로의 가치를 어떻게 평가하고 그에 대하여 얼마의 금품을 지급하기로 정하였는지를 기준으로 전체적으로 판단하여야 하고, 그 금품이 소정근로시간에 근무한 직후나 그로부터 가까운 시일 내에 지급되지 아니하였다고 하여 그러한 사정만으로 소정근로의 대가가 아니라고 할 수는 없다.

2) 정기성

어떤 임금이 통상임금에 속하기 위해서 정기성을 갖추어야 한다는 것은 그 임금이 일정한 간격을 두고 계속적으로 지급되어야 함을 의미한다.

통상임금에 속하기 위한 성질을 갖춘 임금이 1개월을 넘는 기간마다 정기적으로 지급되는 경우, 이는 노사간의 합의 등에 따라 근로자가 소정근로시간에 통상적으로 제공하는 근로의 대가가 1개월을 넘는 기간마다 분할 지급되고 있는 것일 뿐, 그러한 사정 때문에 갑자기 그 임금이 소정근로의 대가로서의 성질을 상실하거나 정기성을 상실하게 되는 것이 아님은 분명하다. 따라서 정기상여금과 같이 일정한 주기로 지급되는 임금의 경우 단지 그 지급주기가 1개월을 넘는다는 사정만으로 그 임금이 통상임금에서 제외된다고 할 수는 없다.

나아가 근로기준법 제43조제2항은 임금을 매월 1회 이상 일정한 날짜를 정하여 지급하도록 규정하고 있으나, 이는 사용자로 하여금 매월 일정하게 정해진 기일에 임금을 근로자에게 어김없이 지급하도록 강제함으로써 근로자의 생활안정을 도모하려는 것이므로[37] 위 규정을 근거로 1개월을 넘는 기간마다 정기적으로 지급되는 임금이 통상임금에서 제외된다고 해석할 수는 없다.

한편 최저임금법 제6조제4항은 매월 사용자가 근로자에게 지급하는 임금 중 매월 1회 이상 정기적으로 지급하는 임금 외의 임금으로서 고용노동부장관이 정하는 것을 최저임금과 비교할 '비교대상 임금'에서 제외하고 있다. 그러나 최저임금제도의 목적은 임금의 최저수준을 보장하여 근로자의 생활 안정과 노동력의 질적 향상을 기하고자 하는 데에 있어 연장 · 야간 · 휴일 근로에 대한 가산임금 등을 산정하기 위한 통상임금제도와 그 목적을 달리하므로, 위와 같은 최저임금법의 규정을 근거로 통상임금을 매월 1회 이상 정기적으로 지급하는 임금으로 한정하여야 한다고 보는 것은 타당하지 않다.

3) 일률성

어떤 임금이 통상임금에 속하기 위해서는 그것이 일률적으로 지급되는 성질을 갖추어야 한다. '일률적'으로 지급되는 것에는 '모든 근로자'에게 지급되는 것뿐만 아니라 '일정한 조건 또는 기준에 달한 모든 근로자'에게 지급되는 것도 포함된다. 여기서 '일정한 조건'이란 고정적이고 평균적인 임금을 산출하려는 통상임금의 개념에 비추어 볼 때 고정적인 조건이어야 한다.[38]

37) 대법원 1985. 10. 8. 선고 85도1262 판결 등 참조

38) 대법원 1993. 5. 27. 선고 92다20316 판결, 대법원 2012. 7. 26. 선고 2011다6106 판결 등 참조

단체협약이나 취업규칙 등에 휴직자나 복직자 또는 징계대상자 등에 대하여 특정 임금에 대한 지급 제한사유를 규정하고 있다 하더라도, 이는 해당 근로자의 개인적인 특수성을 고려하여 그 임금 지급을 제한하고 있는 것에 불과하므로, 그러한 사정을 들어 정상적인 근로관계를 유지하는 근로자에 대하여 그 임금 지급의 일률성을 부정할 것은 아니다.

한편 일정 범위의 모든 근로자에게 지급된 임금이 일률성을 갖추고 있는지 판단하는 잣대인 '일정한 조건 또는 기준'은 통상임금이 소정근로의 가치를 평가한 개념이라는 점을 고려할 때, 작업 내용이나 기술, 경력 등과 같이 소정근로의 가치 평가와 관련된 조건이라야 한다. 따라서 부양가족이 있는 근로자에게만 지급되는 가족수당과 같이 소정근로의 가치 평가와 무관한 사항을 조건으로 하여 지급되는 임금은 그것이 그 조건에 해당하는 모든 근로자에게 지급되었다 하더라도 여기서 말하는 '일정한 조건 또는 기준'에 따른 것이라 할 수 없어 '일률성'을 인정할 수 없으므로, 통상임금에 속한다고 볼 수 없다.[39]

그러나 모든 근로자에게 기본금액을 가족수당 명목으로 지급하면서 실제 부양가족이 있는 근로자에게는 일정액을 추가적으로 지급하는 경우 그 기본금액은 소정근로에 대한 대가에 다름 아니므로 통상임금에 속한다.[40]

4) 고정성

어떤 임금이 통상임금에 속하기 위해서는 그것이 고정적으로 지급되어야 한다. 이는 통상임금을 다른 일반적인 임금이나 평균임금과 확연히 구분 짓는 요소로서 앞서 본 바와 같이 통상임금이 연장 · 야간 · 휴일 근로에 대한 가산임금을 산정하는 기준임금으로 기능하기 위하여서는 그것이 미리 확정되어 있어야 한다는 요청에서 도출되는 본질적인 성질이다.

'고정성'이라 함은 '근로자가 제공한 근로에 대하여 그 업적, 성과 기타의 추가적인 조건과 관계없이 당연히 지급될 것이 확정되어 있는 성질'을 말하고, '고정적인 임금'은 '임금의 명칭 여하를 불문하고 임의의 날에 소정근로시간을 근무한 근로자가 그 다음 날 퇴직한다 하더라도 그 하루의 근로에 대한 대가로 당연하고도 확정적으로 지급받게 되는 최소한의 임금'이라고 정의할 수 있다.

고정성을 갖춘 임금은 근로자가 임의의 날에 소정근로를 제공하면 추가적인 조건의 충족 여부와 관계없이 당연히 지급될 것이 예정된 임금이므로, 그 지급 여부나 지급액이 사전에 확정된 것이라 할 수 있다. 이와 달리 근로자가 소정근로를 제공하더라도 추가적인 조건을 충족하여야 지급되는 임금이나 그 조건 충족 여부에 따라 지급액이 변동되는 임금 부분은 고정성을 갖춘 것이라고 할 수 없다.

대법원은 근로자의 실제 근무성적에 따라 지급 여부 및 지급액이 달라지는 항목의 임금을 통상임금에서 제외하여 왔는데, 그러한 임금은 고정성을 갖추지 못하였기 때문이다.[41]

39) 대법원 1993. 5. 27. 선고 92다20316 판결, 대법원 2012. 7. 26. 선고 2011다6106 판결 등 참조

40) 대법원 1992. 7. 14. 선고 91다5501 판결 등 참조

41) 대법원 1996. 2. 9. 선고 94다19501 판결, 대법원 2012. 3. 15. 선고 2011다106426 판결 등 참조

[관련판례]

(1) 통상임금의 개념과 그 범위, 가족수당, 중식대가 통상임금에 포함되지 않는다고 본 사례(대법2003다10650, 2003.04.22)

소정 근로 또는 총근로의 대상(對償)으로 근로자에게 지급되는 금품으로서 그것이 정기적 · 일률적으로 지급되는 것이면 원칙적으로 모두 통상임금에 속하는 임금이라 할 것이나, 근로기준법의 입법 취지와 통상임금의 기능 및 필요성에 비추어 볼 때 어떤 임금이 통상임금에 해당하려면 그것이 정기적 · 일률적으로 지급되는 고정적인 임금에 속하여야 하므로 (대법원 1998. 4. 24. 선고 97다28421 판결 참조), 정기적 · 일률적으로 지급되는 것이 아니거나 실제의 근무성적에 따라 지급 여부 및 지급액이 달라지는 것과 같이 고정적인 임금이 아닌 것은 통상임금에 해당하지 아니한다(대법원 1991. 6. 28. 선고 90다카14758 판결 , 1994. 10. 28. 선고 94다26615 판결 , 1996. 5. 14. 선고 95다19256 판결 , 2002. 7. 23. 선고 2000다29370 판결 등 참조).

부양가족이 있는 경우에는 4인을 초과하지 않는 범위 내에서 부양가족 1인당 금 10,000원씩의 가족수당을 지급하며, 중식대는 상근자에 한하여 현물로 지급함을 원칙으로 하되, 현물지급이 불가능한 지역에 근무하는 자에 대하여는 현금으로 지급할 수 있다고 규정되어 있는 사실을 인정한 다음, 가족수당은 부양가족이 있는 근로자에게만 지급되었던 것이고, 중식대는 상근자에 한하여 현물로 지급되며 현물을 제공받지 않은 근로자에 대하여 그에 상당하는 금품이 제공되었음을 인정할 수 없으므로 특별한 사정이 없는 한 가족수당 및 중식대 모두 통상임금의 산정시 포함될 수 없다고 판단한 것은 정당하다

평균임금 산정의 기초가 되는 임금 총액에는 사용자가 근로의 대상으로 근로자에게 지급하는 금품으로서, 근로자에게 계속적 · 정기적으로 지급되고 단체협약, 취업규칙, 급여규정, 근로계약, 노동관행 등에 의하여 사용자에게 그 지급의무가 지워져 있는 것은 그 명칭 여하를 불문하고 모두 포함된다 할 것이나 (대법원 2001. 10. 23. 선고 2001다53950 판결 참조), 근로자가 특수한 근무조건이나 환경에서 직무를 수행함으로 말미암아 추가로 소요되는 비용을 변상하기 위하여 지급되는 실비변상적 금원 또는 사용자가 지급의무 없이 은혜적으로 지급하는 금원 등은 평균임금 산정의 기초가 되는 임금 총액에 포함되지 아니한다 (대법원 1999. 2. 9. 선고 97다56235 판결 참조).

(2) 실제의 근무성적과 상관없이 매월 일정하게 지급된 근속수당과 통상임금(대판 2002. 7. 23, 2000다29389)

원심은, 피고가 매년 7월 1일을 기준으로 1년 이상 근속한 근로자에게 매 1년 단위로 일정한 금액을 가산하여 근속수당으로 지급하였지만, 이러한 근속수당은 근로자의 이직률을 줄이고 근속의욕을 고취하여 장기근속을 장려하기 위한 성격의 수당으로서 통상임금에 포함되지 아니한다고 판단하였다. 그러나 이 사건에서 피고가 그 소속 근로자에게 지급한 근속수당은 은혜적인 배려에서가 아니라 일정한 근속연수에 이른 근로자에게 실제의 근무성적과는 상관없이 매월 일정하게 지급된 것으로서 정기적 · 일률적으로 지급되는 고정적인 임금이므로, 통상임금에 포함되어야 한다.

(3) 고열작업수당이 일정한 공정에 종사하는 모든 근로자들에 대해서 일정한 조건이 충족되면 일정한 금액이 매년 정기적 · 일률적으로 지급된 것이라면 통상임금에 포함된다(대법2004다41217, 2005.09.09)

고열작업수당은, 당해 연도의 4월부터 9월까지 실제 변화된 온도를 고려하여 고열등급을 새로이 조정하지 않고 전년도 온도측정에 따라 확정된 고열등급대로 같은 공정 내의 사원들에게 같은 금액의 수당을 지급해왔고, 또한 일정한 공정에 투입된 고열작업장 종사자는 일반적으로 전보·휴직 등의 사유가 발생하거나 일시적으로 결원이 생겨 작업반장이 공정별로 인원배치를 조정하지 않는 한 같은 공정에서 지속적으로 근무하게 된다는 것인바, 이러한 조건은 일시적·유동적 조건인 것이 아니라 고정적 조건이라고 보아야 할 것이고, 그렇다면 이 사건 고열작업수당은 고열작업수당이 지급되도록 정하여진 공정에 종사하는 모든 근로자들에 대해서 일정한 조건이 충족되면 일정한 금액이 매년 정기적·일률적으로 지급된 것으로서 통상임금에 포함된다고 보아야 할 것이다.

(4) 6개월을 초과하여 계속 근무한 근로자에게 근속연수의 증가에 따라 미리 정해놓은 각 비율을 적용하여 산정한 금액을 분기별로 지급하는 상여금은 통상임금에 해당한다(대법2010다91046, 2012.03.29)

통상임금은 근로자에게 소정근로 또는 총근로의 대상으로서 정기적·일률적으로 지급하기로 정해진 고정적 임금을 말하므로, 근로자의 실제 근무성적에 따라 지급 여부 및 지급액이 달라지는 항목의 임금은 고정적인 임금이라 할 수 없어 통상임금에 해당하지 아니하나, 근로자에 대한 임금이 1개월을 초과하는 기간마다 지급되는 것이라도 그것이 정기적·일률적으로 지급되는 것이면 통상임금에 포함될 수 있다.

상여금은 피고가 6개월을 초과하여 계속 근무한 근로자에게 근속연수의 증가에 따라 미리 정해놓은 각 비율을 적용하여 산정한 금액을 분기별로 지급하는 것으로서, 매월 월급 형태로 지급되는 근속수당과 달리 분기별로 지급되기는 하지만 그러한 사정만으로 통상임금이 아니라고 단정할 수 없다. 나아가 이 사건 단체협약 제27조에 '상여금 지급은 매 분기 말까지 재직한 자로 하고'라고 규정하면서도 곧이어 '퇴직자에 대해서는 월별로 계산 지급한다'고 추가로 규정함으로써 상여금 지급 대상에서 중도퇴직자를 제외한 것으로 볼 수 없으며, 또한 상여금 지급대상에 관한 위 규정의 의미가 기본급 등과 마찬가지로 비록 근로자가 상여금 지급대상 기간 중에 퇴직하더라도 퇴직 이후 기간에 대하여는 상여금을 지급할 수 없지만 재직기간에 비례하여 상여금을 지급하겠다는 것이라면, 이 사건 상여금은 그 지급 여부 및 지급액이 근로자의 실제 근무성적 등에 따라 좌우되는 것이라 할 수 없고, 오히려 그 금액이 확정된 것이어서 정기적·일률적으로 지급되는 고정적인 임금인 통상임금에 해당한다고 볼 여지가 있다.

(5) 정기상여금의 통상임금성(대법 2012다 89399, 2013.12.18)

1. 일정한 대상기간에 제공되는 근로에 대응하여 1개월을 초과하는 일정기간마다 지급되는 정기상여금은 통상임금에 해당한다.
2. 성질상 근로기준법 상의 통상임금에 속하는 임금을 통상임금에서 제외하기로 노사간에 합의하였다 하더라도 그 합의는 효력이 없다
3. 통상임금 추가분 청구로 인해 회사 경영에 어려움이 초래되는 경우 추가임금 청구는 신의성실의 원칙에 위반되어 허용될 수 없다.(대법 2012다89399, 2013.12.18)

1-1.통상임금은 근로자가 소정근로시간에 통상적으로 제공하는 근로인 소정근로(도급근로자의 경우에는 총 근로)의 대가로 지급하기로 약정한 금품으로서 정기적 · 일률적 · 고정적으로 지급되는 임금을 말하고, 그 임금이 '1임금산정기간' 내에 지급되는 것인지 여부는 판단기준이 아니다. 따라서 어떠한 임금이 통상임금에 속하는지 여부는 그 임금이 소정근로의 대가로 근로자에게 지급되는 금품으로서 정기적 · 일률적 · 고정적으로 지급되는 것인지를 기준으로 그 객관적인 성질에 따라 판단하여야 하고, 임금의 명칭이나 그 지급주기의 장단 등 형식적 기준에 의해 정할 것이 아니다.

1-2. 통상임금에 속하기 위한 성질을 갖춘 임금이 1개월을 넘는 기간마다 정기적으로 지급되는 경우, 이는 노사간의 합의 등에 따라 근로자가 소정근로시간에 통상적으로 제공하는 근로의 대가가 1개월을 넘는 기간마다 분할지급되고 있는 것일 뿐, 그러한 사정 때문에 갑자기 그 임금이 소정근로의 대가로서의 성질을 상실하거나 정기성을 상실하게 되는 것이 아님은 분명하다. 따라서 정기상여금과 같이 일정한 주기로 지급되는 임금의 경우 단지 그 지급주기가 1개월을 넘는다는 사정만으로 그 임금이 통상임금에서 제외된다고 할 수는 없다.

1-3. 어떤 임금이 통상임금에 속하기 위해서는 그것이 일률적으로 지급되는 성질을 갖추어야 한다. '일률적'으로 지급되는 것에는 '모든 근로자'에게 지급되는 것뿐만 아니라 '일정한 조건 또는 기준에 달한 모든 근로자'에게 지급되는 것도 포함된다. 여기서 '일정한 조건'이란 고정적이고 평균적인 임금을 산출하려는 통상임금의 개념에 비추어 볼 때 고정적인 조건이어야 한다.

일정 범위의 모든 근로자에게 지급된 임금이 일률성을 갖추고 있는지 판단하는 잣대인 '일정한 조건 또는 기준'은 통상임금이 소정근로의 가치를 평가한 개념이라는 점을 고려할 때, 작업 내용이나 기술, 경력 등과 같이 소정근로의 가치 평가와 관련된 조건이라야 한다.

1-4. '고정성'이라 함은 '근로자가 제공한 근로에 대하여 그 업적, 성과 기타의 추가적인 조건과 관계없이 당연히 지급될 것이 확정되어 있는 성질'을 말하고, '고정적인 임금'은 '임금의 명칭 여하를 불문하고 임의의 날에 소정근로시간을 근무한 근로자가 그 다음 날 퇴직한다 하더라도 그 하루의 근로에 대한 대가로 당연하고도 확정적으로 지급받게 되는 최소한의 임금'이라고 정의할 수 있다.

고정성을 갖춘 임금은 근로자가 임의의 날에 소정근로를 제공하면 추가적인 조건의 충족 여부와 관계없이 당연히 지급될 것이 예정된 임금이므로, 그 지급 여부나 지급액이 사전에 확정된 것이라 할 수 있다. 이와 달리 근로자가 소정근로를 제공하더라도 추가적인 조건을 충족하여야 지급되는 임금이나 그 조건 충족 여부에 따라 지급액이 변동되는 임금 부분은 고정성을 갖춘 것이라고 할 수 없다.

1-5. 근속수당의 지급조건에 일정 근무일수를 기준으로 그 미만은 일할계산하여 지급하고 그 이상은 전액 지급하기로 정해진 경우 그 일할계산하여 지급되는 최소한도의 임금은 고정적인 임금이라고 보아야 하는데도, 이와 달리 이를 지급 여부 및 그 지급액이 실제 근무성적에 의하여 달라진다는 이유로 비고정적인 임금으로 통상임금에 해당하지 아니한다고 판단한 대법원 1996.3.22. 선고 95다56767 판결과 문제가 된 복리후생적 명목의 급여가 지급일 당시 재직 중일 것을 지급조건으로 하는지 여부에 관하여 심리하지 아니한 채 해당 급여가 단체협약 등에 의하여 일률적 · 정기적으로 지급되는 것으로 정해져 있다는 사정만으로 통상임금에 해당한다고 판단한 대법원 2007.6.15. 선고 2006다13070 판결 등을 비롯한 같은 취지의 판결들은 이 판결의 견해에 배치되는 범위 내에서 이를 모두 변경하기로 한다.

2. 성질상 근로기준법 상의 통상임금에 속하는 임금을 통상임금에서 제외하기로 노사간에 합의하였다 하더라도 그 합의는 효력이 없다. 연장 · 야간 · 휴일 근로에 대하여 통상임금의 50% 이상을 가산하여 지급하도록 한 근로기준법의 규정은 각 해당 근로에 대한 임금산정의 최저기준을 정한 것이므로, 통상임금의 성질을 가지는 임금을 일부 제외한 채 연장 · 야간 · 휴일 근로에 대한 가산임금을 산정하도록 노사간에 합의한 경우 그 노사합의에 따라 계산한 금액이 근로기준법에서 정한 위 기준에 미달할 때에는 그 미달하는 범위 내에서 노사합의는 무효라 할 것이고, 그 무효로 된 부분은 근로기준법이 정하는 기준에 따라야 할 것이다.

3-1. 단체협약 등 노사합의의 내용이 근로기준법의 강행규정을 위반하여 무효인 경우에, 그 무효를 주장하는 것이 신의칙에 위배되는 권리의 행사라는 이유로 이를 배척한다면 강행규정으로 정한 입법취지를 몰각시키는 결과가 될 것이므로, 그러한 주장이 신의칙에 위배된다고 볼 수 없음이 원칙이다. 그러나 노사합의의 내용이 근로기준법의 강행규정을 위반한다고 하여 그 노사합의의 무효 주장에 대하여 예외 없이 신의칙의 적용이 배제되는 것은 아니다. 위에서 본 신의칙을 적용하기 위한 일반적인 요건을 갖춤은 물론 근로기준법의 강행규정성에도 불구하고 신의칙을 우선하여 적용하는 것을 수긍할만한 특별한 사정이 있는 예외적인 경우에 한하여 그 노사합의의 무효를 주장하는 것은 신의칙에 위배되어 허용될 수 없다.

3-2. 노사가 자율적으로 임금협상을 할 때에는 기업의 한정된 수익을 기초로 하여 상호 적정하다고 합의가 이루어진 범위 안에서 임금을 정하게 되는데, 우리나라의 실태는 임금협상 시 임금 총액을 기준으로 임금 인상 폭을 정하되, 그 임금 총액 속에 기본급은 물론, 일정한 대상기간에 제공되는 근로에 대응하여 1개월을 초과하는 일정 기간마다 지급되는 상여금(이하 '정기상여금'이라고 한다), 각종 수당, 그리고 통상임금을 기초로 산정되는 연장 · 야간 · 휴일 근로 수당 등의 법정수당까지도 그 규모를 예측하여 포함시키는 것이 일반적이다. 이러한 방식의 임금협상에 따르면, 기본급, 정기상여금, 각종 수당 등과 통상임금에 기초하여 산정되는 각종 법정수당은 임금 총액의 범위 안에서 각 금액이 할당되고 그 지급형태 등이 결정된다는 의미에서 상호 견련관계가 있는 것이다.

그런데 우리나라 대부분의 기업에서는 정기상여금은 그 자체로 통상임금에 해당하지 아니한다는 전제 아래에서, 임금협상 시 노사가 정기상여금을 통상임금에서 제외하기로 합의하는 실무가 장기간 계속되어 왔고, 이러한 노사합의는 일반화되어 이미 관행으로 정착된 것으로 보이는데, 이러한 관행이 정착하게 된 데에는, 상여금의 연원이 은혜적 · 포상적인 이윤배분이나 성과급에서 비롯된 점, 상여금이 근로의 대가로서 정기적 · 일률적으로 지급되는 경우가 많다고는 하지만 여전히 성과급, 공로보상 또는 계속근로 장려 차원에서 지급되는 경우도 있고 그 지급형태나 지급조건 등이 다양하여 그 성질이 명확하지 아니한 경우도 있는 점, 고용노동부의 '통상임금 산정지침'이 일관되게 정기상여금을 통상임금에서 제외하여 온 점, 대법원 판례상으로도 2012.3.29. 대법원 2010다91046 판결이 선고되기 전에는 정기상여금이 통상임금에 해당할 수 있음을 명시적으로 인정한 대법원판결은 없었던 점 등이 그 주요 원인이 되어 노사 양측 모두 정기상여금은 통상임금에서 제외되는 것이라고 의심 없이 받아들여 왔기 때문인 것으로 보인다.

3-3. 위와 같은 방식의 임금협상 과정을 거쳐 이루어진 노사합의에서 정기상여금은 그 자체로 통상임금에 해당하지 아니한다고 오인한 나머지 정기상여금을 통상임금 산정 기준에서 제외하기로 합의하고 이를 전제로 임금수준을 정한 경우, 근로자 측이 앞서 본 임금협상의 방법과 경위, 실질적인 목표와 결과 등은 도외시한 채 임금협상 당시 전혀 생각하지 못한 사유를 들어 정기상여금을 통상임금에 가산하고 이를 토대로 추가적인 법정수당의 지급을 구함으로써, 노사가 합의한 임금수준을 훨씬 초과하는 예상 외의 이익을 추구하고 그로 말미암아 사용자에게 예측하지 못한 새로운 재정적 부담을 지워 중대한 경영상의 어려움을 초래하거나 기업의 존립을 위태롭게 한다면, 이는 종국적으로 근로자 측에까지 그 피해가 미치게 되어 노사 어느 쪽에도 도움이 되지 않는 결과를 가져오므로 정의와 형평 관념에 비추어 신의에 현저히 반하고 도저히 용인될 수 없음이 분명하다. 그러므로 이와 같은 경우 근로자 측의 추가 법정수당 청구는 신의칙에 위배되어 받아들일 수 없다.

2. 평균임금

(1) 장려금, 일시금, 하기휴가특별격려금의 평균임금 여부(대판 2006. 8. 24, 2004다35052)

어떤 금품이 임금에 해당하는지 여부를 가늠할 수 있는 구체적인 사정으로서, 근로자에게 계속적 · 정기적으로 지급되며, 그 지급에 관하여 단체협약, 취업규칙, 급여규정, 근로계약, 노동관행 등에 의하여 사용자에게 그 지급의무가 지워져 있고, 또한 일정 요건에 해당하는 근로자에게 일률적으로 지급하는 것이라면, 그 명칭 여하를 불문하고 우선적으로 임금이라고 볼 수 있을 것이다(대판 1990. 12. 7, 90다카19647, 대판 2002. 10. 17, 2002다8025 전원합의체 판결, 대판 2003. 4. 22, 2003다10650 판결 참조). 그러나 위와 같은 사정들은 어디까지나 근로의 대상으로 지급되는 금품으로 인정할 수 있는 대표적인 징표로 삼을 수 있다는 것이고, 위와 같은 사정을 갖춘 경우에 한해서만 임금에 포함시킬 수 있다는 의미는 아니다. 이와 같이 볼 때, 사용자가 근로자에게 지급하는 임금은 계속적 · 정기적으로 지급되는 것이 통상적이므로 그 지급사유의 발생이 확정되어 있지 않고 일시적으로 지급되는 것은 근로의 제공과 관련 없이 지급되는 것으로 판단 받을 여지가 많기는 하지만(대판 1999. 9. 3, 98다34393, 대판 2002. 6. 11, 2001다16722 판결 참조), 그렇다고 하여 반드시 계속적 · 정기적으로 지급되어야만 근로제공과 관련된 것이고 그렇지 않은 것은 근로제공과 무관한 것이라는 논리필연적인 관계가 있는 것은 아니므로, 드물게나마 계속적 · 정기적으로 지급되는 것이 아니라 하더라도 다른 사정을 종합하여 사용자가 근로자의 근로제공과 관련하여 지급하는 것으로 볼 수 있으면 임금에 해당하고, 이와 달리 어느 금품이 계속적 · 정기적으로 지급되는 것이라 하더라도 근로의 제공과 관련 없이 지급되는 것이라면 그 금품의 지급이 단체협약, 취업규칙, 근로계약 등에 의하여 지급의무가 발생한 것이라 하더라도 임금에 포함시킬 수 없을 것이다(대판 1996. 5.1 4, 95다19256 판결 참조). 원심판결 이유에 의하면, 원심은 그 판시와 같은 I.Q.S.장려금, 일시금, 하기휴가특별격려금 등의 각 금품이 계속적 · 정기적으로 지급되었다고 인정할 증거가 없는 이유만으로 원고들에 대한 평균임금산정의 기초가 되는 임금에 포함되지 않는다고 판단한 것은 앞서 본 법리에 비추어 볼 때 적절하다고 볼 수 없다.

그러나 한편, 원심이 적법하게 확정한 사실에 의하면 I.Q.S.장려금은 1997년도 단체협약에 의하여 1997년 7월 및 9월에 각 지급되었고, 일시금과 하기휴가특별격려금은 1996. 7. 25. 단체협약에 의해 각 지급되었다는 것인바, 사정이 그러하다면, 위의 각 급여는 1997. 12. 31.과 1998. 5. 31. 피고 회사를 퇴직한 원고들에 대하여 '평균임금 산정기간인 퇴직한 날 이전 3월간에 지급된 것'이 아닐 뿐만 아니라 위 각 급여가 위 평균임금 산정기간 동안의 원고들의 근로에 대한 대가로 지급되었다는 점에 대한 아무런 입증이 없으므로, 원심이 위 각 급여를 원고들의 평균임금 산정에 포함시키지 않은 것은 결론에 있어서 정당하다 할 것이다.

(2) 통상의 경우보다 현저하게 높거나 낮은 평균임금의 산정(대판 1999. 5. 12, 97다5015)

평균임금은 근로자의 통상 생활임금을 사실상 산정하는 것을 그 기본원리로 하는 것으로서 평균임금의 계산에 산입되는 '그 사유가 발생한 날 이전 3월간에 그 근로자에 대하여 지급된 임금의 총액'이 특별한 사유로 인하여 통상의 경우보다 현저히 적거나 많을 경우에는 이를 그대로 평균임금산정의 기초로 삼을 것인바, 평균임금을 그 산정기초로 하는 퇴직금제도는 직급, 호봉 등에 따른 근로자 통상의 생활을 종전과 같이 보장하려는데 그 취지가 있다할 것이므로, 퇴직급여가 우연적 사정에 의하여 통상의 경우보다 현저하게 많거나 적은 금액으로 되는 것은 그 제도의 근본취지에 어긋난다.

제2절 임금의 지급

Ⅰ. 임금액의 보호

1. 최저임금제도

(1) 의의

최저임금제도는 근로자의 인간다운 생활을 보장하기 위하여 국가가 임금의 최저수준을 정하여 사용자에게 그 수준 미만으로는 임금을 지급하지 못하게 강제하는 제도이다.

(2) 최저임금법의 목적

제1조(목적) 이 법은 근로자에 대하여 임금의 최저수준을 보장하여 근로자의 생활안정과 노동력의 질적 향상을 기함으로써 국민경제의 건전한 발전에 이바지하게 함을 목적으로 한다.

관련 행정해석

근로기준법 제61조에서 정한 감시 또는 단속적 근로자와 최저임금

감시적 근로에 종사하는 자라 함은 원칙적으로 일정부서에서 감시하는 것을 본래의 업무로 하고 상태적 또는 정신적으로 피로가 적은 자를 말하고, 단속적 근로에 종사하는 자라 함은 원칙적으로 근로의 형태가 간헐적·단속적으로 휴게시간 또는 대기시간이 많은 자를 말하는 바, 아파트 경비원과 아파트 관리소내의 전기실, 기관실 직원은 그 근무형태로 보아 각각 감시적 또는 단속적 근로자에 해당되는 것으로 일응 인정될 수 있으나, 근로기준법 제49조에 의거하여 사용자가 이러한 근로자들에 대하여 감시적 또는 단속적 근로자로서 노동위원회의 승인을 받은 경우에는 근로기준법에서 정하는 근로시간, 휴게, 휴일에 관한 규정이 적용되지 아니하며, 최저임금법시행령 제6조의 규정에 의하여 최저임금의 적용도 제외되는 것이다(1990. 02. 05, 근기01254-1626).

☞ 감시단속적 근로자와 수습근로자(1년이상 계약체결)는 10% 감액적용

2. 도급근로자의 임금보호

(1) 의의

제47조 (도급 근로자) 사용자는 도급이나 그 밖에 이에 준하는 제도로 사용하는 근로자에게 근로시간에 따라 일정액의 임금을 보장하여야 한다.

이 제도의 취지는 도급제 그 밖에 성과급제 등에 의하여 근로자를 사용하는 경우에 원자재의 부족 그 밖에 근로자의 책임으로 볼 수 없는 사정으로 인하여 그 성과가 적어서 임금이 극단적으로 저액이 될 경우를 예상하여, 근로자에게 적어도 근로시간에 따른 일정액의 임금을 보장하려는 데 있다.

(2) 도급 그 밖에 이에 준하는 제도

도급 그 밖에 이에 준하는 제도란 일정한 근로의 결과 또는 일정한 성과에 대하여 임금률을 정하고 있은 제도를 말하며, 사용자의 지휘 · 명령에 따라 근로를 제공하고 있음에도 불구하고 임금이 고정급으로 정하여져 있는 것이 아니라 작업의 양에 따라 정하는 것을 말한다. 따라서 민법상의 도급은 이에 해당하지 아니한다.

(3) 일정액의 임금보장

일정액의 임금보장에 관하여 법에서는 아무런 기준을 정하고 있지 않지만, 취업규칙 등에서 정한 임금체계에 따르면 될 것이다. 예컨대, 일당 도급제하에서 보장할 금액은 일당으로 간주되는 금액 중 기본급으로 책정된 금액이 해당될 것이다.

관련판례

일당도급제 근로자의 임금보장

임금의 지급형태가 일당도급제라고 할지라도 사용자는 향토예비군훈련으로 인하여 일을 하지 못한 피고용자에 대하여 최소한의 임금을 지급하여야 할 것인데 그 최소한의 임금은 일당으로 간주되는 금액 중 기본급으로 책정된 금액으로 보는 것이 상당하다(1985. 03. 26, 84도1861).

Ⅱ. 임금의 지급방법

1. 서 설

(1) 법 규정

제43조 (임금 지급) ① 임금은 통화(通貨)로 직접 근로자에게 그 전액을 지급하여야 한다. 다만, 법령 또는 단체협약에 특별한 규정이 있는 경우에는 임금의 일부를 공제하거나 통화 이외의 것으로 지급할 수 있다.

② 임금은 매월 1회 이상 일정한 날짜를 정하여 지급하여야 한다. 다만, 임시로 지급하는 임금, 수당, 그 밖에 이에 준하는 것 또는 대통령령으로 정하는 임금에 대하여는 그러하지 아니하다.

(2) 취 지

법 제43조는 임금지급방법에 관하여 통화불, 직접불, 전액불, 매월 1회 이상 정기불의 원칙을 규정하고 있는 바, 이는 근로자의 유일한 생계수단인 임금을 확실하고 신속하게 정기적으로 근로자가 수령할 수 있도록 보장하려는 데 있다.

2. 통화불의 원칙

(1) 의의

사용자는 임금을 「통화」로 지급하여야 한다. 개별 근로자의 동의가 있더라도 통화 이외의 것으로 지급할 수 없다. 다만, 법령 또는 단체협약에 특별한 규정이 있는 경우에는 임금의 일부를 통화 이외의 것으로 지급할 수 있다.

(2) 통화의 의의

1) 통화란 강제통용력이 있는 화폐를 말하며, 은행권과 주화를 말한다.
2) 자기앞수표 이외의 수표는 환가의 불편, 지급거절의 위험 등을 고려하여 동 원칙에 반한다. ILO조약 제95호도 수표를 통화에서 제외하고 있다.

관련 행정해석

약속어음에 의한 임금지급

임금은 통화로 지급하게 되어 있는 바 3월 이내 지급기일의 약속어음교부는 금품청산의 기일을 연장합의 한 것에 불과한 것이라고 본다(1982. 12. 10, 근기1455-75).

근로자의 은행예금구좌에 입금하는 경우

근로자의 임금은 근로기준법 제36조에 따라 통화로 직접 근로자에게 전액을 지급하여야 하는 것임. 다만, 사용자가 임금정기지급일 이전에 금융기관에 근로자의 임금전액을 불입하여 근로자가 즉시 현금으로 인출할 수 있다면 무방하다(1985. 10. 17, 근기01254-18305).

(3) 현물급여의 문제

1) 현물급여(Truck System)는 가격이 불명료하고 환가에도 불편하므로 근로자에게 생활의 불안정성을 기하고, 임금의 실질적 저하를 가져오므로 근로자보호를 위하여 금지된다.

2) 현재 현물급여를 인정하는 법령은 존재하지 아니하므로 단체협약에 한해서만 인정되고 취업규칙이나 근로계약에 의한 경우는 동 원칙에 반한다.

3) 단체협약에 의한 경우로는 주택공여의 이익 등을 들 수 있고, 이 때 현물급여도 임금이므로 평균임금이나 가산임금의 산정에 당연히 포함되어야 한다.

3. 직접불의 원칙

(1) 의의

1) 임금은 「직접」 근로자에게 지급하여야 한다. 이는 부모나 제3자에 의한 중간착취를 배제하기 위하여 인정된 원칙이다.

2) 통화불의 원칙과 전액불의 원칙과는 달리 법령 또는 단체협약에 의한 예외는 인정되지 않는다. 따라서 사용자는 임금을 직접 근로자에게 지급하여야 하므로 근로자의 청구나 단체협약에 특별한 규정이 있더라도 제3자에게 지급할 수 없다. 다만, 선원법은 해상근로에 종사하는 선원에 대해서는 예외를 인정(제48조 제3항)하고 있다.

(2) 대리인에 대한 지급

1) 근로자가 제3자에게 임금지급을 위임 또는 대리하게 하는 법률행위는 무효이며, 사용자가 근로자의 임금을 근로자의 친권자나 그 밖의 법정대리인 또는 임의대리인에게 지급하는 경우에도 동 원칙에 반한다.

2) 미성년자라도 독자적으로 임금을 청구할 수 있다(제68조).

3) 노동조합이라고 하여도 그 조합원인 근로자의 사용자에 대한 임금청구권의 위임이나 대리 수령을 인정하지 않는다. 또한 근로자가 제3자에 대한 채무의 변제를 사용자에게 위임한 경우에도 사용자가 제3자에게 직접 지급하는 것은 동 원칙에 반하다.[42]

(3) 사자에 대한 지급

使者, 예컨대 비서를 시켜 임금을 대신 받아 오게 하거나 환자인 근로자의 처를 시켜 임금을 수령케 한 경우에는 동 원칙에 반하지 않는다.

(4) 대체계좌입금

대체계좌입금이 근로자의 의사에 근거하고 그 계좌가 근로자가 지정하는 본인 명의의 예금계좌이어야 하며, 임금전액을 임금지급일에 찾을 수 있는 경우에만 동 원칙에 반하지 않는다.

(5) 임금채권의 양도

1) 임금채권이 양도된 경우에 있어서는 ⓐ 임금채권은 일신전속적인 것이기 때문에 양도자체가 무효라는 설, ⓑ 양도 및 양수인에 대한 지급이 유효라고 하는 설이 있으나, ⓒ 양도자체는 유효하되, 양수인에 대한 임금지급은 직접불의 원칙에 반한다고 하는 견해가 통설 및 판례의 입장[43]이다.

2) 사용자가 퇴직금 등 임금채권을 근로자에게 직접 지급하지 않고 회사에 대한 손해배상금으로 충당한 경우에도 동 원칙에 위반된다.[44]

---

42) 김형배, p335.

43) 대판 1996. 3. 22, 95다2630.

44) 대판 1989. 11. 24, 88다카25038.

(6) 임금채권의 압류

국세징수법(제33조)이나 민사집행법(제246조 제1항)에 의하여 임금을 압류한 경우에 사용자가 일괄 공제하여 당해 압류채권자에게 납부하는 것은 동 원칙에 반하지 아니한다.[45)]

4. 전액불의 원칙

(1) 의의

1) 임금은「전액」을 근로자에게 지급하여야 한다. 다만, 법령 또는 단체협약에 특별한 규정이 있는 경우에는 임금의 일부를 공제할 수 있다.

2) 이는 전차금 · 위약금과의 상계 또는 강제저금 등에 의하여 임금의 일부를 공제함으로써 근로자의 생활을 위협하고, 나아가서는 인신구속의 수단으로 악용될 염려가 있기 때문에 이를 방지하여 근로자의 생활을 확보하려는 데 그 취지가 있다.

(2) 예외

1) 법령에 의하여 공제가 인정되는 경우
각종 근로소득세, 주민세, 보험료, 국민연금기여금, 국민저축금, 기능습득자에 대한 거주비와 취사비 등

2) 단체협약에 의하여 공제가 인정되는 경우
① 회사 내의 소비조합에서의 구매대금 등을 단체협약에 의하여 임금에서 공제할 것을 약정한 경우
② 다만, 단체협약내의 조합비일괄공제제도(check-off system)조항은 당연히 개개 조합원을 구속할 수 없으며, 그 조항이 효력을 가지려면 개별 조합원의 동의가 있거나 또는 규약 내의 조합비공제규정에 대한 조합원의 동의가 있어야 한다.

관련 행정해석

단체협약에 의한 임금공제와 본인의 동의

근로기준법 제36조 제1항의 규정에 의하면 임금은 그 전액이 근로자에게 지급되는 것이 원칙이며, 예외적으로 법령 또는 단체협약에 특별한 규정이 있는 경우에는 임금의 일부를 공제할 수 있도록 규정되어 있는 바, 단체협약에 의하여 사용자가 임금의 일부를 공제하여 노동조합에 전달하는 것은 사용자와 노동조합간에 체결한 일종의 편의제공 약정이므로, 사용자가 임금의 일부를 공제할 수 있기 위하여는 단체협약의 조합비 등과 같이 임금공제대상항목이 구체적으로 특정되어 규정되어 있어야 할 뿐 아니라 본인의 동의가 있어야 한다. 따라서 조합원 개인이 명시적인 의사에 의하여 임금공제를 거부하는 경우에는 당해 조합원에 대한 노동조합 내부에서의 제재문제는 별도로 하고 사용자는 당해 조합원에 대하여 임금공제를 할 수 없는 것이다(1990. 05. 18, 임금32240-7142).

45) 대판 1988. 12. 13, 87다카2803 ; 그러나 공무원연금법(제32조)과 사립학교교원연금법(제40조)에 의하여 채무자가 공무원이거나 사립학교교직원일 경우에는 퇴직금에 대하여 압류할 수 없고, 일반적으로 사기업체 종사자에 대해서만 가능하다.

(3) 관련문제

1) 파업기간중의 임금공제

파업참가근로자에게는 임금채권이 발생하지 않는다. 따라서 사용자는 근로일수에 대한 임금만을 지급하면 된다. 그러나 단체협약이나 관행상 임금을 공제하지 않는 것이 명백한 경우에는 임금공제가 허용될 수 없다.

2) 상계

사용자는 근로자에 대한 채권 또는 채무불이행이나 불법행위로 인한 손해배상채권을 가지고 임금채권에 대하여 상계할 수 없다.

> **관련판례**
>
> **사용자가 근로자에 대해 가지는 채권과 상계하기 위한 요건**
>
> 근로기준법 제42조 제1항 본문에서'임금은 통화로 직접 근로자에게 그 전액을 지급하여야 한다'라고 규정하여 이른바 임금 전액지급의 원칙을 선언한 취지는 사용자가 일방적으로 임금을 공제하는 것을 금지하여 근로자에게 임금 전액을 확실하게 지급받게 함으로써 근로자의 경제생활을 위협하는 일이 없도록 그 보호를 도모하려는 데 있으므로 사용자가 근로자에 대하여 가지는 채권을 가지고 일방적으로 근로자의 임금채권을 상계하는 것은 금지된다고 할 것이지만, 사용자가 근로자의 동의를 얻어 근로자의 임금채권에 대하여 상계하는 경우에 그 동의가 근로자의 자유로운 의사에 터잡아 이루어진 것이라고 인정할 만한 합리적인 이유가 객관적으로 존재하는 때에는 근로기준법 제42조 제1항 본문에 위반하지 아니한다고 보아야 할 것이고, 다만 임금 전액지급 원칙의 취지에 비추어 볼 때 그 동의가 근로자의 자유로운 의사에 기한 것이라는 판단은 엄격하고 신중하게 이루어져야 한다고 할 것이다(대법 2001. 10. 23, 2001다25184).

3) 근로자에 의한 상계

근로자의 명확한 자유의사에 의한 경우에는 인정된다.

4) 감급의 제재

감액된 금액에 한하여 임금채권이 성립하지 않으므로 동 원칙의 제한을 받지 않는다.

5) 임금채권의 포기

근로자의 자유로운 의사로 인정될 수 있는 합리적인 이유가 객관적으로 존재하는 경우 동 원칙에 위반되지 않는다고 보는 견해가 있으나, 포기의 의사를 객관적으로 확인하기는 어려우므로 임금은 일단 근로자의 손에 건네진 뒤에 그 자유의사에 의하여 사용자에게 지급되어야 한다고 본다.

6) 임금반납

임금반납의 경우에는 근로자들의 개별적인 동의를 반드시 얻어야 하므로 노조의 동의만으로는 일방적으로 실시할 수 없다. 따라서 직원들이 회사의 어려운 경영상태를 인식하고 회람형식의 상여금반납결의를 서명한 경우에는 유효한 것으로 본다.[46)]

7) 가불 등

가불된 금액을 공제하는 것은 동 원칙에 반하지 아니한다. 왜냐하면 가불금을 공제한 잔액이 지급하여야 할 임금총액이기 때문이다. 또한 계산의 착오 등으로 임금이 초과지급 되었을 때 이 가불임금을 차기 임금채권에서 상계하는 것은 허용된다.[47)]

5. 월 1회 이상 정기불의 원칙

(1) 의의

임금은 매월 1회 이상 일정한 날짜를 정하여 지급하여야 한다. 다만, 임시로 지급하는 임금, 수당 그 밖에 이에 준하는 것 또는 대통령령으로 정하는 임금에 대하여는 그러하지 아니하다. 이는 근로자의 불안정한 생활을 해소하고 근로자의 계획적인 경제생활을 유지하려는 데 그 취지가 있다.

(2) 매월 1회 이상

매월 1회 이상이란 매월 1일부터 말일까지 적어도 1회 이상은 임금을 지급하여야 한다는 의미이다.

(3) 일정한 날짜

날짜가 특정되어야 하고, 주기적으로 도래하는 것이어야 한다. 달력에서의 특정한 날짜만으로 정할 필요는 없지만, 날짜가 변동될 수 없는 특정한 날이어야 한다.

(4) 임시로 지급하는 임금

임시로 지급하는 임금이란 퇴직금 등과 같이 사유는 확정되었지만, 지급사유가 발생하는 날짜를 확정할 수 없는 임금을 말한다. 임시로 지급하는 임금은 이 원칙의 예외가 인정된다.

(5) 대통령령으로 정한 임시로 지급되는 임금(영 제25조)

1. 1개월을 초과하는 기간의 출근 성적에 따라 지급하는 정근수당
2. 1개월을 초과하는 일정 기간을 계속하여 근무한 경우에 지급되는 근속수당
3. 1개월을 초과하는 기간에 걸친 사유에 따라 산정되는 장려금, 능률수당 또는 상여금
4. 그 밖에 부정기적으로 지급되는 모든 수당

46) 대판 2003. 4. 11, 2002다71832.

47) 과불임금의 정산은 임금 그 자체의 계산에 관한 것이므로 전액불원칙에 반하지 않기 때문이다(대판 1995. 6. 29, 94다18553).

즉, 사용자는 근로자에게 매월 1회 이상 일정한 기일을 정하여 임금을 지급하여야 하지만, 임시로 지급되는 정근수당 · 근속수당 · 상여금[48] 등을 지급할 경우에는 월 1회 이상 정기불 원칙에 구속되지 아니한다.

6. 법 제43조 위반의 효과

(1) 임금체불의 경우에 사용자가 개별 근로자 또는 노동조합의 동의 내지 승낙을 얻었다 하더라도 책임을 면할 수 없다.

(2) 임금 체불한 사용자가 사후에 임금을 지급하더라도 본 조 위반이 된다. 따라서 사용자가 단 하루라도 임금을 체불하였다면 법을 위반한 것이다.[49] 그러나 경영부진으로 인한 일시적 자금사정의 악화 등으로 도저히 임금 체불할 수밖에 없는 불가피한 사정이 인정되는 경우 적법행위의 기대가능성이 없어 임금체불에 대한 책임은 지지 않는다.

(3) 임금 체불한 사용자에 대하여는 3년 이하의 징역 또는 2천만 원 이하의 벌금에 처하되, 해당 근로자가 처벌을 원하지 않는 경우에는 공소를 제기할 수 없다(제109조 참조).

Ⅲ. 임금의 비상시지급

1. 의의

사용자는 근로자가 출산, 질병, 재해 그 밖에 대통령령으로 정하는 비상한 경우의 비용에 충당하기 위하여 임금 지급을 청구하면 지급기일전이라도 이미 제공한 근로에 대한 임금을 지급하여야 한다(제45조).

이는 근로자에게 긴박한 사정이 있는 경우에 사용자의 임금선불로 충당하여 근로자의 생존을 보호하려는 데 그 취지가 있다.

2. 요건

(1) 출산 · 질병 · 재해 등의 비상한 경우

비상한 경우란 근로자 또는 그의 수입으로 생계를 유지하는 자가 ⓐ 출산하거나 질병에 걸리거나 재해를 당한 경우, ⓑ 혼인 또는 사망한 경우, ⓒ 부득이한 사유로 1주일 이상 귀향하게 되는 경우를 말한다(영 제27조).

48) 상여금이 계속적 · 정기적으로 지급되고 그 지급액이 확정되어 있다면 이는 근로의 대가로 지급되는 임금의 성질을 가지나 그 지급사유의 발생이 불확정하고 일시적으로 지급되는 것은 임금이라고 볼 수 없다(대판 2006. 2. 23, 2005다54029).

49) 대판 2003. 4. 11, 2002도4323.

「근로자 또는 그의 수입에 의하여 생계를 유지하는 자」란 근로자가 부양의무를 지고 있는 친족에 한정하는 것이 아니라 동거인이라도 무방하다고 해석된다.

(2) 근로자의 청구

임금의 비상시지급은 근로자의 청구가 있는 경우에만 지급의무가 있으며, 근로자에게 지급사유가 발생하더라도 근로자의 청구가 없는 한 지급의무가 없다.

3. 지급하여야 할 임금액

사용자가 지급하여야 할 임금은「이미 제공한 근로에 대한 임금」[50]에 한정된다.

4. 지급시기

지급시기에 관하여 명문의 규정이 없으나, 청구가 있으면 지체 없이 이를 지급해야 한다고 해석된다.

Ⅳ. 도급사업 등에 있어서의 임금채권의 보호

1. 도급사업에 대한 임금지급

(1) 의의

1) 법 규정

> 제44조 (도급 사업에 대한 임금 지급) ① 사업이 여러 차례의 도급에 따라 행하여지는 경우에 하수급인(下受給人)이 직상(直上) 수급인의 귀책사유로 근로자에게 임금을 지급하지 못한 경우에는 그 직상 수급인은 그 하수급인과 연대하여 책임을 진다. 다만, 직상 수급인의 귀책사유가 그 상위 수급인의 귀책사유에 의하여 발생한 경우에는 그 상위 수급인도 연대하여 책임을 진다.
> ② 제1항의 귀책사유 범위는 대통령령으로 정한다.

2) 제도적 취지

이는 도급[51]사업의 종속성과 영세성을 감안하여 하수급인이 직상수급인의 귀책사유로 말미암아 임금을 지급하지 못한 때에는 그 직상수급인도 당해 수급인과 연대하여 임금지급책임을 지도록 함으로써 근로자의 임금채권을 보호하려는 데 그 취지가 있다.

---

50) 장래의 근로에 대한 대가는 이에 포함되지 않는다.

51) 도급이란 일의 완성을 약정하고 그 일의 결과에 대하여 보수를 지급받기로 한 계약이다(민법 제664조).

(2) 직상수급인의 개념

1) 직상수급인이란 수차의 도급인 경우에 바로 위의 수급인을 말한다.

2) 도급이 1차에 걸쳐 도급인과 수급인만이 있는 경우에 도급인은 직상수급인에 해당하는가가 문제되는데, 이 경우에도 본 조의 입법취지를 고려해 볼 때 도급인도 수급인과의 관계에 있어서는 직상수급인에 해당한다고 해석된다.

(3) 직상수급인의 귀책사유

1) 귀책사유의 내용 (영 제 24조)

> 1. 정당한 사유 없이 도급계약에서 정한 도급금액지급일에 도급금액을 지급하지 아니한 경우
> 2. 정당한 사유 없이 도급계약에서 정한 원자재 공급을 늦게 하거나 공급을 하지 아니한 경우
> 3. 정당한 사유 없이 도급계약의 조건을 이행하지 아니하여 하수급인이 도급사업을 정상적으로 수행하지 못한 경우

2) 귀책사유의 판단
귀책사유란 하수급인의 근로자들이 임금을 받을 수 없게 된 사유로서, 직상수급인의 귀책사유와 하수급인의 근로자들에 대한 임금체불 사이에 인과관계가 있어야 한다.

(4) 직상수급인의 책임

1) 직상수급인은 체불된 임금채무에 대해 당해 수급인과 연대하여 책임을 진다.

2) 직상수급인이 임금채무를 변제하여 공동으로 면책된 경우에 직상수급인은 하수급인에 대하여 원칙적으로 자신이 지급한 임금상당액의 구상권을 취득하게 된다.

3) 직상수급인이 연대책임을 면하기 위해서는 그에게 정당한 사유가 있었음을 입증해야 한다.

(5) 본 조 위반의 주체

본 조는 직상수급인의 연대책임을 지우는 규정이므로 본 조 위반은 직상수급인에게만 적용되고 하수급인의 임금체불에 대해서는 법 제43조가 적용된다.

2. 건설업에서의 임금채권 보호

(1) 건설업에서의 임금지급 연대책임

건설업에서 사업이 2차례 이상「건설산업기본법」제2조 제8호에 따른 도급이 이루어진 경우에 동법에 따른 건설업자가 아닌 하수급인이 그가 사용한 근로자에게 임금을 지급하지 못한 경우에는 그 직상수급인에게 임금지급의 연대책임을 부과하고, 또한 그 직상수급인이 동법에 따른 건설업자가 아닌 때에는 그 상위 수급인 중에서 최하위의 건설업자를 직상수급인으로 본다(제44조의2).

(2) 건설업의 공사도급에 있어서의 임금에 관한 특례

직상수급인이 하수급인을 대신하여 하수급인이 사용한 근로자에게 지급하여야 하는 임금을 직접 지급할 수 있다는 뜻과 그 지급방법 및 절차에 관하여 하수급인과 합의한 경우나 하수급인의 근로자에게 하수급인에 대하여 임금채권이 있음을 증명하는 집행증서, 소액사건심판에 있어서의 확정된 이행권고결정, 그 밖에 이에 준하는 집행권원이 있는 경우 또는 하수급인이 파산 등의 사유로 임금을 지급할 수 없는 명백한 사유가 있다고 인정하는 경우에는 직상수급인 또는 발주자의 수급인(원수급인)은 하수급인에게 지급하여야 하는 하도급 대금 채무의 부담 범위에서 그 하수급인이 사용한 근로자가 청구하면 그 하수급인이 지급하여야 하는 임금에 해당하는 금액을 근로자에게 직접 지급하여야 한다. 이 경우 원수급인은 근로자가 자신에 대하여 민법상 채권자대위권을 행사할 수 있는 금액의 범위에서 이에 따라야 하며, 근로자에게 임금에 해당하는 금액을 지급할 경우에는 하수급인에 대한 하도급대금채무는 그 범위에서 소멸한 것으로 본다(제44조의3).

(3) 제도의 취지

「건설산업기본법」을 위반한 불법 하도급으로 인해 건설일용근로자에 대한 임금체불이 많이 발생하고 있으므로 건설하도급관계에서 발생하는 임금지급방식을 개선하여 건설근로자의 권리를 보장할 수 있도록 하고자 하려는데 그 취지가 있다.

(4) 위반의 효과

법 제44조의2를 위반할 경우 법 제43조의 임금체불에 대한 처벌과 마찬가지로 3년 이하의 징역 또는 2천만원 이하의 벌금에 처하고, 위반한 자에 대하여는 피해자의 명시적인 의사와 다르게 공소를 제기할 수 없도록 규정하였다(제109조).

Ⅴ. 휴업수당

1. 서 설

(1) 의의

제46조 (휴업수당) ① 사용자의 귀책사유로 휴업하는 경우에 사용자는 휴업기간 동안 그 근로자에게 평균임금의 100분의 70 이상의 수당을 지급하여야 한다. 다만, 평균임금의 100분의 70에 해당하는 금액이 통상임금을 초과하는 경우에는 통상임금을 휴업수당으로 지급할 수 있다.
② 제1항에도 불구하고 부득이한 사유로 사업을 계속하는 것이 불가능하여 노동위원회의 승인을 받은 경우에는 제1항의 기준에 못 미치는 휴업수당을 지급할 수 있다.

(2) 제도의 취지

근로자에게 아무 잘못이 없이 근로를 제공하지 못한 경우에 임금상실이라는 위험으로부터 근로자를 보호하기 위하여 마련된 제도이다.[52]

2. 휴업수당의 요건

(1) 사용자의 귀책사유가 있을 것

1) 사용자에게 고의 · 과실이 있는 경우뿐만 아니라 사용자가 불가항력이라고 주장할 수 없는 모든 경우도 포함된다.

2) 휴업의 원인이 사업의 외부로부터 발생한 경우 사용자의 세력범위를 벗어나므로 대처할 수 없다고 보는 세력권설[53]과 그 원인이 사업의 외부에서 일어났을지라도 사용자가 일상적으로 필요하다고 인정되는 예방조치를 다하였지만 이를 방지할 수 없었던 경우(회피불가능성)에만 비로소 불가항력을 인정하는 불가항력설[54]로 견해의 대립이 있지만, 사용자의 세력범위내에서 발생한 경우에 귀책사유를 인정하는 세력권설이 타당한 듯 싶다.

3) 귀책사유의 유무에 대한 입증책임은 사용자에게 있다.[55]

관련 행정해석

근기법제45조1항에서 정한 귀책사유의 범위

사용자의 귀책사유란 원칙적으로 사용자의 세력범위안에서 생긴 경영장애로서 자금난, 원자재 부족, 주문량 감소, 시장불황과 생산량 감축, 모회사의 경영난에 따른 하청공장의 자재 ^ 자금난에 의한 조업단축 등으로 인한 휴업을 말함. 다만 천재지변 ^ 전쟁 등과 같은 불가항력, 기타 사용자의 세력범위에 속하지 않는 기업외적인 사정과 통상 사용자로서 최대의 주의를 기울여도 피할 수 없는 사고 등 부득이한 사유로 인하여 사업계속이 불가능하게 된 경우에는 사용자에게 경영위험의 책임을 물을 수 없으므로 이러한 경우에는 사용자의 귀책사유로 볼 수 없다(2000.02.28, 근기68207-598).

52) 강행적으로 설정된 기준금액이므로 공제에 의한 그 이하의 지급은 허용되지 않는다(대판 1993. 11. 9, 93다37915).

53) 김형배, p281 ; 박상필, p239 ; 이을형, p477 ; 대판 1969. 3. 4, 68다1972.

54) 김수복, p329 ; 이병태, p745 ; 1984. 6. 1 해지 125-12623 ; 근기 01254-4826, 1987. 3. 25.

55) 대판 1970. 2. 24, 69다1568.

근기법제45조2항에서 정한 부득이한 사유의 의미

[질의] 근로기준법 제45조제2항은 "부득이한 사유로 사업계속이 불가능한 경우"에서 부득이한 사유는 1)사용자 귀책사유 외에 부득이한 사유(소위 배척설)인지 2)사용자 귀책사유중의 부득이한 사유(소위 포섭설)인지 3)사용자 귀책사유 외에 부득이한 사유와 사용자 귀책사유중의 부득이한 사유인지 여부

[회 시] 근로기준법 제45조에서 규정한 휴업수당제도의 취지는 사용자의 귀책사유로 인하여 근로자가 근로를 제공하지 못함으로써 임금을 받지 못하는 경우, 임금상실의 위험으로부터 근로자를 보호하기 위하여 휴업으로 인한 위험을 사용자가 평균임금의 100분의 70 이상 부담토록 한 것임. 따라서 천재지변 · 전쟁 등과 같은 불가항력적인 사유로 휴업하는 경우에는 노동위원회의 승인여부와 관계없이 근로기준법상의 휴업수당 지급대상이 아니므로, - 근로기준법 제45조제2항의 규정에 의해 휴업수당을 감액하여 지급할 수 있는 경우는 {사용자의 귀책사유에도 불구하고 부득이한 사유로 사업계속이 불가능하여 노동위원회의 승인을 얻은 경우}로 해석함이 타당하다고 사료됨(2000. 02. 28, 근기68207-598).

(2) 휴업을 할 것

1) 휴업이란 근로계약을 존속시키면서 사업의 전부 또는 일부를 사업주의 결정에 의하여 정지하는 것을 말하며, 특정의 근로자에게 취업을 거부하는 경우까지도 포함하는 개념이다.

2) 휴업은 1일의 전부만이 아니라 1일의 일부만을 휴업하는 경우까지도 포함한다.

3) 휴업수당은 휴업기간에 대하여 지급되는 것이므로 단체협약 · 취업규칙 또는 근로계약에 의하여 휴일로 정해진 날에 대해서는 휴업수당을 지급할 의무가 없다.

3. 휴업수당의 지급

(1) 휴업수당의 액

1) 휴업수당의 액은 평균임금의 100분의 70 이상이다.

2) 다만, 평균임금의 100분의 70에 해당하는 금액이 통상임금을 초과하는 경우에는 통상임금을 휴업수당으로 지급할 수 있다. 이는 휴업수당지급 최저기준인 평균임금의 70%가 소정근로시간을 근무한 근로자가 지급받을 수 있는 통상임금을 초과하는 불합리함을 해소하기 위하여 신설된 규정이다.

(2) 휴업 기간 중에 임금의 일부를 지급한 경우

사용자의 귀책사유로 인한 휴업기간중에 근로자가 임금의 일부를 받은 경우에 사용자는 본조 본문의 규정에 따라 그 근로자에게 평균임금에서 그 지급받은 임금을 뺀 금액을 계산하여 그 금액의 100분의 70 이상에 해당하는 수당을 지급하여야 한다. 다만, 본조 단서의 규정에 따라 통상임금을 휴업수당으로 지급하는 경우에는 통상임금과 휴업기간 중에 지급받은 임금을 뺀 금액을 지급하여야 한다(영 제28조).

4. 휴업수당의 감액

(1) 부득이한 사유로 사업을 계속하는 것이 불가능하여 노동위원회의 승인을 받은 경우에는 평균임금의 100분의 70 또는 일정한 경우의 통상임금에 못 미치는 휴업수당을 지급할 수 있다(제46조 제2항).노동위원회의 승인을 받지 못한 경우에는 당연히 휴업수당을 지급하여야 한다.[56]

(2) 불가항력 그 밖에 부득이한 사유에 대한 입증책임은 책임면제를 주장하는 사용자에 있다.

5. 휴업수당의 지급시기

휴업수당의 지급시기에 관해서 특별한 정함이 없으나 휴업수당은 일반임금에 대신하는 것이므로 휴업기간에 속하는 일반임금의 지급일에 지급하여야 한다.

6. 근기법 제46조와 민법 제538조 제1항[57] 본문과의 관계

(1) 민법의 경우

사용자의 귀책사유로 인한 이행불능의 경우에는 근로자에게 임금전액에 대한 청구권이 발생한다.

(2) 근기법의 경우

사용자의 귀책사유로 인한 휴업일 경우에는 근로자에게 평균임금의 100분의 70 이상의 휴업수당 청구권이 발생한다.

(3) 양자의 관계

근기법 제46조의 귀책사유에는 민법상의 귀책사유와 달리 경영상의 장애까지도 포함되므로 민법상의 책임을 물을 수 없는 경우라도 근기법상의 휴업수당청구권이 발생하지만, 사용자의 고의 · 과실에 의한 휴업의 경우에는 근기법상의 휴업수당청구권과 민법상의 임금전액청구권이 동시에

---

56) 대판 1963. 12. 12, 63다539.

57) 제538조 (채권자귀책사유로 인한 이행불능)

① 쌍무계약의 당사자일방의 채무가 채권자의 책임있는 사유로 이행할 수 없게 된 때에는 채무자는 상대방의 이행을 청구할 수 있다. 채권자의 수령지체중에 당사자 쌍방의 책임없는 사유로 이행할 수 없게 된 때에도 같다.

발생되므로 이 두 청구권은 경합관계에 선다.[58)]

7. 쟁의행위와 휴업수당

(1) 문제점

근로자가 정당한 파업에 참가한 경우에는 근로자의 근로제공의무와 사용자의 임금지급의무가 정지하게 되며, 당해 근로자에게 휴업수당의 지급도 문제되지 않는다.[59)] 그러나 부분파업의 경우와 위법한 직장폐쇄의 경우의 임금지급이 문제가 된다.

(2) 부분파업의 경우

1) 근로희망자들의 근로제공만으로도 조업이 가능한 경우

이 경우에는 사용자는 민법상의 수령지체의 책임을 면할 수 없다.

2) 근로희망자들의 근로제공만으로는 조업의 계속이 불가능한 경우

이 경우에는 부분파업으로 인한 조업계속불능이 법 제46조 제2항의「부득이한 사유」에 해당하느냐 하는 문제로 귀결된다. 파업을 일종의 불가항력으로 보는 견해는 사용자가 파업발생을 방지할 수 없으므로 사용자의 휴업수당지급의무를 부인하지만,[60)] 파업을 근로조건에 관한 거래로 보는 견해는 사용자가 근로자 측의 요구에 양보하면, 파업을 방지 또는 종료시킬 수 있으므로 사용자는 휴업수당을 지급할 의무가 있다고 한다.[61)] 후자의 견해에 찬동한다.

(3) 위법한 직장폐쇄의 경우

위법한 직장폐쇄는 법 제46조의 휴업에 해당되지 아니하고, 사용자는 근로계약상의 채무불이행책임을 면할 수 없기 때문에 임금전액지급의무를 진다고 본다.[62)]

Ⅵ. 임금대장과 임금채권의 시효

1. 임금대장

(1) 사용자는 각 사업장별로 임금대장을 작성하고 임금과 가족수당계산의 기초가 되는 사항, 임금액 그 밖에 대통령령으로 정하는 사항을 임금을 지급할 때 마다 적어야 한다(제48조).
(2) 임금대장은 3년간 보존하여야 한다(제42조).

---

58) 同旨: 이병태, p745; 日 · 최고판 1987. 7. 17, 民集 41 5 1283.

59) 대판 1993. 11. 9, 93다37915.

60) 김형배, p353.

61) 김수복, p341; 박홍규, p890; 이병태, p746.

62) 同旨: 임종률, p257.

2. 임금채권의 시효

임금채권은 3년간 행사하지 아니한 때에는 시효로 소멸한다(제49조).

민법상 임금채권에 대한 1년의 소멸시효(민법 제164조 제3항)는 근로자에게 너무 짧은 반면에 일반채권에 대한 소멸시효(민법 제142조 제1호)는 사용자에게 너무 가혹하거나 거래의 안전을 해할 염려가 있으므로 시효를 조화시키고자 3년으로 규정한 것이다.

(1) 임금채권의 시효기간은 그 채권을 행사할 수 있는 날부터 진행한다. 그러나 근로자의 임금청구권을 행사하는 것이 객관적으로 불가능할 사실상의 장애사유가 발생한 경우 사용자의 소멸시효 항변은 신의칙에 반하므로 허용될 수 없다고 본다.[63]

1) 임금 : 정기 지급일부터
2) 상여금 : 상여금에 관한 권리가 발생한 때
3) 퇴직금 : 퇴직한 다음 날부터[64]
4) 연차유급휴가수당 : 휴가취득한 날부터 1년 경과한 다음 날부터

(2) 임금채권의 시효중단[65]에 관하여는 다른 규정이 없으므로 민법의 규정에 따른다.

63) 대판 2002. 10. 25, 2002다32332.

64) 대판 2001. 10. 30, 2001다24051.

65) 해고무효확인의 소를 제기한 경우에도 임금채권의 소멸시효가 중단된다고 한다(대판 1994. 5. 10, 90다21606).

제3절 성과연봉제

Ⅰ. 성과연봉제의 개념과 유형

1. 성과연봉제의 개념

연봉제는 개별구성원의 능력, 업적을 평가하여 차년도 임금을 연단위로 결정하고 차등지급하는 능력중시형의 임금제도를 의미한다. 특히 성과 연봉제는 능력 및 업적(성과) 중심의 임금, 개인별 평가에 근거한 개별화된 임금, 성과와 연동되는 유연한 임금, 소수의 항목으로 이루어진 단순한 임금체계라는 것이 특징이다. 따라서 연봉제는 균등성을 지양하고 공평성에 바탕을 둔 임금체계로서 공헌도에 비례하는 임금지급원칙의 실현을 목표로 하고 있다고 할 수 있다.

2. 성과연봉제의 유형

① **단일연봉액(업적연봉)** : 기본급과 모든 수당을 포함한 총액을 연봉액에 포함.
② **기본연봉(종합급)+업적연봉** : 근무연수 · 자격 · 직무내용 및 각종 수당을 포함한 금액을 기본연봉으로 하고, 업무성과에 따라 업적연봉 지급
③ **기본연봉(직능급)+업적연봉** : 개인의 직무수행능력 정도를 고려하여 기본연봉을 정하고 업무성과에 따라 업적연봉 지급
④ **기본연봉(직능급+직무급)+업적연봉** : 개인의 직무수행능력 정도와 직무의 중요도 · 난이도를 고려하여 기본연봉을 정하고, 업무성과에 따라 업적연봉 지급
⑤ **기본연봉(직능급+기초급)+업적연봉** : 개인의 직무수행능력 정도와 급여기본액(종래의 기본급과 제수당 포함)을 고려하여 기본연봉을 정하고 업무성과에 따라 업적연봉 적용

연봉제는 기본연봉과 업적연봉의 배분비율, 기본연봉의 결정기준에 따라 다시 다양한 유형으로 구분이 가능하다. 그러나 현실적으로 노동관계법을 적용함에 있어서는 그 유형과 관계없이 도입대상, 도입절차, 임금의 지급형태 등 판단하고자 하는 법률관계와 근로계약, 취업규칙, 단체협약 등 연봉제 관련 규정을 종합적으로 검토하여 판단하여야 한다.

Ⅱ. 성과연봉제 관련 법적기준

1. 적용대상 근로자

성과 연봉제는 임금 결정의 한 형태로 도입대상과 관련하여 노동관계법상 특별한 제한은 없다. 그러나 현실적으로는 연봉제의 성격, 도입절차의 용이성 등으로 인해 간부직 사원, 관리 · 감독자, 재량근로자 등에게 주로 도입되고 있다.

(1) 근로기준법(이하 "법"이라 함)상의 근로자가 아닌 자(임원 등)

근로기준법상의 근로자가 아닌 자는 노동관계법상의 제한을 받지 않고 연봉제의 도입이 가능하다.

(2) 법상의 근로자에 해당되나, 노동조합 및 노동관계조정법(이하 "노조법"이라 함)상의 사용자에 해당되는 자(부장 등 간부급)

사용자는 단체협약의 적용대상이 아니므로 근로계약 또는 취업규칙으로 도입이 가능하지만 취업규칙의 개정 등 소정의 법적 절차는 준수되어야 한다.

(3) 근로시간 등에 관한 규정의 적용이 제외되는 자

관리 · 감독자 등은 법상 근로시간, 휴게 · 휴일에 관한 적용이 배제된다.(근로기준법 제63조) 따라서 연봉제가 적용되더라도 연장 · 휴일근로에 대한 가산수당문제는 발생하지 않는다. 그러나 야간근로 가산수당은 발생한다.

(4) 재량근로에 종사하는 자

연구업무 등 재량근로에 종사하는 자의 경우는 사용자와 근로자대표가 서면합의로 정한 시간이 근로시간으로 간주된다.(근로기준법 제58조제3항) 따라서 서면합의의 내용에 따라 근로시간 등에 대한 규정이 적용된다.

2. 도입방식

연봉제는 노사협의회의 의결만으로는 도입이 불가하며 일정한 요건 하에서 근로계약의 체결, 취업규칙의 변경, 단체협약의 갱신 등을 통해 도입이 가능하다.

(1) 근로계약을 통한 도입

사용자와 대상 근로자의 개별적인 연봉계약의 체결을 통해 연봉제의 도입이 가능하다. 연봉제를 개별근로자와 근로계약을 체결해 도입하는 경우 서면으로 근로조건을 명시하여야 하고 구두로 합의하거나 사용자가 일방적으로 도입한 연봉제는 효력이 없다. 계약서에는 연봉의 구성항목 · 계산방법 · 지급방법에 관한 사항이 서면으로 명시되어야 한다.(법 제17조 및 영 제8조).

근로계약으로 연봉제를 도입할 경우 노동법상 상위 규범인 취업규칙이나 단체협약에 반해서는 안된다. 취업규칙상의 임금체계 내용과 비교해 근로계약상 연봉제의 내용이 근로자에게 유리하다면 연봉제의 계약이 유효하게 성립되나 반대로 불리하면 그에 따라 취업규칙을 변경하지 않으면 연봉제 계약 무효이다. 따라서, 연봉제 도입 시 개정 필요하다.

(2) 취업규칙의 변경을 통한 도입

취업규칙을 통해 연봉제가 도입되기 위해서는 적법한 취업규칙의 변경절차가 충족되어야 한다. 연봉제의 취업규칙의 불이익변경 사항은 근로자집단의 의사결정방법에 의한 동의를 요하고 이는 강행규정으로서 이를 위반한 경우 사법상 무효가 된다. 다만 판례에 따라 이미 근로관계를 맺고 있는 근로자들에게는 변경 효력이 미치지 않으나 변경 후 입사한 근로자들에게는 효력 미치게 된다.

그리고 취업규칙이 적법하게 변경되었다 할지라도 단체협약보다 불리한 내용이 포함된 경우에는 단체협약의 적용을 받는 근로자에 대하여는 그 효력을 상실하게 된다.(노조법 제33조) 현실적으로 연봉제의 도입은 근로계약이나 단체협약의 변경을 통한 경우보다는 취업규칙의 변경을 통한 경우가 훨씬 많다. 이는 우리나라의 노동조합 조직률이 높지 않고, 적용대상이 관리직 등 노동조합 비조직 집단을 대상으로 하는 경우가 많기 때문이다.

(3) 단체협약의 갱신을 통한 도입

노동조합이 있는 사업(장)의 경우 단체협약의 변경을 통한 연봉제의 도입이 가능하나, 그 적용에 있어 일정한 한계가 있다. 단체협약은 원칙적으로 노동조합원인 근로자에 한하여 적용되기 때문에 비조합원인 근로자에게 적용하기 위해서는 별도의 취업규칙 변경절차가 동반되어야 한다.

노동조합이 근로자의 과반수로 조직되어 있더라도 비 조직대상인 관리직만을 연봉제의 적용대상으로 하는 경우에는 단체협약의 개정만으로는 효력이 발생하지 않는다. 따라서 단체협약의 갱신을 통한 연봉제의 도입은 당해 사업(장)에 근로자의 과반수로 조직된 노동조합이 있고, 그 적용대상이 노동조합원인 근로자(일반적 구속력이 적용되는 경우도 포함)인 경우에 유용하다.

(4) 노사협의회를 통한 도입

상시 30인 이상의 근로자를 사용하는 사업장에는 노사협의회를 설치하여야 하며, 임금의 지불방법 · 체계 구조 등의 제도개선사항은 노사협의회의의 협의사항의 하나이다.(근로자 참여 및 협력증진에 관한 법률 제4조 및 제19조)

노사협의회가 구성되어 있는 사업(장)의 경우 노사협의회에서 연봉제 도입에 대한 협의가 가능하다. 다만 노사협의회에서 의결은 하더라도 이는 근로조건을 변경하는 직접적인 효력은 없으므로 연봉제의 도입이 유효하기 위해서는 취업규칙의 개정, 단체협약의 갱신 등이 수반되어야 한다.

노사협의회에서 의결한 것이 실질적으로 단체협약 체결의 요건을 갖춘 때에는 단체협약으로서의 효력이 발생한다.

또한, 노사협의회의 근로자위원이 근로자의 과반수로 조직된 노동조합이나 근로자의 과반수에 의해 동의권을 위임받은 경우에는 취업규칙의 불이익 변경에 대한 적법한 동의권을 가진다고 볼 수 있다.[66]

66) 99. 9. 1, 근기 68207-2144

Ⅲ. 연봉제의 운용 관련 근로기준법의 적용

1. 임금의 지급

연봉제를 실시하더라도 근로기준법상의 임금의 지급원칙인 통화불, 전액불, 직접불 및 정기불의 원칙은 준수되어야 한다.(법 제43조) 즉, 임금결정기간을 연단위로 하더라도 그 지급과 관련된 규정은 기존의 임금제도와 동일하게 적용된다.

특히 임금의 정기불의 원칙과 관련, 임금이 연간단위로 결정되더라도 그 지급은 월 1회 이상 일정기일에 지급되는 형태를 취하여야 한다.

2. 각종 법정수당의 운영

연봉제를 실시하더라도 연장 · 야간 · 휴일근로에 대한 임금 및 가산 수당은 지급되어야 한다.(법 제56조) 그러나 포괄임금제가 유효하게 도입된 경우에는 연봉액에 이러한 임금 및 가산수당이 포함되어 있는 것으로 볼 수 있다.

다만, 이 경우에도 미리 예정된 연장 · 야간 · 휴일근로를 초과하여 근로한 경우에는 임금 및 가산수당이 정산 · 지급되어야 한다.

3. 근로계약기간과의 관계

연봉제는 통상 임금액이 매년 새롭게 결정되기 때문에 외형상으로는 해마다 새로운 근로계약이 체결되는 것과 유사하다. 그러나 연봉제 계약은 근로계약의 기간과 관계없이 임금액의 산정을 연단위로 하기로 하고 그 금액을 매년 변경하는 것에 불과하다.

따라서 연봉제의 실시와 별개로 근로자의 근로계약을 계약직으로 한다는 별도의 계약을 체결하지 않는 한, 연봉계약 기간의 종료가 곧바로 근로계약기간의 종료를 의미하는 것은 아니다.

4. 통상임금과 평균임금의 판단

통상임금은 연장근로수당 등 각종 법정수당의 산정기준으로 사용되며, 여기에는 1임금 산정기간 내에 정기적 · 일률적으로 지급하기로 정하여진 기본급과 고정적 수당 등이 포함된다. 반면, 평균임금은 퇴직금 등의 산정기초로 사용되며, 이를 산정하여야 할 사유가 발생한 날 이전 3월간에 지급된 임금의 총액을 그 기간의 총 일수로 나누어 산정한다.

따라서 기존에 지급되던 상여금과 각종 수당들이 통폐합되어 연봉액이 책정된 경우 통상임금이 증가하는 효과가 발생할 수 있다. 그러나 연봉제 실시이후 개별적 임금항목이 통상임금 또는 평균임금에 해당되는지 여부는 새로운 임금체계 하에서 각 개별 임금 항목이 갖는 성격에 따라 판단되어야 한다.

5. 퇴직금의 지급

연봉제의 경우에도 근로자퇴직급여보장법상의 퇴직금에 관한 규정이 동일하게 적용된다.(동법 제8조 및 제9조) 다만, 연봉액에 퇴직금을 분할 지급하는 형태의 중간정산이 자주 이용되고 있는 바, 이 경우 중간정산이 유효하게 이루어지려면 다음의 요건이 충족되어야 한다.

① 연봉액에 포함될 퇴직금의 액수가 명확히 정해져 있어야 하며, 매월 지급받은 퇴직금의 합계가 중간정산 시점을 기준으로 근로자퇴직급여보장법 제8조 제1항의 규정에 의해서 산정된 금액보다 적지 않아야 함

② 퇴직금을 중간정산 받고자 하는 근로자의 별도(근로계약서 · 연봉계약서 이외)의 요구가 있어야 하며, 매월 분할하여 지급한다는 내용이 명확하게 포함되어 있어야 함

③ 중간정산 대상기간은 중간정산 시점을 기준으로 기왕에 계속 근로를 제공한 기간만 해당됨. 그러므로 1년미만 근속 근로자는 법정 퇴직금 지급대상이 아니므로 중간정산 대상자가 아님

6. 연 · 월차 유급휴가미사용수당

연 · 월차 유급휴가청구권은 근로자의 재직기간 및 출근율에 따라 그 발생 여부가 결정된다. 또한, 연 · 월차유급휴가미사용수당 청구권도 연 · 월차유급휴가의 사용여부에 따라 발생여부가 결정되며, 근로자의 휴가청구권이 소멸된 후 지급청구가 가능하다.

그러나 포괄임금제의 형태로 당사자가 미리 소정의 근로제공을 전제로 연 · 월차유급휴가미사용수당을 매월의 임금액에 포함시켜 지급하는 것이 불가능한 것은 아니다.[67]

다만, 이와 같이 연 · 월차유급휴가미사용수당이 미리 지급되었다고 하더라도 근로자의 휴가청구권 자체가 없어지는 것은 아니며, 사용자는 근로자가 휴가를 청구하는 경우 이를 거부할 수 없다.

관련판례

1. 서울중앙지법 2006나20978 (2007-06-21)

'성과연봉'이 실질적으로는 근로자들에게 근로의 대가로서 계속적, 정기적으로 지급되는 것으로 임금의 성격을 가지는 금원이라면 퇴직금 산정의 기초가 되는 평균임금에 포함된다

[요 지]

1. 계속적 · 정기적으로 지급되는 금품이라고 하더라도 근로의 제공과 관련 없이 지급되는 것이라면 그 금품의 지급이 단체협약, 취업규칙, 근로계약 등에 의하여 지급의무가 발생한 것이라고 하더라도 임금에 포함시킬 수는 없을 것이지만, 어떤 금품이 평균임금 산정의 기초가 되는 임금에 해당하는지 여부를 가늠할 수 있는 구체적인 사정으로서 근로자에게 계속적 · 정기적으로 지급되며 그 지급에 관하여 단체협약, 취업규칙, 급여규정, 근로계약, 노동관행 등에 의하여 사용자에게 그 지급의무가 지워져 있고, 또한 일정한 요건에 해당하는 근로자에게 일률적으로 지급하는 것이라면, 그명칭 여하를 불문하고 우선적으로 임금이라고 볼 수 있을 것이다.

67) 대판 1998. 3. 24. 96다24699

2. 회사가 근로자에게 '성과연봉'이라는 명칭하에 회사의 경영성과와 개인의 영업실적에 연동하는 방식으로 금원을 지급하였더라도, 그것이 실질적으로는 근로자들에게 근로의 대가로서 계속적, 정기적으로 지급되는 것으로 임금의 성격을 가지는 금원이라면 퇴직금 산정의 기초가 되는 평균임금에 포함된다.

2. 대법 93다1893 (1993-05-14)

취업규칙 변경으로 근로자간 이익이 상충될 경우 불이익 변경에 준한다

취업규칙의 일부를 이루는 급여규정의 변경이 일부의 근로자에게는 유리하고 일부의 근로자에게는 불리한 경우 그러한 변경에 근로자집단의 동의를 요하는지를 판단하는 것은 근로자 전체에 대하여 획일적으로 결정되어야 할 것이고, 또 이러한 경우 취업규칙의 변경이 근로자에게 전체적으로 유리한지 불리한지를 객관적으로 평가하기가 어려우며, 같은 개정에 의하여 근로자 상호간의 이 · 불리에 따른 이익이 충돌되는 경우에는 그러한 개정은 근로자에게 불이익한 것으로 취급하여 근로자들 전체의 의사에 따라 결정하게 하는 것이 타당하다.

3. 대법 2009다49377 (2009-11-12)

다른 근로자 집단에게도 정년단축 규정의 적용이 예상되는 경우 전체 근로자 집단이 동의주체가 된다

여러 근로자 집단이 하나의 근로조건 체계 내에 있어 비록 취업규칙의 불이익변경 시점에는 일부 근로자 집단만이 직접적인 불이익을 받더라도 그 나머지 다른 근로자 집단에게도 장차 직급의 승급 등으로 변경된 취업규칙의 적용이 예상되는 경우에는 일부 근로자 집단은 물론 장래 변경된 취업규칙 규정의 적용이 예상되는 근로자 집단을 포함한 전체 근로자 집단이 동의주체가 되고, 그렇지 않고 근로조건이 이원화되어 있어 변경된 취업규칙이 적용되어 직접적으로 불이익을 받게 되는 근로자 집단 이외에 변경된 취업규칙의 적용이 예상되는 근로자 집단이 없는 경우에는 변경된 취업규칙이 적용되어 불이익을 받는 근로자 집단만이 동의주체가 된다.

비록 이 사건에서 원고와 같은 연구직 책임급에게는 조합원 자격이 인정되지 않고, 이 사건 취업규칙상의 연구직 책임급의 정년 단축으로 인하여 그 정년 단축 당시의 연구직 책임급만이 직접적인 불이익을 받는다고 하더라도, 다른 근로자 집단이 연구직 책임급의 근로자 집단과 동일한 근로조건 체계 내에 있고, 그 다른 근로자 집단에게도 이 사건 취업규칙상의 정년단축 규정의 적용이 예상되는 경우에는 연구직 책임급의 근로자 집단뿐만 아니라 장래 이 사건 취업규칙상의 단축된 정년의 적용이 예상되는 다른 근로자 집단을 포함한 전체 근로자 집단이 동의주체가 된다.

제4절 임금의 반납 · 삭감 · 동결기준

Ⅰ. 임금결정의 일반원칙

노동관계법상 임금은 근로계약, 취업규칙, 단체협약 등을 통해 근로자와 사용자가 자유의사에 따라 결정하는 것으로 당사자간 적법 절차에 따라 임금을 조정하는 것은 가능하다. 다만, 최저임금법은 최저임금액에 미치지 못하는 부분은 무효로 하고, 근로기준법은 임금의 전액지급, 통화지급, 직접지급, 정기지급 등 근로자의 임금채권 보호규정을 두고 있다.

최저임금법 제6조(최저임금의 효력)

① 사용자는 최저임금의 적용을 받는 근로자에게 최저임금액 이상의 임금을 지급하여야 한다.
② 사용자는 이 법에 따른 최저임금을 이유로 종전의 임금수준을 낮추어서는 아니 된다.
③ 최저임금의 적용을 받는 근로자와 사용자 사이의 근로계약 중 최저임금액에 미치지 못하는 금액을 임금으로 정한 부분은 무효로 하며, 이 경우 무효로 된 부분은 이 법으로 정한 최저임금액과 동일한 임금을 지급하기로 한 것으로 본다.

근로기준법 제43조(임금 지급)

① 임금은 통화(통화)로 직접 근로자에게 그 전액을 지급하여야 한다. 다만, 법령 또는 단체협약에 특별한 규정이 있는 경우에는 임금의 일부를 공제하거나 통화 이외의 것으로 지급할 수 있다.
② 임금은 매월 1회 이상 일정한 날짜를 정하여 지급하여야 한다. 다만, 임시로 지급하는 임금, 수당, 그 밖에 이에 준하는 것 또는 대통령령으로 정하는 임금에 대하여는 그러하지 아니하다.

Ⅱ. 임금반납 · 삭감 · 동결

일반적으로 임금의 반납, 삭감 등의 용어가 혼용되어 사용되고 있으나 판례나 해석상 다음과 같이 구분된다.

① 반납 : 기왕의 근로에 대하여 발생된 임금 또는 향후 근로에 대해 발생할 임금의 일부에 대한 청구권을 포기하기로 약정하고 회사에 반납하는 것
② 삭감 : 장래 일정시점 이후부터 현재와 동일한 내용의 근로제공에 대해 종전보다 임금을 낮추어 지급하는 것
③ 동결 :임금을 인상하지 않고 현재의 임금수준을 장래에도 계속 지급하는 것

1. 임금반납

임금의 반납은 적법하게 발생한 임금청구권의 포기로써 적법 절차에 의한 임금 반납은 가능하다. 다만, 퇴직금 청구권을 사전에 포기하는 것은 무효이다.

(1) 적법절차

근로기준법상 전액불 원칙에 의해 임금 전액에 대한 처분권은 근로자 개인에게 있으므로 그 반납 결정은 개별 근로자와 사용자간의 명시적인 계약에 의해야 한다. 설사 집단적 의사결정 방식(노조 또는 근로자대표)에 의해 합의가 있었다 하더라도 개별 근로자의 동의가 필요하고 동의하지 않는 한 근로자의 임금부분에 대한 집단적 합의는 무효가 된다.
다만, 임금반납에 대한 집단적 의사결정 방식이 반드시 단체협약 갱신이나 취업규칙 변경 절차에 따라야 하는 것은 아니다.

행정해석

1. 근로기준과-630 (2011-02-09)

임금 삭감 · 반납에 대한 단체협약을 체결한 경우라도 임금반납은 달리 볼 사정이 없는 한 근로자의 동의가 필요하다

임금의 반납은 '기왕의 근로에 대하여 발생된 임금 또는 향후 근로에 대해 발생할 임금의 일부에 대한 청구권을 포기하기로 약정하고 회사에 반납하는 것'(임금반납-삭감-동결 해석기준, 2009.3.26, 근로기준과-797 참조)을 말하는 것이므로 노사 당사자가 임금 삭감과 반납의 의미를 이해한 가운데 단체협약으로 임금 삭감과 반납을 명확히 구분하여 체결한 경우라도 달리 볼 사정이 없는 한 임금반납에 있어서는 개별 근로자의 동의가 필요하다고 사료됨.

(2) 향후 반환책임

반납분은 근로자의 소득으로 귀속되었다가 자진 반납한 것으로서 당사자간의 특약이 없는 한 향후 반환책임은 없다. 채무면제(채권포기)의 의사표시에 의해 채권이 소멸되며, 의사표시에 하자가 없는 한 다시 채권을 청구할 수 없다.(민법 제506조)

관련판례

1. 서울지법 2002나20291 (2003-04-16)

상여금 자진반납은 임금포기로 보아야 한다.

【요 지】

회사의 부도라는 긴급한 상황을 맞아 회사의 갱생을 위하여 사무직 근로자들이 취업규칙상의 임금채권중 일부를 회사의 경영이 정상화될 때까지 한시적으로 자진 반납한 것은 채권포기이므로 취업규칙 자체를 변경한 것도 아니다.

(3) 평균임금산정

임금반납액에 대한 반환청구권은 없다 하더라도 반납한 임금은 기왕의 근로에 대한 임금채권이므로 평균임금 산정에 포함해야 한다.

> **관련판례**
>
> 2. 부산고법 2001누2485 (2001-12-07)
>
> 근로자들이 회사의 경영상의 어려움을 덜어주기 위하여 이미 체불중인 상여금을 반납한 경우, 그 미지급 상여금은 보험료 산정의 기초가 되는 임금총액에 포함된다.
>
> 【요 지】
>
> 구 산업재해보상보험법 제67조제1항 소정의 임금총액에는 사용자가 근로자에게 지급한 금액뿐만 아니라 지급하기로 결정된 금액도 포함되어 있는 점, 상여금은 원래 회사가 근로자들에게 지급하여야 할 임금으로서, 근로자들이 회사의 경영상의 어려움을 덜어주기 위하여 이미 체불 중인 상여금을 반납하기로 한 것일 뿐 당초 정해진 임금을 상여금 금액만큼 삭감하여 다시 그 임금을 정한 것으로 볼 수 없는 점, 이와 같이 상여금 반납의 형태를 취함으로써 당사자 사이에 실제로 상여금이 지급되지는 않더라도 이에서 파생될 수 있는 세금, 퇴직금 등 다른 법률관계에서는 지급된 것과 마찬가지의 효과를 가져올 수 있게끔 그 임금 관계를 정리한 것인 만큼 상여금은 실제 회사가 그 지급의무를 면하게 되었다 하더라도 이와는 관계없이 여전히 근로기준법 소정의 임금, 평균임금 등을 기초로 규율되는 법률관계에서는 그러한 임금에 포함될 성질의 것인 점, 제41조, 제42조 등에 의하여 근로복지공단이 회사 소속 근로자들에게 지급하여야 할 보험급여가 상여금이 포함되어 산정되는 평균임금의 액수에 따라 정해지는 데 상응하여 회사가 근로복지공단에게 납부하여야 할 보험료도 거기에 맞추어 정해져야 할 것으로 보이는 점 등을 종합하면, 상여금은 나중에 회사가 그 지급의무를 면하게 되어 현실적으로 지급하지 않았다 하더라도 여전히 구 산업재해보상보험법 소정의 보험료 산정의 기초가 되는 임금총액에는 포함되는 것으로 보아야 할 것이다.

2. 임금삭감

임금삭감은 장래 일정시점 이후부터 종전보다 임금을 낮추어 지급하는 것으로서 노사가 자율적으로 결정할 사항이다.

(1) 적법절차

집단적 의사결정 방식에 의해 단체협약이나 취업규칙 변경절차에 따라 결정이 가능하며, 반드시 개별 근로자의 동의를 받아야 하는 것은 아니다.

원칙적으로 단체협약이 적용되는 경우 단체협약 갱신만으로 가능하며, 단체협약이 없거나 단체협약 비적용자에게는 취업규칙 변경(불이익 변경) 절차를 거치거나, 근로계약으로 임금수준을 정하고 있는 경우에는 근로계약을 갱신해야 한다.

(2) 삭감수준

최저임금 수준 이하로 삭감할 수 없으며(최저임금법), 근로기준법에서 정하고 있는 법정수당에 대해서는 법정기준 미만으로 삭감할 수 없다.

(3) 평균임금 산정

삭감액은 근로자의 임금채권으로 볼 수 없어 평균임금을 산정하는 임금총액에 포함되지 않는 것이 원칙이다. 다만, 퇴직금을 계산함에 있어 삭감전의 임금으로 평균임금을 산정하기로 당사자간 약정하면 삭감전의 금액으로 퇴직금을 산정해야 한다. 이 경우 당사자의 약정을 분명히 하기 위해서는 단체협약 · 취업규칙 또는 근로계약에 명확히 명시할 필요가 있다.

(4) 근로시간 단축에 의한 임금감소

소정근로시간 이내에서 근로시간을 줄이는 경우, 근로시간 단축은 부분휴업에 해당되어 휴업수당을 지급해야 하며, 휴업을 실시하기 위해 단체협약이나 취업규칙 또는 근로계약을 별도로 갱신할 필요는 없으나, 일시적인 근로시간 단축(일시적인 휴업)이 아니라 상당기간 근로시간을 줄여야 할 경우에는 관련규정을 개정하여 소정근로시간을 단축하는 것이 바람직하다.

행정해석

2. 근로기준과-387 (2009-02-13)

줄어든 근로시간은 부분휴업에 해당되며, 사용자에게 귀책사유가 있으면 휴업수당이 발생하고, 부분휴업에 대하여도 평균임금 70%에 못 미치는 휴업수당을 지급하려면 노동위원회의 승인을 받아야 함

소정근로시간을 줄이고 소정근로시간만 근로하기로 하는 경우 실제로 근무한 시간에 대해서만 임금을 지급함이 원칙이지만, 소정근로시간 축소와 그에 따른 임금감소는 근로조건의 불이익 변경에 해당될 수 있으므로 단체협약, 취업규칙 또는 근로계약을 적법절차에 따라 변경해야 한다. 소정근로시간 변경 없이 연장근로시간을 단축(미실시 · 축소 · 폐지)하는 것은 생산계획, 작업물량 등에 따라 사용자가 결정할 사항으로 근로조건의 불이익 변경으로 볼 수 없고, 연장근로수당 지급의무도 없다.

행정해석

3. 근로기준과-68207-286 (2003-03-13)

사용자가 경영상의 이유 등으로 법정근로시간을 초과하는 연장근로를 축소 또는 폐지하는 것은 근로조건의 불이익변경에 해당하지 않으므로 그에 따른 취업규칙 변경시 근로기준법 제94조(규칙의 작성, 변경절차) 단서에 의해 근로자의 집단적 동의를 얻을 필요가 없고 의견만 청취하면 될 것으로 사료되며, 연장근로 폐지의 의사표시를 분명히 하고 노무수령 거부 등 실제 연장근로를 시키지 않았다면 연장근로수당을 지급할 필요가 없음.

다만, 단체협약이나 취업규칙 또는 근로계약 등에 의해 고정적으로 일정한 시간을 연장근로 한 것으로 인정하여 실질적인 연장근로 발생 여부와 관계없이 연장근로수당을 지급하고 있는 경우, 연장근로수당을 지급하지 않으려면 단체협약, 취업규칙(불이익 변경) 또는 근로계약을 변경해야 한다.

(5) 교대제 개편에 따른 임금감소

교대제 근로형태의 변경이 불이익 변경인지 여부는 그 변경의 취지와 경위, 취업규칙 각 규정의 전체적인 체제 등 제반 사정을 종합적으로 고려하여 판단해야 한다.

1) 통상근무자를 교대제로 변경

통상근무자(주간 혹은 야간근무자)를 교대제로 전환하는 것은 근로자에게 불이익한 변경에 해당될 수 있으므로 단체협약, 취업규칙 또는 근로계약을 적법한 절차에 따라 변경해야 한다.

행정해석

4. 근로기준과 68207-935 (2003-07-23)

취업규칙에서 통상근무자와 교대제근무자의 근무형태에 관하여만 규정하고 있는 상태에서 개별 근로계약으로 근무형태를 결정하고 장기간 근무해왔다면 개별 근로계약의 변경 없이 사용자가 일방적으로 근무형태를 변경할 수는 없다고 사료됨. 다만, 취업규칙 개정을 통해 직종별 근무형태를 새로이 정하여 통상근무를 하여 온 특정 직종 근로자를 교대제근무자로 변경하는 것은 가능할 것이나, 이 경우에는 생활리듬의 파괴 등을 고려할 때 근로자에게 불이익한 변경에 해당하므로 근로기준법 제94조에 의한 불이익변경절차를 거쳐야 할 것임. 다만 변경된 취업규칙의 내용이 단체협약에 반할 경우에는 효력이 없다고 사료됨

2) 교대제 변경에 따른 임금감소

교대제 변경(3조 3교대 → 4조 3교대)으로 실 근로시간이 줄어 기존의 연장근로수당이 감소하는 경우 이를 불이익한 변경이라 할 수 없으나, 소정근로시간이 단축되어 임금이 감소한다면 불이익 변경절차를 거쳐야 한다.

행정해석

5. 근로기준과 68207-1732 (1994-11-04)

교대제 근로형태의 변경이 근로기준법 제94조제1항 단서규정의 "근로자에게 불이익하게 변경하는 경우"에 해당하는지 여부는 그 변경의 취지와 경위, 취업규칙의 각 규정의 전체적인 체제 등 제반사정을 종합하여 구체적으로 판단되어져야 할 것이나, 교대제 근로형태를 3조 3교대제에서 4조 3교대제로 변경하는 경우, 실 근로시간의 단축으로 연장근로가 줄게 되어 기존 3조 3교대제하에서 지급받던 연장근로수당이 감소하게 되나, 소정근로시간이 단축되고 소정의 근로에 대한 기존의 임금은 감소되지 않는다면 이와 같은 제반사정을 볼 때 근로조건의 변경내용이 근로자에게 불이익한 변경에 해당하는 것으로 볼 수는 없음.

3. 임금동결

임금동결은 임금을 인상하지 않고 현재의 임금수준을 장래에도 계속 유지시키는 것으로서 노사가 자율적으로 결정할 사항이다.

(1) 적법절차

집단적 의사결정 방식에 의해 단체협약이나 취업규칙 변경절차에 따라 결정이 가능하며, 반드시 개별 근로자의 동의를 받아야 하는 것은 아니다. 단체협약이 적용되는 경우 단체협약 갱신만으로 가능하며, 단체협약이 없거나 단체협약 비적용자에게는 취업규칙 변경(불이익 변경) 절차를 거치면 된다.(취업규칙에 정하고 있는 경우에 한함)

(2) 임금동결 방식

정기 호봉승급이 명시적으로 취업규칙에 정하고 있는 경우, 근로조건 불이익 변경에 해당하는 적법한 절차에 의해 정기 호봉승급을 중지할 수 있다.
단체협약으로 정하고 있는 경우, 단체협약 갱신이나 노동조합과 별도의 협약 등을 통해 호봉승급을 유효하게 중지할 수 있을 것이다.
정기 호봉승급이 명시적으로 규정된 경우 호봉승급만 인정하고 임금인상률을 동결할 경우 임금인상률 결정은 물가상승률, 기업경영 사정 등을 고려하여 사업주 재량으로 행하는 것이 원칙으로 사업주가 임금인상률을 동결하는 것은 근로조건의 불이익 변경이 아니다. 따라서 근로자가 임금인상을 요구하더라도 사업주가 이에 응할 법적 의무는 없으나, 노사화합 도모와 사기진작을 위해 노사협의를 통해 충분히 설명하는 것이 바람직하다.
노동조합이 임금인상을 위한 단체협약을 요구할 경우 경영악화를 이유로 교섭 자체를 거부하는 행위는 부당노동행위에 해당될 수 있지만, 사용자는 반드시 임금인상에 응할 의무는 없다.
정기 호봉승급이 명시적으로 규정되어 있지 않은 경우 호봉승급 중지는 사용자가 임금인상(호봉승급 포함)을 하지 않았다 하여 당연히 법위반으로 볼 수 없다. 매년 일정시기에 인상한 관행이 있는 경우에는 분쟁예방 차원에서 집단적 합의를 거치는 것이 바람직하다.

행정해석

6. 임금 68200-649 (2000.12.5)

정기호봉 승급을 동결한 경우 임금체불에 해당하는지 여부는 근로계약, 취업규칙, 단체협약 등에서 정한 바에 따라 사용자에게 지급의무가 부과되어 있는지, 그러한 정기호봉승급이 임금지급과 관련하여 관행이 형성된 것인지 여부 등을 종합적으로 고려하여 판단하여야 할 것인 바, 인사규정에서 정기승급은 매년 1월 1일과 7월 1일에 실시한다고 규정하고 매년 정기적 · 일률적으로 호봉승급을 실시하여 왔다면 이는 임금지급과 관련하여 일응 관행이 성립된 것으로 보아야할 것임. 이 경우 근로자 집단적 의사결정방식에 의한 적법절차를 거치지 아니하고 사용자가 일방적으로 정기승급을 동결하였다면 각 근로자별 정기승급이 이루어지는 달의 임금 정기지급일에 정기승급으로 인하여 가산되는 임금이 전액 지급되지 아니한 것으로 봄

제5절 퇴직급여제도

1. 의의

(1) 서설

1) 퇴직급여란 계속적 근로관계의 종료를 사유로 하여 사용자가 퇴직하는 근로자에게 지급하는 금전급부를 말하며, 그 지급방법에는 퇴직일시금제와 연금제가 있다.

2) 본래 퇴직급여제도는 노사의 자율적 결정에 따라 단체협약이나 취업규칙 등을 통하여 규율되는 것이 보통이나 근대적 노사관계가 성숙하지 못한 우리나라의 경우 근로자의 생존권보장의 견지에서 퇴직급여제도를 법에 규정한 것이다.

3) 현재 급속한 인구고령화와 노동환경의 변화로 기존 퇴직금제도는 기업 도산 시 근로자의 수급권 보장이 미흡하며, 5명 이상 사업장에만 적용되어 많은 근로자들이 퇴직금수혜를 받지 못하고 있고, 또한 근로자 퇴직 시 기업의 일시금지급에 의한 자금부담 가중요소로 작용함에 따라 퇴직급여제도로 법을 개정하기에 이르렀다.

(2) 법 규정

1) 사용자가 퇴직하는 근로자에게 지급하는 퇴직급여제도에 관하여는 기존 퇴직금규정[68]이 적용배제되고, 2005. 1. 27.자 제정 · 2005. 12. 1.자부터 시행 중인 근로자퇴직급여보장법[69]이 정하는 바에 따른다(근기법 제34조).

2) 이 법은 근로자 퇴직급여제도(퇴직금 및 퇴직연금)의 설정 및 운영에 필요한 사항을 정함으로써 근로자의 안정적인 노후생활 보장에 이바지함을 목적으로 한다(제1조).

(3) 적용범위

근로자퇴직급여보장법은 근로자를 사용하는 모든 사업 또는 사업장(이하 "사업"이라 한다)에 적

68) ① 사용자는 계속근로연수 1년에 대하여 30일분 이상의 평균임금을 퇴직금으로서 퇴직하는 근로자에게 지급할 수 있는 제도를 설정하여야 한다. 다만, 근로연수가 1년 미만인 경우에는 그러하지 아니하다(제34조 제1항).②위의 퇴직금제도를 설정함에 있어서 하나의 사업내에 차등제도를 두어서는 아니된다(동조 제2항).③ 사용자는 근로자의 요구가 있는 경우에는 제1항의 규정에 불구하고 근로자가 퇴직하기 전에 당해 근로자가 계속 근로한 기간에 대한 퇴직금을 미리 정산하여 지급할 수 있다. 이 경우 미리 정산하여 지급한 후의 퇴직금 산정을 위한 계속근로연수는 정산시점부터 새로이 기산한다(동조 제3항).④ 사용자가 근로자를 피보험자 또는 수익자로 하여 대통령령이 정하는 퇴직보험 또는 퇴직일시금신탁(이하 "퇴직보험 등"이라 한다)에 가입하여 근로자의 퇴직시에 일시금 또는 연금으로 수령하게 하는 경우에는 제1항의 규정에 의한 퇴직금제도를 설정한 것으로 본다. 다만, 퇴직보험 등에 의한 일시금의 액은 제1항의 규정에 의한 퇴직금의 액보다 적어서는 아니된다(동조 제4항).

69) 2012. 7. 26 시행중인 법률규정으로 본 교재의 내용을 구성함

용한다. 다만, 동거의 친족만을 사용하는 사업 및 가사사용인에 대하여는 적용하지 아니한다(제3조).

(4) 제도의 설정

1) 설정의무

사용자는 퇴직하는 근로자에게 급여를 지급하기 위하여 퇴직급여제도중 하나 이상의 제도를 설정하여야 한다(제4조 제1항 전단). 다만, 계속근로기간이 1년 미만인 근로자, 4주간을 평균하여 1주간의 소정근로시간이 15시간 미만인 근로자에 대하여는 그러하지 아니하다(동항 후단).

2) 차등제도의 금지

① 퇴직급여제도를 설정함에 있어서 하나의 사업 내에 차등제도를 두어서는 아니된다(제4조 제2항). 차별 내용으로는 퇴직금산정에서 기초임금의 산입, 근속연수의 산정 및 누진율의 적용 등 일체의 차별이 포함된다.

② 이는 균등처우(근기법 제6조)의 취지에 위배될 뿐만 아니라, 근로자 상호간의 위화감과 불신감을 조성할 우려가 있으므로 이를 방지하려는 데 그 취지가 있다.

③ 차등제도의 금지는 동일사업 내의 근로자들 사이에서만 금지되고 해당사업 이외의 사업의 근로자와의 차등은 금지대상이 아니다. 동일사업이란 경영상의 일체를 이루는 기업체 그 자체를 말하므로, 경영상의 일체를 이루면서 조직상 유기적으로 운영되는 공장 · 지사 · 지점 등은 모두 동일사업으로 본다.

④ 다만, 판례는 단체협약의 적용을 받는 조합원과 비조합원간의 차등은 유효하다고 하며, 또한 취업규칙의 퇴직금규정이 근로자의 동의 없이 불이익하게 변경된 경우에 변경된 후에 입사한 근로자와 기존 근로자와의 차등은 퇴직금차등제도금지의 원칙에 반하지 않는다고 한다.[70]

3) 근로자대표의 동의

① 사용자가 퇴직급여제도의 종류를 선택하거나 선택한 퇴직급여제도를 다른 종류의 퇴직급여제도로 변경하고자 하는 경우에는 당해 사업에 근로자의 과반수로 조직된 노동조합이 있는 경우에는 그 노동조합, 근로자의 과반수로 조직된 노동조합이 없는 경우에는 근로자의 과반수(이하 "근로자대표"라 한다)의 동의를 얻어야 한다(제4조 제3항).

② 사용자가 선택되거나 변경된 퇴직급여제도의 내용을 변경하고자 하는 경우에는 근로자대표의 의견을 들어야 한다. 다만, 근로자에게 불이익하게 변경하고자 하는 경우에는 근로자대표의 동의를 얻어야 한다(동조 제4항).

4) 퇴직급여제도의 미 설정에 따른 처리

사용자가 퇴직급여제도나 개인형퇴직연금제도를 설정하지 아니한 경우에는 퇴직금제도를 설

70) 대판 1992. 12. 22, 91다45165.

정한 것으로 본다(제11조).

5) 새로 성립된 사업의 퇴직급여제도

이 법 시행일 이후(2012. 7. 26) 새로 성립된 사업의 사용자는 근로자대표의 의견을 들어 사업의 성립 후 1년 이내에 확정급여형퇴직연금제도나 확정기여형퇴직연금제도를 설정하여야 한다(제5조).

(5) 수급권의 보호

퇴직연금의 급여를 받을 권리는 양도하거나 담보로 제공할 수 없다. 다만, 주택구입 등 대통령령이 정하는 사유와 요건을 갖춘 경우에는 대통령령이 정하는 한도 내에서 담보로 제공할 수 있다(제7조).

2. 법적 성질

(1) 퇴직급여는 장기간의 계속근로로 인한 공로에 대한 은혜로서 사용자가 증여하는 것이라 보는 공로보상설과 퇴직급여를 퇴직 후의 생활을 보장하는 수단으로서 파악하는 생활보장설 및 퇴직급여는 근로자에게 근로관계존속기간 중에 적립하여 두었던 임금을 사후적으로 지급하는 것이기 때문에, 본질적으로는 후불적 임금의 성질을 가진다고 보는 임금 후불설(통설 · 판례[71])로 나뉜다.

(2) 통설인 임금후불설이 퇴직급여의 권리성을 가장 잘 설명할 수 있고, 퇴직급여 산정 시 근속연수와 평균임금을 기준으로 하고 있는 점과 퇴직하는 모든 근로자에게 일률적으로 지급하고 있는 점 등을 용이하게 설명할 수 있어 타당하다고 본다.

3. 퇴직금제도

(1) 퇴직금제도의 설정

퇴직금제도를 설정하고자 하는 사용자는 계속근로기간 1년에 대하여 30일분 이상의 평균임금을 퇴직금으로 퇴직하는 근로자에게 지급할 수 있는 제도를 설정하여야 한다(제8조 제1항).

(2) 지급요건

1) 1년 이상의 계속근로

① 퇴직급여를 지급받기 위해서는 퇴직하는 근로자의 계속근로기간이 1년 이상 이어야한다. 여기서 계속근로기간이란 근로계약 체결 시부터 근로계약 종료 시까지 근로계약의 존속기간,

71) 일반적으로 근로계약에 있어 근로조건으로 퇴직금에 관한 사항이 포함됨을 원칙으로 할 뿐 아니라 퇴직금은 근로계약이 얼마간 계속되다가 그 근로계약이 종료될 때에 근로자에게 지급되는 후불적 임금의 성질을 띤 것으로 근로기준법 제18조에서 말하는 임금에 해당한다 할 것이다(대판 1966. 6. 7, 66다592; 대판 1975. 7. 22, 74다1840 등).

즉 실 근로연수와 관계없는 「재직기간」을 말한다.

② 1년 미만인 근로자나 4주간을 평균하여 1주간의 소정근로시간이 15시간 미만인 근로자에 대하여는 그러하지 아니하다.

2) 근로자의 퇴직

① 근로자

근로자란 근기법 제2조의 근로자로서 사용자와 실질적 근로관계가 존재하면 임시직, 일용직, 도급 등 고용형식에 구애받지 아니하고 적용된다.

② 퇴 직

㈎ 퇴직의 의의

퇴직[72]이란 근로관계가 종료하는 모든 경우를 말한다. 따라서 근로자에 의한 임의퇴직이나 사용자에 의한 해고, 사망, 기간의 만료로 인한 자동퇴직, 일의 완료, 정년 등 퇴직의 원인 여하를 불문한다.

㈏ 퇴직의 효력발생시기

㉠ 기간의 정함이 있는 근로계약관계는 당해 근로계약기간의 만료 시[73]이다. 설령 근로자와의 연봉계약에 따라 퇴직금을 임금에 포함시켜 지급해 왔더라도 이는 퇴직금으로서 효력이 없다.[74]

㉡ 기간의 정함이 없는 근로계약관계는 사용자가 근로자의 퇴직의 의사표시를 수리한 때이다. 그러나 사용자가 수리를 하지 않는 경우에는 사용자가 당해 근로자의 퇴직의 의사표시를 통고받은 날로부터 1개월이 경과된 때이다(민법 제660조 제2항).

관련판례

퇴직금의 선지급과 그 효력

1. 사용자와 근로자가 매월 지급하는 월급이나 매일 지급하는 일당과 함께 퇴직금으로 일정한 금원을 미리 지급하기로 약정한 경우, 그 '퇴직금 분할 약정'은 무효이다
2. 사용자가 근로자에게 이미 퇴직금 명목의 금원을 지급하였으나 그것이 퇴직금 지급으로서의 효력이 없어 사용자가 같은 금원 상당의 부당이득반환채권을 갖게 된 경우, 이를 자동채권으로 하여 근로자의 퇴직금채권과 상계할 수 있다(대법 2010. 05. 20, 2007다90760).

---

72) 근로관계가 존속하는 한 사용자의 퇴직금지급의무는 발생할 여지가 없고 근로관계가 종료되는 때에 비로소 그 지급의무가 생기므로 퇴직 시를 시점으로 평균임금을 계산하여야 한다(대판 1991. 6. 28, 90다14560).

73) 근로계약기간을 정한 경우에 있어서 근로계약 당사자 사이의 근로관계는 특별한 사정이 없는 한 그 기간이 만료됨에 따라 사용자의 해고 등 별도의 조치를 기다릴 것 없이 당연히 종료된다(대판 2006. 2. 10,2005두15762).

74) 대판 2005. 3. 11, 2005도467.

(3) 퇴직금의 산정

1) 퇴직금의 지급액

퇴직금은 계속근로기간 1년에 대하여 30일분 이상의 평균임금을 퇴직하는 근로자에게 지급하여야 한다(제8조 제1항).[75]

2) 특수한 근무기간의 계속근로연수에의 포함여부

① 비정형근로시간

일용근로자 · 임시공으로 근로하다가 정식근로자가 되어 계속 근로한 경우에는 고용형식에 관계없이 계속근로연수에 포함된다. 또한 촉탁기간, 시용 · 수습 기간 후 정식근로자가 된 경우에도 그 기간을 계속근로연수에 계산한다.[76]

관련판례

임시고용원으로 근무하다가 정규사원으로 채용되어 근무한 자의 퇴직금

형식상으로는 비록 일용직근로자로 되어있다 하더라도 일용관계가 중단되지 않고 계속되어 온 경우에는 상용근로자로 보아야 할 것이고, 근로계약이 만료됨과 동시에 근로계약기간을 경신하거나 동일한 조건의 근로계약을 반복하여 체결한 경우에는 경신 또는 반복한 계약기간을 모두 합산하여 계속근로연수를 계산하여야 할 것이며, 임시고용원으로 채용되어 근무하다가 중간에 정규사원으로 채용되어 공백기간없이 계속근무한 경우처럼 근속기간중에 근로제공형태(직종 또는 직류)의 변경이 있는 경우에도 임시고용원으로서의 근무기간과 정규사원으로서의 근무기간을 통산한 기간을 퇴직금 산정의 기초가 되는 계속근로연수로 보아야 할 것이다(대법 1995. 07. 11, 93다26168).

② 휴직기간

계속근로연수는 재직연수와 동일하게 보아 휴직기간 중에 보수유무, 휴직사유 여하에 관계없이 휴직기간도 계속근로연수에 포함된다(통설 · 판례).

③ 군복무기간

계속근로연수에 포함되지 않는다는 견해(판례[77])와 계속근로연수에 포함된다는 견해(통설[78] · 행정해석[79])로 나뉘고 있으나 통설이 타당한 듯 싶다.

④ 기업의 조직변경

75) 해외근무시의 급여가 국내직원의 급여보다 초과하는 부분을 평균임금의 기초가 되는 임금의 총액에 산입하는 것은 옳지 않다(대판 1990. 11. 9, 90다카4683).

76) 임시고용에서 정규고용으로 고용형태가 변경된 경우라도 실질적인 근로관계가 존속되는 한에서는 근로의 계속이 인정되어야 할 것이며(대판 1995. 5. 12, 94다55934), 임시직근로자(대판 1995. 7. 11, 93다26168), 도급근로자, 수련의 등도 퇴직금 지급 대상이 된다.

77) 대판 1993. 1. 15, 92다41986.

78) 이병태, p1079 외.

79) 1989. 12. 22, 임금 32240-21232; 1990. 6. 22, 임금 32240-8810.

기업의 합병 · 분할 및 조직변경의 경우에 기업자체의 동일성이 유지되고 있는 한 그 이전 기간도 계속근로연수에 포함된다. 다만, 사용자의 필요가 아닌 근로자의 자유의사에 의하여 형식적 퇴직과 재입사가 이루어진 경우에는 계속근로로 보지 않는다.[80)]

관련판례

기업의 조직변경과 근속년수

기업의 인적, 물적 조직이 흡수 통합되거나 조직변경이 있었다고 하더라도 그 기업 자체가 폐지됨이 없이 동일성을 유지하면서 존속되고 있는 한 이는 경영주체의 교체에 불과하여 근로관계는 새로운 경영주체에게 승계된다 할 것이므로 실질적 근로관계는 그 중간퇴직에 의해 단절됨이 없이 계속되었다고 보아야 할 것이다(대법 91다6856).

영업양도계약에서 근속기간을 제한한 경우

회사가 발전설비영업부분을 양수받으면서 그 영업에 관련된 모든 자산과 부채 및 관련계약, 채권과 채무 그리고 그 영업에 종사하는 전종업원 및 이에 대한 권리의무 등을 포괄적으로 양수하기로 합의하였다면 계속근무해 온 종업원의 근로계약관계도 승계된 것으로 보아야 하고, 포괄승계 합의시에 종업원의 퇴직금 산정기간에 한하여 회사의 근속연수에 산입하지 않기로 하는 단서조항을 삽입한 것은 근속기간에 관한 근로자의 기득권을 제한하는 예외조항을 설정한 것으로 근로자의 동의가 없는 한 구속력이 미치지 않으므로 합병과 영업양도 과정에서 입사와 퇴직의 형식을 취하여 퇴직금까지 수령하였더라도 최종 퇴직금 산정기간은 전 회사에서 근무한 기간까지 포함시켜 지급하여야 한다(대법 2005.03.25, 2003다39644).

3) 단수가 있는 경우

계속근로연수가 1년 이상으로 1년이 안되는 단수가 있는 경우에는 월과 일별로 나누어 계산한다.

{근속연수 + (단수인 근속월수÷ 12) + (단수인 근속일수 ÷ 365)} × 30

4) 기산일

① 근로자가 입사하기 전부터 퇴직금적용사업 또는 사업장인 경우에는 원칙적으로 입사일 부터 기산한다. 그러나 근기법의 시행일인 1953. 8. 8. 이전에 입사한 경우에는 동법 시행일 이후부터 기산한다.

② 당해 근로자가 입사한 이후에 퇴직금제도가 적용된 사업 또는 사업장으로 바뀐 경우에는 원칙적으로 그 변경일 이후부터 기산한다. 다만 단체협약 · 취업규칙 등에 규정되어 있거나 관행이 있는 경우에는 입사일 부터 또는 일정한 날로부터 소급하여 기산한다.

80) 대판 1991. 12. 10, 91다12035.

5) 평균임금

① 퇴직금산정의 기초가 되는 평균임금은 근기법 제2조에서 정한 평균임금을 말한다.

② 법 제8조 제1항 규정의 퇴직금은 최저한도를 보장한 것으로 노사가 근로계약 · 단체협약 등에서 법정기준 이상으로 정하는 것은 무방하다. 또한 퇴직금규정에서 식대보조비를 산정대상에서 제외시키더라도 누진제를 택한 결과 법에서 보장하는 퇴직금 하한선을 초과하는 경우에는 법 위반으로 볼 수 없다.[81)]

③ 연장근로수당의 경우에도 포함여부에 대해 취업규칙 등에 없더라도 그 지급이 당연한 것으로 여겨질 정도의 관례가 형성된 경우에는 평균임금에 포함된다.[82)]

6) 퇴직금의 산정시기

① 퇴직금은 법 제19조 제1항의「이를 산정하여야 할 사유가 발생한 날」인 퇴직 시를 기준으로 산정하여야 한다. 이는 퇴직금채권은 일정기간의 경과(1년)를 발생사유로 하여 근로관계 존속 중에 이미 발생하지만 그 이행기(퇴직금지급발생시기)가 퇴직이라는 불확정기한에 있기 때문이다.

② 퇴직금중간정산의 경우에는 정산시를 기준으로 산정하여야 한다(제8조 제2항).

퇴직급여의 감액

퇴직급여에 관한 규정에서 임원 및 직원이 업무와 관련하여 금고 이상의 형을 받은 경우에는 그 퇴직급여의 100분의 50을 감하여 지급하도록 규정하고 있더라도, 그 규정이 임직원으로 하여금 재직 중 성실하고 청렴하게 근무하도록 유도하기 위한 것으로서 정당한 목적을 가지고 있고, 제한의 사유를 업무와 관련한 범죄행위로 인하여 금고 이상의 형을 선고받은 중대한 사유가 발생한 경우 등으로 한정하고 있으며, 제한의 범위도 근로기준법 소정의 최저 퇴직금 제도에 위배되지 아니함으로써 그 수단의 상당성과 법익의 균형성도 갖춘 것이라면 그 규정을 무효라고 볼 수 없고, 퇴직금은 후불 임금으로서의 성격 이외에도 사회보장적 급여로서의 성격과 공로보상으로서의 성격을 아울러 가지는 것인 점에 비추어 볼 때 위와 같은 퇴직금감액 규정이 퇴직금의 본질에 어긋나는 것이라고 볼 수 없다.

[2] 근로자가 퇴직 당시 퇴직급여 전액을 지급받았으나 퇴직 후 재직중의 업무와 관련하여 금고 이상의 형을 받은 경우, 업무와 관련하여 금고 이상의 형을 받은 경우에는 그 퇴직급여를 감하여 지급한다는 퇴직급여규정에 따라 그 근로자는 퇴직급여 중 그 감액 상당액을 법률상 원인 없이 취득한 것이므로 반환하여야 한다(대법 2002. 09. 06, 2002다29442).

(4) 퇴직금의 지급시기

1) 사용자는 근로자가 퇴직한 경우에는 그 지급사유가 발생한 날부터 14일 이내에 퇴직금을 지급하여야 한다. 다만, 특별한 사정이 있는 경우에는 당사자 간의 합의에 의하여 지급기일을 연장할 수 있다(제9조).

81) 대판 2003. 4. 11, 2001다9380.

82) 서울중앙지판, 2005. 1. 26, 2005나175.

2) 근로계약이 존속하는 동안에는 원칙으로 퇴직금 지급의무는 발생할 여지가 없는 것이므로, 사용자와 근로자 사이의 연봉제계약에 따라 매월 지급받는 임금에 포함시켜 퇴직금이란 명목으로 이를 지급하였다고 하여도 그것은 퇴직금 지급으로서의 효력은 없다.[83)]

(5) 퇴직금청구권의 소멸시효

이 법에 의한 퇴직금을 받을 권리는 3년간 행사하지 아니하면 시효로 인하여 소멸한다(제10조).

(6) 지급제도의 설정

법 제8조에서는 「…퇴직금으로 퇴직하는 근로자에게 지급할 수 있는 제도를 설정하여야 한다」 고 규정하여 퇴직금제도의 설정을 요구하고 있다. 퇴직금은 사용자가 그 전액을 단독으로 출연하여 지급하여야 할 것이나 퇴직금 재원을 매년 적립해 둘 의무는 없다.

(7) 퇴직금 중간정산

1) 법 규정

제8조 (퇴직금제도의 설정 등)

② 제1항에도 불구하고 사용자는 주택구입 등 대통령령으로 정하는 사유로 근로자가 요구하는 경우에는 근로자가 퇴직하기 전에 해당 근로자의 계속근로기간에 대한 퇴직금을 미리 정산하여 지급할 수 있다. 이 경우 미리 정산하여 지급한 후의 퇴직금 산정을 위한 계속근로기간은 정산시점부터 새로 계산한다.

☞ 대통령령으로 정하는 사유

영 제3조 (퇴직금의 중간정산 사유)

① 법 제8조제2항 전단에서 "주택구입 등 대통령령으로 정하는 사유"란 다음 각 호의 어느 하나에 해당하는 경우를 말한다. [개정 2013. 12. 24 제25022호(고용보험법 시행령)] [시행일 2014. 1. 1]

1. 무주택자인 근로자가 본인 명의로 주택을 구입하는 경우
2. 무주택자인 근로자가 주거를 목적으로 「민법」 제303조에 따른 전세금 또는 「주택임대차보호법」 제3조의2에 따른 보증금을 부담하는 경우. 이 경우 근로자가 하나의 사업 또는 사업장(이하 "사업"이라 한다)에 근로하는 동안 1회로 한정한다.
3. 근로자, 근로자의 배우자 또는 「소득세법」 제50조제1항에 따른 근로자 또는 근로자의 배우자와 생계를 같이하는 부양가족이 질병 또는 부상으로 6개월 이상 요양을 하는 경우
4. 퇴직금 중간정산을 신청하는 날부터 역산하여 5년 이내에 근로자가 「채무자 회생 및 파산에 관한 법률」에 따라 파산선고를 받은 경우

83) 대판 2005. 3. 11, 2005도467.

5. 퇴직금 중간정산을 신청하는 날부터 역산하여 5년 이내에 근로자가「채무자 회생 및 파산에 관한 법률」에 따라 개인회생절차개시 결정을 받은 경우
6.「고용보험법 시행령」 제28조제1항제1호 및 제2호에 따른 임금피크제를 실시하여 임금이 줄어드는 경우
7. 그 밖에 천재지변 등으로 피해를 입는 등 고용노동부장관이 정하여 고시하는 사유와 요건에 해당하는 경우

② 사용자는 제1항 각 호의 사유에 따라 퇴직금을 미리 정산하여 지급한 경우 근로자가 퇴직한 후 5년이 되는 날까지 관련 증명 서류를 보존하여야 한다.

2) 입법취지

사용자 측 입장에서 볼 때, 누적적으로 증가하는 퇴직금은 상당한 부담으로 작용하며, 근로자 측 입장에서 볼 때, 긴급히 목돈이 필요시 적절하게 활용할 수 없으므로 퇴직금자체에 대해 기업의 부담을 줄이고 근로자의 퇴직금 활용도를 높히고자 도입한 것이다. 다만, 퇴직금 중간정산으로 인해 근로자 노후대비가 불안할 위험이 있어 중간정산의 사유를 일부 제한하였다.

3) 중간정산의 요건

① 근로자의 요구

퇴직금중간정산은 주택구입 등 특별한 사정이 있는 근로자의 요구가 있는 경우에만 시행할 수 있으므로 개별근로계약, 취업규칙이나 단체협약 등에 중간정산을 실시하기 위한 근거조항이 있다고 하더라도 반드시 개별 근로자의 구체적인 요구가 선행되어야 하고 중간정산 사유가 대통령령이 정하는 바에 따라 적합해야 한다.[84)]

② 사용자의 수용여부

근로자가 퇴직금 중간정산을 요구하였을지라도 사용자가 반드시 이에 응해야 할 법률상 의무는 없기에 중간정산을 수용할 수도 있고 거절할 수도 있다.

4) 중간정산에 있어서 문제점

① 정산기간의 문제

법은 근로자의 요구와 사용자의 승낙만으로 중간정산을 예정하고 있을 뿐 기간에 대한 제한규정을 두고 있지 않기에 기간에 대한 특별한 제한을 두지 않고 있다고 보면, 해당기간의 전부 뿐만 아니라 일부에 대해서도 정산할 수 있다.

② 누진제사업장의 경우

누진제사업장의 경우에 대한 퇴직금지급에 대해 아직 구체적인 선례는 없는 것으로 보이나, 이미 총 계속근로연수에 있어 누진제의 혜택범위로 들어온 이상 누진제가 적용된다고 본다.

③ 중간정산 후 1년 이내의 퇴직자 처리

84) 노동조합의 동의가 있더라도 중간정산을 행할 수 없다(2002. 2. 20, 임금 68200-111).

중간정산제를 도입한 취지를 감안할 때 처음 입사 시 부터 1년 이내에 퇴직하는 경우와 같이 형식 · 논리적으로 해석하여 근로자에게 불이익하게 처리하는 것은 불합리하다고 보이므로 중간정산이후 1년에 미달한 기간에 대해서도 1년간의 퇴직금에 비례하여 퇴직금을 지급하는 것이 타당할 듯 싶다.

④ 다른 근로조건에의 영향

퇴직금중간정산제의 경우에는 법 규정상 명백히 중간정산 후의 퇴직금 산정을 위한 계속근로연수는 정산시점부터 새로이 기산한다(제8조 제2항 후문)는 점을 감안할 때 퇴직금중간정산은 다른 근로조건에 아무런 영향을 주지 않으므로 근로연수와 관계있는 승진, 승급, 호봉, 상여나 연차유급휴가에는 변동이 없다.[85)]

(8) 퇴직금의 우선변제

1) 법 규정

제12조 (퇴직급여등의 우선변제)

① 사용자에게 지급의무가 있는 퇴직금, 제15조에 따른 확정급여형퇴직연금제도의 급여, 제20조제3항에 따른 확정기여형퇴직연금제도의 부담금 중 미납입 부담금 및 미납입 부담금에 대한 지연이자, 제25조제2항제4호에 따른 개인형퇴직연금제도의 부담금 중 미납입 부담금 및 미납입 부담금에 대한 지연이자(이하 "퇴직급여등"이라한다)는 사용자의 총재산에 대하여 질권 또는 저당권에 의하여 담보된 채권을 제외하고는 조세 · 공과금 및 다른 채권에 우선하여 변제되어야 한다. 다만, 질권 또는 저당권에 우선하는 조세 · 공과금에 대하여는 그러하지 아니하다.

② 제1항에도 불구하고 최종 3년간의 퇴직급여등은 사용자의 총재산에 대하여 질권 또는 저당권에 의하여 담보된 채권, 조세 · 공과금 및 다른 채권에 우선하여 변제되어야 한다.

③ 퇴직급여등 중 퇴직금, 제15조에 따른 확정급여형퇴직연금제도의 급여는 계속근로기간 1년에 대하여 30일분의 평균임금으로 계산한 금액으로 한다.

④ 퇴직급여등 중 제20조제1항에 따른 확정기여형퇴직연금제도의 부담금 및 제25조제2항제2호에 따른 개인형퇴직연금제도의 부담금은 가입자의 연간 임금총액의 12분의 1에 해당하는 금액으로 계산한 금액으로 한다.

2) 퇴직금 우선변제에 관한 경과조치

① 1997. 12. 24 전에 퇴직한 근로자의 경우에는 1989. 3. 29. 이후의 계속근로기간에 대한 퇴직금을 우선변제의 대상으로 한다(부칙 제4조 제1항).

② 1997. 12. 24 전에 채용된 근로자로서 1997. 12. 24. 이후에 퇴직하는 근로자의 경우에는 1989. 3. 29. 이후부터 1997년 12월 23일까지의 계속근로기간에 대한 퇴직금에 1997년 12월 24일 이후의 계속근로기간에 대하여 발생하는 최종 3년간의 퇴직금을 합산한 금액을 우선변제의 대상으로 한다(동조 제2항).

85) 1999. 3. 12, 근기 68207-580.

③ 우선변제의 대상이 되는 퇴직금은 계속근로기간 1년에 대하여 30일분의 평균임금으로 계산한 금액으로 한다(동조 제3항).

4. 퇴직연금제도

(1) 종류

1) 확정급여형(Defined Benefit) 퇴직연금

근로자의 연금급여가 사전에 확정되며, 사용자의 적립부담은 적립금 운용 결과에 따라 변동하게 되는 퇴직연금제도이다(제12조).

2) 확정기여형(Defined Contribution) 퇴직연금

사용자의 부담금이 사전에 확정되고, 근로자의 연금급여는 적립금 운용 수익에 따라 변동하게 되는 퇴직연금제도이다(제13조).

(2) 퇴직연금제도의 설정

확정급여형이나 확정기여형 퇴직연금제도를 설정하고자 하는 사용자는 근로자대표의 동의를 얻어 확정급여형이나 확정기여형 퇴직연금 규약을 작성하여 고용노동부장관에게 신고하여야 한다.

(3) 양제도의 퇴직연금 규약 상 공통 기재사항

1) 퇴직연금사업자 선정에 관한 사항, 가입자에 관한 사항

2) 가입기간에 관한 사항[86]

3) 급여의 종류 및 수급요건 등에 관한 사항, 특히 명시되어야 할 내용은

① 연금은 55세 이상으로서 가입기간이 10년 이상인 가입자에게 지급할 것.
이 경우 연금의 지급기간은 5년 이상이어야 함.

② 일시금은 연금수급 요건을 갖추지 못하거나 일시금 수급을 원하는 가입자에게 지급할 것

4) 운용관리업무 및 자산관리업무의 수행을 내용으로 하는 계약의 체결 및 해지, 해지에 따른 계약이전에 관한 사항

5) 확정급여형 퇴직연금 운용현황의 통지에 관한 사항[87]

---

86) 이 경우 가입기간은 퇴직연금의 설정 이후 당해 사업에서 근로를 제공한 기간으로 하되, 당해 퇴직연금의 설정 전에 제공한 근로기간에 대하여도 가입기간으로 할 수 있다.

87) 이 경우 매년 1회 이상 적립금액 및 운용수익률 등이 노동부령이 정하는 바에 따라 가입자에게 통지되어야 한다.

6) 가입자의 퇴직 등 급여지급 사유발생과 급여의 지급절차에 관한 사항

7) 퇴직연금의 폐지 · 중단에 관한 사항[88)]

(4) 양제도의 차이점

구 분	확정급여형	확정기여형
개 념	• 노사간 사전에 연금급여의 수준 약정 • 사용자의 적립부담은 적립금의 운용결과에 따라 변동 • 근로자가 일정한 연령에 달한 때에 약정에 따른 급여 지급	• 노사간 사전에 부담할 부담금 확정 • 근로자의 연금급여는 적립금 운용 결과에 따라 변동 • 근로자가 일정한 연령에 달한 때에 그 운용결과에 기초하여 급여 지급
금 액	• 현행 퇴직금과 동일, 다만, 4인 이하는 재정건전성 확보 위해 대통령령에 규정	• 근로자별 연간 임금총액의 1/12 이상 부담
적립금 운용주체	• 사용자	• 근로자(적립금을 근로자책임으로 운용)
중도인출	• 제도의 성질상 인정 안됨	• 인정(주택구입 등 일정사유 발생시)
적합기업	• 연공급 임금체계를 가진 사업장	• 연봉제채택 또는 체불위험 높은 사업장

(5) 퇴직연금제도의 폐지 · 중단 시의 처리

퇴직연금제도가 폐지되거나 운영이 중단된 경우에는 폐지된 이후 또는 중단된 기간에 대하여는 퇴직금제도를 적용한다(제38조 제1항). 퇴직연금제도의 폐지 또는 운영의 중단으로 인하여 가입자가 급여를 지급받은 경우에는 중간정산되어 지급받은 것으로 본다(동조 제5항).

(6) 10인 미만 사업에 대한 특례

1) 상시 10명 미만의 근로자를 사용하는 사업의 경우 제4조제1항 및 제5조에도 불구하고 사용자가 개별 근로자의 동의를 받거나 근로자의 요구에 따라 개인형퇴직연금제도를 설정하는 경우에는 해당 근로자에 대하여 퇴직급여제도를 설정한 것으로 본다.(제25조 제1항). 상시 10인 미만의 영세기업의 경우에는 퇴직급여제도를 설정하는 것은 절차가 복잡하고, 많은 비용이 소요되므로 그 설정에서 근로자대표의 동의를 전제로 인정된다.

2) 법 제24조에서 인정하는 개인형 퇴직연금제도는 근로자 본인이 적립금을 부담하는데 반해서,

88) 이 경우 폐지 · 중단사유 등이 명시되어야 한다.

법 제25조에서 인정하는 상시 10인 미만 사업 내 개인형 퇴직연금제도는 사용자가 부담하고 이를 적립하는데 주된 차이가 있다.

3) 개인퇴직계좌를 설정하는 경우에는 다음 각 호의 사항이 준수되어야 한다(동조 제2항).

① 사용자가 퇴직연금사업자를 선정하는 경우에 개별 근로자의 동의를 받을 것. 다만, 근로자가 요구하는 경우에는 스스로 퇴직연금사업자를 선정할 수 있다.

② 사용자는 가입자별로 연간 임금총액의 12분의 1 이상에 해당하는 부담금을 현금으로 가입자의 개인형퇴직연금제도 계정에 납입할 것

③ 사용자가 부담하는 부담금 외에 가입자의 부담으로 추가 부담금을 납입할 수 있을 것

④ 사용자는 매년 1회 이상 정기적으로 제2호에 따른 부담금을 가입자의 개인형퇴직연금제도 계정에 납입할 것. 이 경우 납입이 지연된 부담금에 대한 지연이자의 납입에 관하여는 제20조제3항 후단 및 제4항을 준용한다.

⑤ 그 밖에 근로자의 급여 수급권의 안정적인 보호를 위하여 대통령령으로 정하는 사항

Chapter 5

근로시간

제1절 근로시간 총설

Ⅰ. 근로시간의 의의

1. 의의

(1) 근기법상 근로시간이란 근로자가 사용자의 지휘 · 감독아래 근로계약상의 근로를 제공하는 시간을 말한다. 근로를 하지 않고 대기하는 시간의 경우에는 근로자가 그 시간을 자유롭게 이용할 수 있는 지의 여부에 따라 구체적으로 판단하여야 할 것이다.[89)]

(2) 근로시간은 작업의 개시로부터 종료까지의 시간에서 휴게시간을 제외한 시간, 즉 실근로시간[90)]을 말한다.

2. 법 규제의 제도적 의의

근기법의 근로시간에 대한 규제의 의의는 적정한 근로시간을 보장함으로써 근로자의 신체적 · 정신적 피로의 회복을 통하여 근로의욕을 향상시키며 또한 사회적 · 문화적 활동의 참가를 통하여 자신의 능력을 계발함으로써 인간다운 생활을 영위하게 하는 데 있다.

3. 입법례

(1) 소련이 1919년 최초로 8시간 근로제를 시행하였고, ILO 제1회 총회(1919년)에서 1일 8시간, 1주 48시간 근로제를 채택하였다.

(2) ILO기준은 생활수준의 저하를 초래하지 아니하는 방법으로 주 40시간제를 채택(제47호 조약)하고 있으며, 미국, 영국, 프랑스 등 대부분의 선진국은 물론 중국, 인도네시아, 세네갈, 카메룬 등 상당수의 개발도상국가에서도 주 40시간제 시행하고 있다.

(3) 다만, 연소근로자의 근로시간 제한에 관하여는 ILO기준 및 대부분 국가에서 별도의 규정을 두고 있는 것은 아니다.

Ⅱ. 기준근로시간

89) 대판 1993. 5. 27, 92다24509.

90) 작업지시를 받거나 시업전에 기계점검시간, 정리정돈, 교대 · 인수 · 인계 등도 통상적 업무에 종사한 것으로 보아 근로시간에 산입될 수 있으나(대판 1993. 5. 27, 92다24509), 갱내에서의 식사 · 휴식시간과 입 · 출갱시간은 근로시간에서 제외된다(대판 1993. 3. 9, 92다22770 등).

1. 원칙

(1) 법 규정

1) 성인근로자

> 제50조 (근로시간) ① 1주 간의 근로시간은 휴게시간을 제외하고 40시간을 초과할 수 없다.
> ② 1일의 근로시간은 휴게시간을 제외하고 8시간을 초과할 수 없다
> ③ 제1항 및 제2항에 따른 근로시간을 산정함에 있어 작업을 위하여 근로자가 사용자의 지휘 · 감독 아래에 있는 대기시간 등은 근로시간으로 본다.

2) 연소근로자

> 제69조 (근로시간) 15세 이상 18세 미만인 자의 근로시간은 1일에 7시간, 1주일에 40시간을 초과하지 못한다. 다만, 당사자 사이의 합의에 따라 1일에 1시간, 1주일에 6시간을 한도로 연장할 수 있다.

연소근로자의 경우 성인근로자의 1주당 근로시간을 44시간[91]에서 40시간으로 축소됨에 따라 이에 맞추어 1주 42시간[92]에서 40시간으로 조정하였다.

(2) 내 용

1) 1일의 기준

1일은 역일의 1일을 의미하므로 오전 0시부터 오후 12시까지를 가리킨다. 그러나 하나의 근로가 2일에 걸쳐 계속적으로 행하여지는 경우에는 역일을 달리해도 1근무로 보아 8시간 제한규정을 적용한다.

2) 1주의 기준

1주일이라고 하는 것은 「7일간」으로 새기면 될 것이고, 반드시 「일요일부터 토요일까지」라고 해석할 필요는 없을 것이다.

Ⅲ. 유해 · 위험작업에 있어서의 근로시간

1. 법 규정

91) 제50조 [근로시간] ① 1주간의 근로시간은 휴게시간을 제하고 44시간을 초과할 수 없다. ② 1일의 근로시간은 휴게시간을 제하고 8시간을 초과할 수 없다.

92) 제69조 [근로시간] 연소자의 근로시간은 1일 7시간, 1주일 42시간을 초과하지 못한다. 다만, 당사자간의 합의에 의하여 1일 1시간, 1주일에 6시간을 한도로 연장할 수 있다.

사업주는 유해 또는 위험한 작업으로서 대통령령이 정하는 작업에 종사하는 근로자에 대하여는 1일 6시간, 1주 34시간을 초과하여 근로하게 하여서는 아니된다(산안법 제46조).

2. 취 지

유해 · 위험한 작업은 작업환경 또는 성질의 특수성으로 말미암아 일반근로에 비하여 근로자의 건강에 미치는 영향이 클 뿐더러 재해발생과 직업병을 유발할 가능성이 많기 때문에 이러한 작업에 종사하는 근로자는 특별한 보호대상이 된다.

3. 유해 · 위험작업의 내용

유해 · 위험한 작업으로서 대통령령이 정하는 작업은 산업안전보건법(이하 “산안법”이라 함) 시행령 제33조에서 구체적으로 명시하고 있는 바, 「잠함 · 잠수작업 등 고기압 하에서 행하는 작업」으로 하고 있다.

4. 유해 · 위험작업의 기준근로시간

(1) 유해 · 위험작업에 있어서는 「1일 6시간, 1주일 34시간」을 기준으로 한다. 1일 6시간의 작업시간이란 휴식시간을 제외한 실근로시간을 말한다.

(2) 법 개정으로 갱내근로가 유해 · 위험작업에서 제외되었으며, 따라서 갱내근로도 기준근로시간이 1일 6시간이라는 제한을 받지 않으며, 입 · 출갱시간 또한 근로시간에 포함하여야 하지만 판례는 부정한다.[93]

Ⅳ. 임산부인 여성과 연소근로자의 근로시간

1. 여성근로자의 근로시간

(1) 기준근로시간

18세 이상의 여성근로자의 기준근로시간도 법 제50조가 적용되어 1일에 8시간, 1주간에 40시간이다.

(2) 연장근로시간의 제한

93) 대판 1993. 3. 9, 92다22770 등

사용자는 산후 1년이 지나지 아니한 여성에 대하여는 단체협약이 있는 경우라도 1일에 2시간, 1주일에 6시간, 1년에 150시간을 초과하는 시간외근로를 시키지 못한다(제71조). 또한 임신 중인 여성근로자에게 시간외근로를 하게 하여서는 아니되며 그 근로자의 요구가 있는 경우에는 쉬운 종류의 근로로 전환하게 하여야 한다(제74조 제4항).

(3) 여성과 18세 미만자의 야간근로 · 휴일근로

제70조 (야간근로와 휴일근로의 제한) ① 사용자는 18세 이상의 여성을 오후 10시부터 오전 6시까지의 시간 및 휴일에 근로시키려면 그 근로자의 동의를 받아야 한다.
② 사용자는 임산부와 18세 미만자를 오후 10시부터 오전 6시까지의 시간 및 휴일에 근로시키지 못한다. 다만, 다음 각 호의 어느 하나에 해당하는 경우로서 고용노동부장관의 인가를 받으면 그러하지 아니하다.
1. 18세 미만자의 동의가 있는 경우
2. 산후 1년이 지나지 아니한 여성의 동의가 있는 경우
3. 임신 중의 여성이 명시적으로 청구하는 경우
③ 사용자는 제2항의 경우 고용노동부장관의 인가를 받기 전에 근로자의 건강 및 모성 보호를 위하여 그 시행 여부와 방법 등에 관하여 그 사업 또는 사업장의 근로자대표와 성실하게 협의하여야 한다.

야간 및 휴일근로는 인간의 일상적인 생활리듬에 역행하는 것이기 때문에 가능한 한 피하여야 할 것이며, 특히 임산부인 여성과 연소자에 대하여는 성인근로자에 비하여 신체적 조건이 불리하므로 충분한 휴식을 주어야 하므로 이를 원칙적으로 금지하고 있다.

2. 연소근로자의 근로시간

(1) 기준근로시간

1) 기준근로시간의 내용

15세 이상 18세 미만자의 근로시간은 1일에 7시간, 1주에 40시간을 초과하지 못한다(제69조 본문).

2) 근로시간을 제한하는 취지

연소근로자에 대한 근로시간을 제한하는 취지는 이들이 신체적으로나 도덕적으로 성인 근로자와는 구별되어야 할뿐만 아니라, 나아가서는 미성숙한 노동력을 보호하기 위한 것이다. 헌법 제32조 제4항, 제5항은 여성과 연소근로자에 대한 특별보호를 규정하고 있다.

3) 연소근로자에 대한 근로시간규제

연소근로자에 대하여는 업종별 변형근로시간제의 규정(제59조)은 적용될 수 없다. 또한 본조에 위반하는 경우에는 벌칙이 적용된다(제110조 제1항).

(2) 기준근로시간의 예외

1) 합의연장근로

당사자 사이의 합의에 따라 1일에 1시간, 1주일에 6시간을 한도로 연장할 수 있다(제69조 단서).

2) 특별연장근로(인가연장근로)

연소근로자에 대해서도 법 제53조 제3항의 규정을 적용하여도 특별보호의 취지에 배치된다고는 할 수 없을 것이다. 따라서 동 규정에 의한「특별한 사정」과 본인의 동의 및 고용노동부장관의 인가를 얻은 경우에는 연장근로가 가능하다고 본다.

3) 근로시간규제의 예외

연소근로자의 근로시간에 관한 규정에 대해서도 법 제63조(근로시간 · 휴게 · 휴일의 적용제외)가 적용된다.

V. 근로시간의 탄력적 운용

1. 서설

(1) 고도의 산업사회에서 필연적으로 수반되는 생산과정의 기계화 · 자동화가 진행되는 과정 속에서 이에 대응하기 위한 변형근로나 야간근로 등이 필요하게 되었다.

(2) 그리하여 노동력의 비생산적 낭비를 줄이고 그 효율적 사용을 위해서 경직적인 근로시간제를 유연화 하여 근로시간의 신축적인 운용이 가능하도록 하였다.

2. 단시간 근로시간제

(1) 의의

① "단시간근로자"란 1주 동안의 소정근로시간이 그 사업장에서 같은 종류의 업무에 종사하는 통상 근로자의 1주 동안의 소정근로시간에 비하여 짧은 근로자를 말한다(제2조 제1항 제8호).
② 여기에서 "소정근로시간"이란 제50조, 제69조 본문 또는「산안법」제46조에 따른 근로시간의 범위에서 근로자와 사용자 사이에 정한 근로시간을 말한다(동조 제1항 제7호).

(2) 단시간근로자의 근로조건

1) 비례보호원칙

단시간근로자의 근로조건은 그 사업장의 같은 종류의 업무에 종사하는 통상근로자의 근로시간을 기준으로 산정한 비율에 따라 결정되어야 한다(제18조 제1항).

① 단시간근로자의 법적 보호와 고용활성화를 동시에 달성하기 위하여 비례보호원칙을 명시한 것이다.
② ILO「파트타임근로협약」에서도 파트타임의 정의와 비례보호원칙을 규정하고 있다.

2) 적용배제

4주 동안(4주 미만으로 근로하는 경우에는 그 기간)을 평균하여 1주 동안의 소정근로시간이 15시간 미만인 근로자에 대하여는 제55조와 제60조를 적용하지 아니한다(제18조 제3항).

① 소정근로시간이「뚜렷하게 짧아」법상의 근로조건보장 취지에 비추어 관련 조항을 적용하는 것이 오히려 바람직하지 않은 경우에는 단시간근로자의 고용활성화를 위하여 일부조항의 적용을 배제할 수 있도록 한 것이다.
② 적용배제조항은 제55조 주휴일과 제60조 연차유급휴가 이다. 참고적으로 퇴직급여에 관한규정도 적용, 배제된다(퇴직급여보장법 제4조 제1항).

3) 단시간근로자의 근로조건 결정기준 등에 관한 사항(영 제9조 제1항)

① 근로계약의 체결
㉠ 사용자는 단시간근로자를 고용할 경우에 임금, 근로시간, 그 밖의 근로조건을 명확히 적은 근로계약서를 작성하여 근로자에게 내주어야 한다.
㉡ 단시간근로자의 근로계약서에는 계약기간, 근로일, 근로시간의 시작과 종료 시각, 시간급 임금, 그 밖에 고용노동부장관이 정하는 사항이 명시되어야 한다.
② 임금의 계산
㉠ 단시간근로자의 임금산정 단위는 시간급을 원칙으로 하며, 시간급 임금을 일급 통상임금으로 산정할 경우에는 나목에 따른 1일 소정근로시간 수에 시간급 임금을 곱하여 산정한다.
㉡ 단시간근로자의 1일 소정근로시간 수는 4주 동안의 소정근로시간을 그 기간의 통상 근로자의 총 소정근로일 수로 나눈 시간 수로 한다.
③ 초과근로
㉠ 사용자는 단시간근로자를 소정 근로일이 아닌 날에 근로시키거나 소정근로시간을 초과하여 근로시키고자 할 경우에는 근로계약서나 취업규칙 등에 그 내용 및 정도를 명시하여야 하며, 초과근로에 대하여 통상임금의 100분의 50 이상의 가산임금을 지급하여야 한다.
㉡ 사용자는 근로자와 합의한 경우에만 초과근로를 시킬 수 있다.
④ 휴일 · 휴가의 적용
㉠ 사용자는 단시간근로자에게 주휴일을 주어야 하며, 사용자는 단시간근로자에게 연차유급휴가를 주어야 한다. 이 경우 유급휴가는 다음의 방식으로 계산한 시간단위로 하며, 1시간

미만은 1시간으로 본다.

※ 통상근로자의 연차휴가일수 × (단시간근로자의 소정근로시간 ÷ 통상근로자의 소정근로시간) × 8

㉡ 사용자는 여성인 단시간근로자에 대하여 생리휴가 및 산전후휴가를 주어야 하며, 주휴일과 생리휴가 및 산전후휴가의 경우에 사용자가 지급하여야 하는 임금은 일급 통상임금을 기준으로 하고 연차유급휴가의 경우에 사용자가 지급하여야 하는 임금은 시간급을 기준으로 한다.

⑤ 취업규칙의 작성 및 변경

㉠ 사용자는 단시간근로자에게 적용되는 취업규칙을 통상근로자에게 적용되는 취업규칙과 별도로 작성할 수 있다. 단시간근로자에게 적용되는 취업규칙을 작성 또는 변경하는 경우에는 법 제18조 제1항의 취지에 어긋나는 내용이 포함되어서는 아니 된다.

㉡ 취업규칙을 작성하거나 변경하고자 할 경우에는 적용대상이 되는 단시간근로자 과반수의 의견을 들어야 한다. 다만, 취업규칙을 단시간근로자에게 불이익하게 변경하는 경우에는 그 동의를 받아야 한다.

㉢ 단시간근로자에게 적용될 별도의 취업규칙이 작성되지 아니한 경우에는 통상 근로자에게 적용되는 취업규칙이 적용된다. 다만, 취업규칙에서 단시간근로자에 대한 적용을 배제하는 규정을 두거나 다르게 적용한다는 규정을 둔 경우에는 그에 따른다.

3. 탄력적 근로시간제

(1) 의의

업무량이 주기적으로 변하는 사업장에 있어서 업무량 증감에 탄력적으로 대처하고, 근로시간을 유연화하기 위하여 마련된 제도이다. 즉, 탄력적 근로시간제는 일정기간을 평균한 근로시간이 법정근로시간을 초과하지 않는 범위 내에서 특정일 또는 특정주의 근로시간을 탄력적으로 운용하는 제도이다.

(2) 요 건

1) 취업규칙에 의한 경우

사용자는 취업규칙(취업규칙에 준하는 것을 포함한다)에서 정하는 바에 따라 2주 이내의 일정한 단위기간을 평균하여 1주간의 근로시간이 40시간을 초과하지 아니하는 범위 에서 특정한 주에 40시간을, 특정한 날에 8시간을 초과하여 근로하게 할 수 있다. 다만, 특정한 주의 근로시간은 48시간을 초과할 수 없다(제51조 제1항).

2) 근로자대표와의 서면합의에 의한 경우

사용자는 근로자대표와의 서면합의에 따라 다음 각 호의 사항을 정하면 3개월 이내의 단위기간을 평균하여 1주간의 근로시간이 40시간을 초과하지 아니하는 범위에서 특정한 주에 40시간을, 특정한 날에 8시간을 초과하여 근로하게 할 수 있다. 다만, 특정주의 근로시간은 52시간을, 특정일의 근로시간은 12시간을 초과할 수 없다(제51조 제2항, 영 제30조 제1항).
(ㄱ) 대상근로자의 범위
(ㄴ) 단위기간(3개월 이내의 일정한 기간으로 정하여야 한다)
(ㄷ) 단위기간에 있어서의 근로일과 그 근로일별 근로시간
(ㄹ) 서면합의의 유효기간

1주 40시간제 도입에 따라 기업의 부담을 경감하고 근로시간을 효율적으로 활용할 수 있도록 탄력적 근로시간제 단위기간을 3개월로 확대하되, 법정근로시간 단축에 맞추어 특정주의 근로시간을 56시간에서 52시간으로 조정한 것이다.

(3) 적용배제

15세 이상 18세 미만의 근로자와 임신 중인 여성근로자에 대하여는 탄력적 근로시간제를 적용하지 아니한다(제51조 제3항).

(4) 임금보전

① 사용자는 탄력적 근로시간제에 의하여 근로자를 근로시킬 경우에는 기존의 임금수준이 낮아지지 아니하도록 임금보전방안을 강구하여야 한다(제51조 제4항).
② 고용노동부장관은 임금보전방안을 강구하기 위하여 필요한 경우에는 사용자에게 그 보전방안의 내용을 제출하도록 명하거나 이를 직접 확인할 수 있다(영 제30조 제2항).

4. 선택적 근로시간제

(1) 의의

1) 선택적 근로시간제란 일정한 정산기간 동안의 총 근로시간을 결정한 다음 근로자가 근로시간의 시작과 종료를 일정한 시간대에서 자유로이 선택하도록 하는 근무시간제도를 말한다.

2) 일반적으로 하루의 소정근로시간은 근로자가 반드시 사업장에서 모든 근로자와 함께 근무해야 하는 시간대와 근로자가 자유로이 결정할 수 있는 선택시간 대로 구분된다.

(2) 제도적 취지

선택적 근로시간제는 사용자에게 업무능률 향상이나 낭비적 작업시간의 감소 등의 효과가 있고,

근로자에게는 출 · 퇴근 편의나 여유 있는 사회생활 기회가 주어지는 등으로 하여 사회 전체적으로 볼 때 경제의 생산성을 증가시키려는데 그 취지가 있다.

(3) 내 용

사용자는 취업규칙(취업규칙에 준하는 것을 포함한다)에 따라 업무의 시작 및 종료 시각을 근로자의 결정에 맡기기로 한 근로자에 대하여 근로자대표와의 서면합의에 따라 다음 각 호의 사항을 정하면 1개월 이내의 정산기간을 평균하여 1주 간의 근로시간이 40시간을 초과하지 아니하는 범위에서 1주 간에 40시간을, 1일에 8시간을 초과하여 근로하게 할 수 있다(제52조).
① 대상근로자의 범위(15세 이상 18세 미만의 근로자를 제외한다)
② 정산기간(1월 이내의 일정한 기간으로 정하여야 한다)
③ 정산기간의 총 근로시간
④ 반드시 근로하여야 할 시간대를 정하는 경우에는 그 시작 및 종료시각
⑤ 근로자가 그의 결정에 따라 근로할 수 있는 시간대를 정하는 경우에는 그 시작 및 종료 시각
⑥ 표준근로시간(유급휴가 등의 계산기준으로 사용자와 근로자대표가 합의하여 정한 1일의 근로시간) (영 제 31조)

5. 교대근로제

(1) 의의

1) 개념

교대제 근로란 근로자들이 2개조 이상으로 조직하여 1일 근로를 두개 이상의 시간계열로 구분하여 일정한 기일마다 교대로 근로하는 변칙적 근로의 한 형태를 말한다.

2) 교대제근로를 실시하는 이유

① 용광로작업처럼 기업의 생산과정에서 일부의 공정을 정지시킬 수 없는 경우
② 공공적 성질이 농후한 전력 · 가스 · 수도 · 운수 · 전신전화업무
③기업경영의 합리화라는 관점에서 기업시설을 최대 가동코자 하는 경우 등

3) 기 능

① 순기능
㉠ 사용자에게 기업경영상 또는 채산성 높은 이윤을 가져다준다.
㉡ 공익적 견지에서 전기 · 급수 · 교통 등 여러 가지 편익을 제공한다.
㉢ 철강업 등 산업분야에서 불가피한 연속조업을 가능케 한다.

② 역기능
㉠ 근로자의 생체리듬의 혼란, 피로의 증대, 수면장애 등으로 건강장해를 초래한다.
㉡ 사회나 가족구성원으로서의 생활상의 조화에 부응할 수 없다.

(2) 법적 규제

1) 필요성

① 교대제는 공익상 · 기술상의 이유 또는 기업경영상의 이유에서 실시되고 있는 현실 하에서는 근로자 개인과 그의 가족들의 건강이나 생활에 미치는 역 기능도 고려할 필요성이 있다.

② 근기법에서는 근로시간 및 휴식시간의 특례에 관한 규정 등으로 간접적인 규제방법만 정해져있기 때문에 교대제 자체를 입법화시킨다든지, 근로시간 · 휴게 · 휴일 · 심야업 등의 규제를 하면서 동시에 교대제를 규제하는 등 입법론적 검토가 필요하다.

2) 조직방법

① 교대제근로에는 2조 2교대, 3조 2교대, 3조 3교대, 4조 3교대, 1주 야간교대제 등의 형태가 있는데, 2조 2교대제나 1주 야간교대제는 비록 당사자의 합의가 있다할지라도 현행법에 반하므로 허용되지 않는다.

② 3조 3교대제의 경우 변형근로제가 삭제된 현행법하에서는 특정조의 휴일을 위하여 다른 조가 연속적으로 근로하는 것을 정당화할 수 없다. 또한 연속 하여 24시간을 휴식하면 제55조의 주휴일이 된다.[94]

③ 4조 3교대제가 가장 바람직한 근로형태로서 각조가 전부 4일에 하루의 휴일을 취하게 되며 심야 근로에서 주간근로에의 급격한 시간적 변화도 지양시킬 수 있다.

(3) 가산임금의 지급

사용자는 교대제 근로라 하더라도 연장근로와 야간근로 또는 휴일 근로에 대하여는 통상임금의 100분의 50 이상을 가산하여 지급하여야 한다(제56조).

94) 1969. 6. 7, 기준 1455. 9-6327.

제2절 근로시간계산의 특례

Ⅰ. 근로시간 계산의 특례

1. 의의

근로시간 산정이 어려운 경우 일정 근로시간을 근로한 것으로 간주할 수 있도록 함으로써 근로시간 산정과 임금계산을 둘러싼 분쟁의 소지를 사전에 제거하고 또한 신기술의 연구개발업무 등 전문직 업무종사자는 업무수행을 재량에 맡김으로써 창의성을 발휘하고 근로 시간보다 질을 중시하는 풍토를 조성하기 위하여 새로이 마련된 제도이다.

2. 출장근로

근로자가 출장이나 그 밖의 사유로 근로시간의 전부 또는 일부를 사업장 밖에서 근로하여 근로시간을 산정하기 어려운 경우에는 소정근로시간을 근로한 것으로 본다. 다만, 그 업무를 수행하기 위하여 통상적으로 소정근로시간을 초과하여 근로할 필요가 있는 경우에는 그 업무의 수행에 통상 필요한 시간을 근로한 것으로 본다(제58조 제1항). 그러나 그 업무에 관하여 근로자대표와의 서면합의를 한 경우에는 그 합의에서 정하는 시간을 그 업무의 수행에 통상 필요한 시간으로 본다(동조 제2항).

3. 재량근로

① 업무의 성질에 비추어 업무수행방법을 근로자의 재량에 위임할 필요가 있는 업무로서 대통령령이 정하는 업무는 사용자가 근로자대표와 서면합의로 정 한 시간을 근로한 것으로 본다. 이 경우 그 서면합의에는 다음 각 호의 사항을 명시하여야 한다(제58조 제3항).
1. 대상 업무
2. 사용자가 업무의 수행수단 및 시간배분 등에 관하여 근로자에게 구체적인 지시를 하지 아니한다는 내용
3. 근로시간의 산정은 그 서면합의로 정하는 바에 따른다는 내용

② 대통령령이 정하는 업무란 다음에 해당하는 업무를 말한다(영 제33조).
1. 신상품 또는 신기술의 연구개발이나 인문사회과학 또는 자연과학분야의 연구업무
2. 정보처리시스템의 설계 또는 분석업무
3. 신문 · 방송 또는 출판사업에 있어서 기사의 취재 · 편성 또는 편집업무
4. 의복 · 실내장식 · 공업제품 · 광고 등의 디자인 또는 고안업무
5. 방송프로 · 영화 등의 제작사업에 있어서 프로듀서 또는 감독업무

6. 그 밖에 고용노동부장관이 정하는 업무

근기법상 '근로자대표와의 서면합의'가 유효요건인 경우(1주 40시간의 법정근로시간제가 적용되는 사업장의 경우)로는 상기 근로시간 계산의 특례(제58조 제3항) 외에 3월 단위 탄력적 근로시간제(제51조 제2항), 선택적 근로시간제(제52조), 보상휴가제(제57조), 근로시간 및 휴게시간의 특례(제59조),유급휴가의 대체(제62조) 등이 해당되지만, 법정근로시간에 대한 연장근로의 합의(제53조 제1항)는 근로자개인과의 합의 또는 근로자개인의 합의권을 박탈하지 않는 범위에서 노동조합 또는 노사협의회 등 근로자단체도 할 수 있다.

Ⅱ. 업종별 변형근로시간제(근로시간 및 휴게의 특례)

1. 서설

근로시간제와 관련하여 근기법은 주 40시간 근로제(제50조) 및 휴게제도(제54조)의 원칙을 적용하지 않는 예외적인 업종을 지정하고 있다(제59조). 그 이유는 근로시간 및 휴게시간의 특례가 필요한 업종에 대하여 주12시간의 연장근로 한도를 초과할 수 있도록 함으로써 이와 같은 업종에 있어서의 근로시간 운영실태에 부응하도록 하기 위한 것이다.

2. 요건

(1) 특례가 인정되는 사업(제59조 각 호)

① 운수업, 물품판매 및 보관업, 금융보험업
② 영화제작 및 흥행업, 통신업, 교육연구 및 조사사업, 광고업
③ 의료 및 위생사업, 접객업, 소각 및 청소업, 이용업
④ 그 밖에 공중의 편의 또는 업무의 특성상 필요한 경우로서 대통령령이 정하는 사업
→ 사회복지사업(영 제34조)

(2) 서면합의

사용자는 근로자대표와 서면합의를 하여야 한다. 근로자대표와의 서면합의를 요하기 때문에 근로자 개개인과의 합의는 아무런 효력을 발생하지 아니한다.

3. 근로시간의 특례

(1) 법 제53조 제1항의 규정에 의한 주 12시간을 초과하여 연장근로를 하게 할 수 있다.

(2) 법 제59조는 명문으로 법 제53조 제1항(합의연장근로)의 규정에 의한 연장근로에 대한 특례라고 규정되어 있으므로, 연소근로자나 산안법상의 유해 · 위험작업에는 적용되지 않는다.

4. 휴게시간의 특례

「휴게시간을 변경할 수 있다」는 것은 법 제54조의「근로시간이 4시간인 경우에는 30분 이상, 8시간인 경우에는 1시간 이상의 휴게시간」을 필요에 따라 변경할 수 있다는 것이지, 휴게시간 자체를 주지 않아도 좋다거나 단축할 수 있다는 의미로 해석할 수 없다.

Ⅲ. 근로시간 · 휴게 · 휴일의 적용제외

1. 서설

(1) 의의

법 제4장과 제5장에서 정한 근로시간, 휴게와 휴일에 관한 규정은 다음 각 호에 열거하는 특별한 사업과 근로자에 대하여서는 적용하지 아니한다(제63조).

① 토지의 경작, 개간, 식물의 재식, 재배, 채취사업 그 밖의 농림사업
② 동물의 사육, 수산동식물의 채포, 양식 산업 그 밖의 축산, 양잠, 수산사업
③ 감시 또는 단속적으로 근로에 종사하는 자로서 사용자가 고용노동부장관의 승인을 얻은 자
④ 대통령령이 정한 업무(사업의 종류에 관계없이 관리 · 감독 업무 또는 기밀을 취급하는 업무(영 제 36조)에 종사하는 자

(2) 입법취지

근기법은 모든 사업과 근로자에게 적용되는 것이 원칙이나 사업의 성질 또는 업무의 특수성으로 인하여 근로시간 등에 대한 제반규정의 적용이 적합하지 않은 경우가 있다. 즉 근로시간이 기후나 기상 등의 자연적 조건에서 영향을 받아 이를 정할 수 없거나, 단속적인 근로와 같이 휴식 · 휴일이 별도로 필요하지 않는 업종 또는 업태에 대응하기 위하여 이와 같은 규정을 둔 것이다.

2. 적용 제외되는 사업과 근로자

(1) 농수산업에 종사하는 근로자

농림사업과 축산, 양잠 및 수산사업은 기후, 기상 등의 자연조건에 크게 영향을 받는 1차 산업이기 때문에 근로시간 및 휴게, 휴일제를 획일적으로 적용한다는 것은 타당하지 않기 때문에 규제의 예외를 인정하고 있다.

(2) 감시 또는 단속적 근로에 종사하는 근로자

1) 감시 또는 단속적인 근로에 종사하는 자에 대하여 근로시간 등의 규정의 적용을 제외하는 것은 이러한 근로자가 종사하는 업무에 있어서는 다른 근로자의그것에 비하여 노동력의 밀도가 낮고 신체적 피로나 정신적 긴장이 적기 때문이다.

2)「감시적 근로에 종사하는 자」란 원칙적으로 일정부서에서 감시하는 것을 본래의 업무로 하고, 상태적으로 또는 정신상 피로가 적은 업무에 종사하는 자를 말한다.

3)「단속적 근로에 종사하는 자」란 원칙적으로 근로의 형태가 간헐적 · 단속적으로서 휴게시간 또는 대기시간이 많은 작업에 종사하는 자를 말한다. 그러나「유해 · 위험작업에 종사하는 근로자」는 감시 또는 단속적인 근로에 종사하는 자의 범위에서 제외된다.

4) 감시 및 단속적 근로와 다른 일반근로와의 차이를 구분하는 것은 쉬운 일이 아니며, 명확한 기준도 없기에 근로시간규제에 대한 예외의 요건으로서「고용노동부장관의 승인」을 얻도록 하고 있다. 판례는 노동위원회(현행법 고용노동부장관)에 승인신청을 하는데 있어서 노동조합 또는 근로자의 동의를 요하는 것은 아니라고 한다.[95]

(3) 대통령령이 정한 업무에 종사하는 근로자

1) 법 제63조 4호에서「대통령령이 정한 업무」란 사업의 종류에 불구하고 관리 · 감독업무 또는 기밀을 취급하는 업무를 말한다(영 제36조).

2)「관리 · 감독업무에 종사하는 근로자」란 기업 내의 형식적 명칭과는 관계없이 근로조건의 결정 그 밖에 노무관리에 있어서 사용자와 일체적 지위에 있으면서 출 · 퇴근 등에 있어서 엄격한 제한을 받지 않는 자를 말한다.

3)「기밀을 취급하는 업무에 종사하는 근로자」란 비서와 같이 그 직무가 사업의 기밀사무를 취급하고 그 지위가 경영자 또는 관리직의 지위에 있는 자의 활동과 일체불가분의 관계에 있고 그의 출 · 퇴근 등에 있어서 엄격한 제한을 받지 않는 자를 말한다.

3. 적용제외의 범위

(1) 법 제63조에 따라 적용의 제외를 받는 것은 제4장 및 제5장에서 정하는 근로시간 · 휴게 및 휴일에 관한 규정이다.

(2) 따라서 법 제50조(법정근로시간) · 제54조(휴게) · 제55조(휴일) · 제59조(근로시간 등의 특례)는 적용되지 않으며, 제53조 · 제56조 중 연장근로 및 휴일근로에 관한 부분, 제69조(연소자 근로시간)와 제71조(여성근로자의 시간외근로)도 그 적용에서 제외된다.

(3) 그러나 야간근로는 근로시간에 포함되지 않는다고 해석되기 때문에 야간근로에 대한 가산임금

---

95) 대판 1999. 5. 28, 99다2881.

의 지급(제56조), 야간근로금지(제70조)에 관한 규정은 포함되지 않는다.[96] 또한 제도상의 취지를 달리하는 연차유급휴가(제60조)의 규정도 본조의 적용범위에 포함되지 않는다고 판단되나, 판례는 월차유급휴가(삭제됨)는 제4장의 근로시간 · 휴게와 휴일의 규정을 전제로 인정하고 있으므로 수산업근로자에 대하여는 동 휴가를 주지 않아도 된다고 본다.[97]

96) 서울민지판, 1991. 5. 2, 89가합60616.

97) 대판 1966. 6. 7, 66다592.

제3절 연장근로

Ⅰ. 연장근로(시간외근로)

1. 서 설

(1) 연장근로란 법이나 단체협약 또는 취업규칙에서 정한 기준근로시간을 초과하는 근로를 말하며, 시간외근로라고도 한다.

(2) 연장근로에는 합의연장근로, 인가연장근로, 연소자근로시간의 연장과 임산부의 시간외근로 등이 있으며, 또한 소위 법내연장근로가 있다.

(3) 근로시간을 규제하는 취지는 근로자의 건강과 문화생활을 확보하게 하려는 데 있으므로 연장근로는 극히 예외적 · 임시적인 조치로서 이용된다는 전제하에 허용되어야 한다.

2. 법내 연장근로

(1) 의의

실 근로시간이 근기법상의 근로시간보다 근로자에게 유리하게 정해진 경우(예컨대, 1일 7시간제)에 약정근로시간을 초과하여 법정근로시간 내인 8시간까지 근로시간을 연장하는 것을 법내연장근로 또는 법내초과근로라 한다.

(2) 연장근로의 합의

근로자가 근로계약에 따라 근로의무를 부담하는 근로시간은 단체협약이나 취업규칙에서 정한 법내근로시간이다. 따라서 근로자는 이 법내근로시간에 대한 근로의무만을 부담하게 되므로 그 시간을 초과하는 연장근로에 대해서는 비록 법정기준시간 내일지라도 단체협약 등에서 별도로 정함이 없는 한 근로자의 개별적인 동의가 있어야 한다.

(3) 가산금의 적용문제

법 제56조에 규정한 시간외근로란 법정기준근로시간을 초과하여 연장된 시간외근로를 말하므로 법내연장근로는 가산금이 지급되는 시간외근로에 해당되지 않는다는 것이 지금까지의 판례의 태도였으나 2014년 기간제 및 단시간 근로자의 보호등에 관한법률의 개정으로 법내 연장근로에 대하여도 가산임금을 지급해야 한다.

3. 합의연장근로

(1) 의의

합의연장근로란 근로자와 사용자의 합의에 의하여 기준근로시간을 연장한 근로를 말한다.

(2) 종류

1) 성인근로자

① 당사자 사이에 합의하면 1주간에 12시간을 한도로 제50조의 근로시간(1주 40시간, 1일 8시간)을 연장할 수 있다(제53조 제1항).

② 당사자 간에 합의하면 1주간에 12시간을 한도로 제51조(탄력적 근로시간제)의 근로시간을 연장할 수 있고, 1월 이내의 일정한 정산기간을 평균하여 1주간에 12시간을 초과하지 아니하는 범위 안에서 제52조(선택적 근로시간제)의 근로시간을 연장할 수 있다(동조 제2항).

2) 연소근로자

당사자 사이의 합의에 따라 1일에 1시간, 1주일에 6시간을 한도로 연장할 수 있다(제69조 단서).

3) 18세 이상의 임산부인 여성근로자

사용자는 산후 1년이 지나지 아니한 여성에 대하여는 단체협약이 있는 경우라도 1일에 2시간, 1주일에 6시간, 1년에 150시간을 초과하는 시간외의 근로를 시키지 못한다(제71조). 또한 사용자는 임신 중의 여성근로자에게 시간외근로를 하게 해서는 아니되며, 그 근로자의 요구가 있는 경우에는 쉬운 종류의 근로로 전환하여야 한다(제74조 제4항).

(3) 합의의 방법

1) 근로자 개인과의 합의

① 사용자와 근로자개인이 연장근로를 합의할 수 있다(통설 · 판례).[98]

② 연장근로의 합의에서 사전에 연장근로사유 · 근로일수를 서면으로 작성하여야 한다. 다만, 판례는 기간의 약정이 없는 연장근로계약도 유효하다고 본다.[99]

2) 근로자단체와의 합의

연장근로의 합의는 근로자개인의 동의권을 박탈하지 않는 범위에서 노동조합 또는 노사협의회 등 근로자단체도 할 수 있다.[100]

(4) 연장근로명령권행사의 근거와 한계

1) 근거

98) 이병태, p803 외.

99) 대판 2000. 6. 23, 98다54960.

100) 대판 1993. 12. 21, 93누5796.

① 사용자가 근로자에 대하여 연장근로명령권을 갖기 위해서는 근로자의 동의가 있어야 하는 바, 근로자의 개별적 · 구체적인 동의가 있는 경우 사용자는 당연히 연장근로명령권을 갖는다.

② 문제는 단체협약, 취업규칙 또는 근로계약에서의 일반적 · 포괄적 동의를 근거로 사용자는 연장근로명령권을 갖게 되느냐에 관하여 견해가 대립된다.

㉠ 일반적 · 포괄적동의설

단체협약 또는 취업규칙에서 시간외근로 의무를 규정하고 있는 이상 개개 근로자를 구속하여 연장근로의무가 구체화된다고 한다(다수설 · 판례[101]).

㉡ 개별적 합의설

단체협약이나 취업규칙의 일반적 · 포괄적 규정만으로는 연장근로를 시킬 수 없고 이러한 규정과는 별도로 사용자는 연장근로에 대해 그 때마다 근로자 개인과 합의를 하여야 한다고 한다.

2) 한계(적법성)

① 동의의 방법이 개별적 합의인 경우에는 그 합의가 근로자에게 불리하게 의제될 가능성이 배제되고, 집단적 합의인 경우에는 근로자의 자유의사가 배제되지 않아야 한다.

② 합의는 연장근로사유, 연장근로일수, 연장근로업무 및 유효기간이 정확히 기재된 서면에 의하여야 한다.

③ 명령권을 행사할 경우 권리남용을 해서는 아니 된다.

(5) 1주간 12시간의 한도와 1일 연장근로시간

1) 법 제53조 제1항에서는「1주간에 12시간을 한도」로 연장근로를 할 수 있다고만 규정하고 있을 뿐 1일의 최장근로시간에 대해서는 명문 규정이 없다.

2) 이에 관하여 행정해석은 1일 2시간을 초과하여 연장근로를 할 수 있다고 하여 성인근로자의 1일 연장근로시간의 제한을 인정하지 않는다. 다만, 연소근로자(제69조), 임산부인 여성근로자(제71조 및 제74조 제4항) 및 유해 · 위험작업에 종사하는 근로자(산안법 제46조)의 근로시간은 각각 그 규정에 의하여 제한된다.

3) 당사자 간의 합의가 있는 경우에는 1주간에 12시간을 한도로 제51조(탄력적 근로시간제)의 근로시간을 연장할 수 있으며, 제52조 제2호의 정산기간을 평균하여 1주간에 12시간을 초과하지 아니하는 범위 내에서 제52조(선택적 근로시간제)의 근로시간을 연장할 수 있다(제53조 제2항).

101) 대판 2000. 6. 23, 98다54960.

4. 인가연장근로

(1) 의의

사용자는 특별한 사정이 있으면 고용노동부장관의 인가와 본인의 동의를 받아 제1항과 제2항의 근로시간을 연장할 수 있다.다만, 사태가 급박하여 고용노동부장관의 인가를 받을 시간이 없는 경우에는 사후에 지체 없이 승인을 받아야 한다(제53조 제3항).

(2) 요 건

1) 특별한 사정이 있는 경우이어야 한다.

① 특별한 사정이란 천재 · 지변 그 밖에 이에 준하는 재해와 긴급 · 불가피한 사고로서 업무운영상 통상적으로 예상할 수 없는 경우를 말한다. 이러한 경우의 연장근로는 특별한 사정에 의하여「일시적 필요」가 있는 경우에만 허용되어야 한다.

② 또한 연장근로는「필요한 한도」를 넘어서는 안된다. 예컨대, 공장의 화재 · 수해 등에 있어 소화 작업 · 수방 작업 그 밖에 사후처리를 위한 작업 등은「필요한 한도」에 들어가나 복구를 위한 작업은 포함되지 않는다.

2) 사용자는 사전에 고용노동부장관의 인가와 본인의 동의를 얻어야 한다. 연장근로의 실질적 요건으로서 특별한 사정 외에, 형식적 요건으로서 원칙적으로 사전에 고용노동부장관의 인가와 본인의 동의를 받아야 한다.

3) 사태가 급박하여 사전인가를 얻을 수 없을 경우에는 지체 없이 사후승인을 받아야 한다. 고용노동부장관의 인가를 얻어 연장근로를 시킨다면 급박한 사태에 대응할 수 없어 연장근로의 목적을 달성할 수 없는 긴급한 상태를 말한다.

4) 연장할 수 있는 근로시간은 법 제53조 제1항과 제2항의 근로시간이다. 따라서 기준근로시간 1주 40시간과 당사자의 합의에 의해 연장할 수 있는 1주 12시간의 근로시간을 합친 1주 52시간의 근로시간보다 더 연장할 수 있다.

(3) 대휴명령

고용노동부장관의 사전인가를 받지 아니하고 행한 근로시간의 연장이 부적당하다고 인정하면 고용노동부장관은 그 후 연장시간에 상당하는 휴게시간이나 휴일을 줄 것을 명할 수 있다(제53조 제4항). 이와 같은 명령을 대휴명령이라 한다.

(4) 야간근로제한(제70조) 및 시간외근로(제71조)에의 적용여부

법에 의하여 특별보호를 받고 있는 임산부와 연소자에 대하여 인가연장근로의 적용여부에 관하여 견해의 대립이 있으나, 인가연장근로가 엄격한 요건 하에서 인정되는 잠정적인 조치라고 할 수 있으므로 산후 1년 미만 여성이나 연소근로자에 대해서도 인가연장근로를 적용하여도 특별보호의 취지에 배치된다고는 할 수 없을 것이지만, 다만 임신 중인 여성근로자는 시간외근로 자체가 금지되어 있으므로 적용할 수 없다.

5. 연장근로에 대한 특례

(1) 법 규정

1) 부칙 제4조 각호의 시행일(부칙 제5조에 따라 고용노동부장관에게 신고한 경우에는 적용일을 말한다)부터 3년간은 제53조 제1항 및 제59조 제1항의 규정을 적용할 때 "12시간"을 각각 "16시간"으로 본다(부칙 제6조 제1항).

2) 제1항을 적용할 때 최초의 4시간에 대하여는 제56조 중 "100분의 50"을 "100분의 25"로 본다(동조 제2항).

(2) 입법취지

1) 교대제 변경 등에 따른 기업의 인력난을 고려하여 한시적으로 기업의 경영부담을 완화해 주기 위한 것으로 근로시간 한도가 1주 56시간에서 52시간으로 축소되므로 이에 적응할 수 있는 한시적인 3년의 경과기간을 설정한 것이다.

2) 근로시간 단축을 조기에 도입한 사업장에 대해서도 적용된다.

Ⅱ. 가산금

1. 서설

(1) 의의

> 사용자는 연장근로(제53조 · 제59조 및 제69조 단서의 규정에 의하여 연장된 시간의 근로)와 야간근로(하오 10시부터 상오 6시까지 사이의 근로) 또는 휴일근로에 대하여는 통상임금의 100분의 50 이상을 가산하여 지급하여야 한다(제56조).

가산임금은 근로자가 통상적인 근로 이외의 근로를 한 경우 통상임금에 가산하여 지급하는 임금을 말한다.

(2) 취지

이는 기준근로시간제와 휴일제의 원칙을 유지하고 과중한 근로에 대한 정당한 보상을 하도록 함과 동시에 사용자에게 통상임금 이상의 과중한 임금을 부담케 하여 연장근로 등을 가급적으로 제한하려는 데 그 취지가 있다.

2. 가산임금의 적용

(1) 연장근로

1) 가산임금이 지급되어야 할 근로는 합의연장근로(제53조) · 인가연장근로(제58조), 업종별 변형근로제(제59조)와 연소자(제69조)의 연장된 시간외근로의 규정에 의하여 연장된 근로시간의 근로도 포함된다(통설).

2) 법 제63조에 의해 적용 제외되는 사업장에는 가산임금제는 적용되지 않는다. 또한 제59조(업종별 변형근로시간제)가 적용되는 사업장에는 주 기준시간을 초과하지 않는 경우에는 연장근로에 대하여 가산임금제가 적용되지 않는다.

관련 행정해석

근로기준법 제52조의 규정에 의한 연장근로의 제한은 1주간의 법정 기준근로시간 이외에 12시간을 초과하여 근무할 수 없다는 것으로서 휴일근로시간은 동조에서 정한 연장근로시간에는 포함되지 않는 것으로 보며, 사용자의 근무지시 없이 근로자가 자발적으로 소정근로시간 이외에 근무한 경우에는 근로기준법 제55조의 가산임금을 지급하지 않더라도 법위반으로 볼 수는 없음(1999.05.07, 근기68207-1036).

(2) 야간근로

1) 야간근로란 하오 10시부터 상오 6시까지 사이의 근로를 말한다.

2) 비록 소정 근로시간내의 근로라 할지라도 야간근로인 한 가산임금을 지급하여야 하며, 야간근로를 금지하고 있는 임산부와 연소자에 대하여 본인의 동의와 고용노동부장관의 인가를 얻어 야간근로를 시킨 경우(제70조)에도 가산임금은 지급된다.

3) 법 제63조에 규정된 근로자도 야간근로에 대한 가산임금은 지급되어야 한다고 본다.[102] 그러나 경비직 등 야간근로자에 대하여 처음부터 야간근로수당이 임금에 포함된 것이 명백한 경우에는 가산임금을 지급하지 않아도 무방하다.[103]

102) 대판 1990. 12. 26, 90다카13465.

103) 대판 1997. 4. 25 95다4056.

관련 행정해석

【질 의】 근로기준법 제45조에 의하면 하오 10시부터 상오 6시 사이에 근로하는 경우 통상임금의 50/100 이상을 가산지급하여야 한다고 규정된 바 야간근로시간의 범위를 산정함에 있어 다음과 같은 양설이 있어 질의함.
〈갑설〉 하오 10시부터 상오 6시까지 8시간을 근로하는 경우에만 가산임금을 지급함.
〈을설〉 근로자와 근로시간이 하오 10시부터 상오 6시까지의 시간중에 한시간이라도 걸쳐 있다면 그 시간분에 대하여 가산임금을 지급하여야 함.

【회 시】 근로기준법 제46조의 규정에 의한 야간근로는 하오 10시부터 상오 6시까지 사이의 근로를 의미하는 바, 근로시간의 일부 또는 전부가 이 시간대에 걸치는 경우, 그 부분은 야간근로로서 법에 정한 가산임금을 지급하여야 하므로 귀문 을설이 타당함(1992. 01. 25, 근기01254-128).

(3) 휴일근로

1) 가산임금을 지급하여야 할 휴일근로는 유급휴일과 무급휴일을 구별하지 않는다.

2) 무급휴일의 근로에 대해서는 당일의 통상임금과 50%의 가산임금을 합하여 150%가 지급되어야 하며, 유급휴일의 근로에 대해서는 유급으로 당연히 지급되어야 하는 통상임금과 당일의 근로에 대한 통상임금 및 그 가산임금을 합하여 250%가 지급되어야 한다.

3) 근기법에서 정한 유급휴일과 그 밖의 유급휴일 등이 중복되었을 경우에는 단체협약, 취업규칙 등에 다른 규정이 없는 한 하나의 휴일로 인정하면 무방하다.

(4) 가산사유의 중복

1) 가산임금 지급사유인 연장근로 · 휴일근로 및 야간근로 등이 서로 중복되는 경우 각각 가산금을 지급하여야 한다.[104)]

2) 따라서 연장근로나 휴일근로가 야간근로에 해당하는 경우 연장근로나 휴일근로에 대한 가산금 50%와 야간근로에 대한 가산금 50%를 합산하여 100%의 가산금을 지급하여야 한다. 또한 휴일근로와 연장근로가 중복되는 경우에도 마찬가지이다.

104) 대판 1991. 5. 14, 90다14089.

관련 행정해석

* 휴일근로와 시간외근로 중복 시 가산임금 산정방법
1. 1일 기준근로시간(8시간) 근로 시
   - 유급휴일 근로 시 임금지급률은 유급으로 당연히 지급되는 임금 100%와 당해일 근로의 대가 100% 및 휴일근로수당 50% 합산 지급
2. 1일 기준근로시간(8시간) 초과부분
   - 당해 근로에 대한 대가100%와 시간외 근로에 대한 할증 50% 및 휴일근로수당 50% 합산 지급 (1993. 05. 31, 근기01254-1099)

3. 가산임금의 계산방법

(1) 가산임금은 통상임금의 100분의 50 이상을 가산하여 지급하여야 한다.

(2) 가산임금의 기초가 되는 통상임금은 근로자에게 지급하는 기본급만을 의미하는 것이 아니라 법 제18조의 임금에 해당되는 모든 금액을 말한다.

(3) 지급사유가 중복되어 일부가산금은 초과 지급되고 다른 일부 가산금은 과소 지급된 경우 특별한 사정이 없는 한 초과 지급된 만큼 지급되지 않은 부분에 충당한 것으로 본다.

4. 보상휴가제

(1) 사용자는 근로자대표와의 서면합의에 따라 법 제56조의 규정에 의한 연장근로 · 야간근로 및 휴일근로에 대하여 임금을 지급하는 것에 갈음하여 휴가를 부여할 수 있다(제57조). 노사의 서면합의에 의하여 자유롭게 연장 · 야간 · 휴일근로에 대해 임금지급에 갈음하여 근로의무에서 해방하는 보상휴가를 부여할 수 있도록 하는 하기 위해 신설된 것이다.

(2) 주40시간제가 유예된 사업장에 대해서는 가산임금에 보상휴가제도를 시행할 수 없다.

5. 위반의 효과

본 조는 강행규정이므로 비록 노사간의 합의로 가산임금을 지급하지 않기로 약정하였더라도 그 합의는 무효이고(제15조), 가산임금을 지급하지 않은 사용자는 처벌된다(제109조 제1호).

※ 근로시간제 유형별 규제주체

근거조문	근로시간제 유형	규제주체
제50조 ①	법정근로시간	근로기준법
제51조 ①	2주단위 탄력적근로시간제	사용자(취업규칙) – 신규도입 시 불이익변경으로 보아 근로자 동의 필요
제51조 ②	3개월단위 탄력적근로시간제	사용자 ↔ 근로자대표 서면합의
제52조	선택적 근로시간제	사용자 ↔ 취업규칙 + 근로자대표 서면합의
제53조 ① ②	합의연장근로	당사자간의 합의 (원칙) 사용자 ↔ 근로자 (예외) 사용자 ↔ 노동조합(단체협약)
제53조 ③	인가연장근로	사용자 ↔ 근로자동의 + 고용노동부 장관 인가
제58조	간주근로제/재량근로제	사용자 ↔ 근로자대표 서면합의
제59조	근로시간 및 휴게의 특례	사용자 ↔ 근로자대표 서면합의

Chapter 6

휴식

Ⅰ. 휴게

1. 의의

(1) 개념

제54조 (휴게) ① 사용자는 근로시간이 4시간인 경우에는 30분 이상, 8시간인 경우에는 1시간 이상의 휴게시간을 근로시간 도중에 주어야 한다.

② 휴게시간은 근로자가 자유롭게 이용할 수 있다.

휴게시간이란 근로자가 근로시간 중에 사용자의 지휘 · 감독으로부터 벗어나 자유로이 이용할 수 있는 시간을 말한다.

(2) 취지

근로시간이 장시간 계속되면 심신의 피로가 축적되고 작업능률이 저하될 뿐만 아니라 산업재해의 원인이 되므로, 근로시간의 도중에 적당한 휴게시간을 부여하여 근로자의 피로를 회복시키고 작업능률을 증진시키며 아울러 재해를 방지하기 위하여 마련된 제도이다.

(3) 구별개념

작업상 사정으로 대기하고 있는 대기시간, 물품이나 작업진행 등의 감시의무가 부여되고 있는 시간 등은 근로자가 사용자의 지휘감독권으로부터 완전히 이탈한 상태가 아닌 시간이므로 휴게시간이 아니다.

관련 행정해석

휴게시간과 대기시간

근로기준법상의 휴게시간이란 근로자가 근로시간의 도중에 사용자의 지휘명령으로부터 완전히 해방되고 또한 자유로운 이용이 보장된 시간을 의미하므로, 만일 시외버스 운전사의 대기시간이 근로기준법 소정의 휴게시간에 해당한다면 그 운행시간은 기준근로시간을 초과하지 않으나, 그렇지 않고 위 대기시간이 근로시간에 해당한다면 기준근로시간을 초과하게 되는 경우 이러한 기준근로시간을 초과하는 운행시간의 배차지시는 법령에 위반한 것으로서 정당한 작업지시라고 볼 수 없다(1992. 04. 14, 91다20548).

2. 휴게시간의 길이와 배치

(1) 휴게시간의 길이

1) 사용자는 근로시간이 4시간인 경우에는 30분 이상, 8시간인 경우에는 1시간이상의 휴게시간을 근로시간 도중에 주어야 한다.

2)「근로시간이 4시간인 경우」란 근로시간이 4시간을 경과한 때에는 바로 30분이상의 휴게시간을 주어야 한다는 것이 아니라 실근로시간의 총계가 4시간을 초과하여 8시간 미만인 경우에는 그 근로시간의 도중에 30분 이상의 휴게시간을 주어야 한다는 뜻이다. 근로시간이 8시간인 경우에도 동일하게 해석되어야 한다.

3) 근로가 둘 이상의 사업장에 걸친 경우에는 근로시간통산의 원칙에 따라 뒤에 사용하는 사업장에서 소정의 휴게시간을 줄 책임이 있다.

4) 근로시간 중 작업량이 현저히 적거나 없는 시간을 이용하여 법이 정한 휴게시간 이상의 장시간을 휴식케 하는 브레이크 타임제(크로스타임제)의 법 위반여부와 관련하여 법에서는 휴게시간의 최저기준만을 명시할 뿐 그 밖에 상한적 규제가 명시된 바 없으므로 이를 불법으로 보기 어렵다.[105]

(2) 휴게시간의 배치

1) 휴게시간은 반드시 근로시간의「도중」에 주어야 한다. 그러므로 시업시간과 종업시간의 도중에 주어야 하며, 시업 전 또는 종업 후에 주는 것은 허용되지 않는다.

2) 휴게시간의 분할여부에 관하여는 명문의 규정이 없으나, 원칙적으로 일시에 주어야 할 것이다(일제부여의 원칙). 휴게시간을 식사시간으로 사용하게 하는 것도 무방하다.[106]

3. 휴게시간의 자유이용의 원칙

(1) 의의

휴게시간은 근로자가 자유로이 이용할 수 있다. 이를 휴게시간 자유이용의 원칙이라고 한다.

(2) 휴게시간 자유이용의 한계

휴게시간은 근로자가 자유로이 이용할 수 있는 시간이기는 하지만 시업에서 종업까지의「구속시간」중의 시간이므로 절대적인 자유가 보장되는 것은 아니며 사용자로부터 일정한 제한을 받는다는 한계가 있다.

(3) 휴게시간중의 조합활동과 정치활동

1) 근로자가 휴게시간을 이용하여 조합활동의 일환으로서 유인물을 배포하는 행위 등은 다른 근

105) 1990. 11. 28, 감독 01254-6054.

106) 대판 1969. 3. 26, 근기14559-33714.

로자의 휴게를 방해하거나 구체적으로 직장질서를 문란하게 하는 것이 아닌 한 인정된다.[107)]

2) 휴게시간중의 근로자의 정치활동도 직장의 질서문란을 가져올 구체적 위험이 없는 한 당연히 보장되어야 한다.

관련판례

휴게시간 중 허가를 받지 않는 유인물 배포

단체협약에 유인물의 배포에 허가제를 채택하고 있다고 할지라도 노동조합의 업무를 위한 정당한 행위까지 금지시킬 수는 없는 것이므로 위 나항의 유인물 배포행위가 정당한가 아닌가는 허가가 있었는지 여부만 가지고 판단할 것은 아니고, 그 유인물의 내용이나 배포방법 등 제반사정을 고려하여 판단되어져야 할 것이고, 취업시간 아닌 주간의 휴게시간중의 배포는 다른 근로자의 취업에 나쁜 영향을 미치거나 휴게시간의 자유로운 이용을 방해하거나 구체적으로 직장질서를 문란하게 하는 것이 아닌 한 허가를 얻지 아니하였다는 이유만으로 정당성을 잃는다고 할 수 없다(1991.11.12, 91누4164).

4. 적용제외

(1) 법 제59조(업종별 변형근로시간제)에 의하여 휴게시간은 변경될 수 있다.

(2) 법 제63조(근로시간 등의 적용제외)에 정한 근로자에 대해서는 휴게에 관한 규정이 적용되지 않는다.

Ⅱ. 휴일

1. 서설

(1) 의의

제55조 (휴일) 사용자는 근로자에게 1주일에 평균 1회 이상의 유급휴일을 주어야 한다.

1) 휴일이란 사용자의 지휘 · 명령으로부터 완전히 벗어나 근로제공의무가 없는 날을 말한다.

2) 주휴일제는 종교상 안식일에서 유래한 바, ILO조약이나 각국의 입법례와는 달리 주휴제를 유급으로 하고 있다는 점에서 특색이 있다.

(2) 제도의 취지

주휴제는 근로자의 주중의 근로로 인한 피로를 회복하여 건강을 유지하고 여가의 선용을 통한 사회적 · 문화적 생활을 보장하기 위하여 마련된 제도이다.

107) 대판 1991. 11. 12, 91누4146.

(3) 구별개념

1) 휴일은 사용자의 지휘 · 명령으로부터 이탈된다는 점에서 연차유급휴가 또는 생리휴가와 유사하나, 연차유급휴가 등은 본래 근로일임에도 불구하고 근로제공의무가 면제되는데 대하여 휴일은 처음부터 근로제공의무가 없다는 점에서 구별된다.

2) 또한 원래 근무일이 아니라는 점에서 휴업일과도 구별된다. 따라서 휴일근로에서는 통상임금 이외에 가산금이 지급되지만(제56조), 휴가일근로에서는 가산금이 지급되지 않는다.[108)]

(4) 종 류

휴일은 법정휴일인 주휴일 및 근로자의 날과 단체협약 · 취업규칙 등에서 정하는 약정휴일이 있다.

2. 주휴제의 원칙

(1) 주 1회 이상의 유급휴일을 가질 수 있는 자

1) 1주일에 평균 1회 이상의 유급휴일을 가질 수 있는 자는 1주 동안의 소정근로일을 개근한 자에 한한다(영 제32조).

2) 근로자가 1주일 동안의 소정근로일수를 하루라도 결근한 경우에는 휴일에 대한 청구권이 상실되는 것이 아니라 유급으로 청구할 수 없지만 무급의 휴일청구권을 갖게 되는 것이다.[109)]

(2) 1주 평균 1회 이상의 휴일

1) 1주일에 평균 1회 이상의 휴일이란 1주일에 1일 이상의 휴일로서 24시간의 역일을 의미한다.[110)]

2) 그러나 작업의 기술상 또는 경영상의 사정으로 인하여 교대제 · 격일제 근로가 불가피한 경우에는 예외적으로 계속 24시간의 휴식을 준다면 본 조 위반이 되지 않는다고 해석된다.[111)]

---

108) 대판 1990. 12. 26, 90다카13465.

109) 대판 2004. 06. 25, 2002두2857.

110) 여기서 '1주일'이란 연속한 7일의 기간을 의미하는 것으로, 반드시 월력에 의한 일요일부터 토요일까지로 해야 하는 것은 아니다. 주휴일은 산정단위가 되는 1주일의 기간 중 평균 1일 이상 주면 되므로 반드시 주휴일간의 간격이 7일이 돼야 하는 것은 아니나 근로자의 건강 등을 고려해 가급적 규칙적으로 부여하는 것이 바람직하다(2001. 5. 12, 근기68207-1540).

111) 교대제, 격일제 등 일주일에 비번일 내지 휴무일이 2일 이상 되는 경우에는 이중 1일을 유급처리함으로써 주휴일에 대한 부담을 해소할 수 있다(2002. 08. 08, 근기68207-2663).

일용근로자에 대한 주휴부여요건과 주휴수당지급여부

근로기준법상의 주휴일은 1주간의 소정근로일수를 개근한 자에게 주도록 되어 있으므로 근로계약이 1일단위로 체결되어 1주간의 소정근로일수를 산정할 수가 없는 일용근로자에게는 원칙적으로 주휴일을 부여할 수 없음. - 그러나 주휴일의 부여 목적이 1주간의 근로로 인하여 축적된 근로자의 피로를 풀어주고 건강을 확보하게 하며, 여가의 이용을 가능케 하여 사회적 · 문화적 생활을 할 수 있도록 하는데 있으므로 일용근로자가 계속적으로 근로를 한다면 이 때에는 소정근로일수 대신 실근로일수를 기준으로 하여 1주일에 6일을 개근하였으면 주휴일을 부여하여야 함. 한편, 일용근로자의 경우 주휴수당을 포함하여 임금을 지급받기로 사전에 약정하지 않은 한 주휴수당은 임금과는 별도로 지급되는 것이므로 주휴일이 부여된 일용근로자에게는 임금과는 별도로 주휴수당을 지급하여야 한다(1997. 04. 02, 근기68207-424).

(3) 휴일의 특정

휴일을 어느 날에 주어야 하느냐에 대해서는 명문의 규정이 없다. 단체협약이나 취업규칙으로 정하는 것이 일반적이며, 반드시 일요일일 필요는 없다.

3. 휴일의 대체

(1) 휴일의 대체란 미리 휴일로 특정되어 있는 날에 근로를 시키고 대신 근로가 예정된 다른 날을 휴일로 하는 것을 말한다.

(2) 주휴일의 특정에 관하여 명문의 규정이 없으므로 단체협약이나 취업규칙 등에 특별한 사정이 있는 경우의 휴일의 대체가 규정되어 있거나 근로자의 동의를 얻은 경우에는 휴일의 대체를 할 수 있다고 본다. 이 경우 단체협약이나 취업규칙 등에 구체적으로 날짜가 정하여져야 하며 근로자의 동의도 구체적인 날짜를 정한 동의이어야 한다.[112)]

(3) 휴일의 대체의 경우에는 휴일 자체가 변경되어 버리기 때문에 휴일에 근로를 시켜도 휴일근로로 되지 않는다. 따라서 사용자는 휴일의 대체에 의한 근로에 대해서는 법 제56조의 가산임금을 지급할 필요가 없다.[113)]

4. 휴일의 적치사용

주휴일의 적치사용은 1주간의 근로제공으로 인해 축적된 근로자의 피로를 회복시킨다는데 주된 취지가 있는 만큼 주휴일의 적치사용은 인정되지 않는다.[114)]

112) 1990. 7. 10, 근기 01254-9675.

113) 대판 1991. 3. 22, 90다6545.

114) 1994. 5. 16, 근기68207-86.

5. 휴일근로와 가산임금

제56조 (연장 · 야간 및 휴일 근로) 사용자는 연장근로(제53조 · 제59조 및 제69조 단서에 따라 연장된 시간의 근로)와 야간근로(오후 10시부터 오전 6시까지 사이의 근로) 또는 휴일근로에 대하여는 통상임금의 100분의 50 이상을 가산하여 지급하여야 한다.

(1) 유급휴일에 근로한 경우에는 유급으로 당연히 지급되는 임금(100%)과 당해 휴일에 근로한 임금(100%)에 가산임금(50%)을 합한 임금(250%)을 지급하여야 한다.

(2) 무급휴일에 근로한 경우에는 휴일에 근로한 임금(100%)에 가산임금(50%)을 합한 임금(150%)을 지급하면 된다.

(3) 본 조의 유급주휴일과 다른 유급휴일이 중복되는 경우에는 단체협약 · 취업규칙 등에 특별한 규정이 없는 한 1일의 유급휴일로 보아야 할 것이다.[115] 왜냐하면 주휴일은 1주일에 평균 1회의 유급휴일을 실시하면 족하기 때문이다.

6. 예 외

(1) 법 제63조에 의하여 농업 · 수산업 등의 일정한 사업에 종사하는 근로자에 대하여는 본 조의 주휴일제가 적용되지 않는다.

(2) 법 제53조 제3항의 특별한 사정이 있는 경우에는 휴일근로를 시킬 수 있다고 본다. 다만 고용노동부장관의 인가와 본인의 동의를 얻어야 한다.

(3) 임산부 여성근로자와 연소자는 원칙적으로 휴일근로를 시킬 수 없으나, 그 근로자의 명시적 청구 또는 동의와 고용노동부장관의 인가를 얻은 경우에는 휴일근로를 시킬 수 있다(제70조).

115) 1999. 08. 18, 근기68207-2016.

Ⅲ. 연차유급휴가

1. 서설

(1) 의의

제60조 (연차 유급휴가) ①사용자는 1년간 80퍼센트 이상 출근한 근로자에게 15일의 유급휴가를 주어야 한다.

② 사용자는 계속하여 근로한 기간이 1년 미만인 근로자 또는 1년간 80퍼센트 미만 출근한 근로자에게 1개월 개근 시 1일의 유급휴가를 주어야 한다.

③ 사용자는 근로자의 최초 1년 간의 근로에 대하여 유급휴가를 주는 경우에는 제2항에 따른 휴가를 포함하여 15일로 하고, 근로자가 제2항에 따른 휴가를 이미 사용한 경우에는 그 사용한 휴가 일수를 15일에서 뺀다.

④ 사용자는 3년 이상 계속하여 근로한 근로자에게는 제1항에 따른 휴가에 최초 1년을 초과하는 계속 근로 연수 매 2년에 대하여 1일을 가산한 유급휴가를 주어야 한다. 이 경우 가산휴가를 포함한 총 휴가 일수는 25일을 한도로 한다.

⑤ 사용자는 제1항부터 제4항까지의 규정에 따른 휴가를 근로자가 청구한 시기에 주어야 하고, 그 기간에 대하여는 취업규칙 등에서 정하는 통상임금 또는 평균임금을 지급하여야 한다. 다만, 근로자가 청구한 시기에 휴가를 주는 것이 사업 운영에 막대한 지장이 있는 경우에는 그 시기를 변경할 수 있다.

⑥ 제1항부터 제3항까지의 규정을 적용하는 경우 다음 각 호의 어느 하나에 해당하는 기간은 출근한 것으로 본다.

1. 근로자가 업무상의 부상 또는 질병으로 휴업한 기간
2. 임신 중의 여성이 제74조제1항부터 제3항까지의 규정에 따른 휴가로 휴업한 기간

⑦ 제1항부터 제4항까지의 규정에 따른 휴가는 1년간 행사하지 아니하면 소멸된다. 다만, 사용자의 귀책사유로 사용하지 못한 경우에는 그러하지 아니하다.

연차유급휴가란 1년간 계속 근로한 근로자에 대하여 일정한 기간 유급으로 근로의무가 면제되는 날인 바, 개정법은 월차유급휴가 폐지하는 대신 1년간 80% 이상 출근시 15일의 연차유급휴가를 부여하고, 1년 미만인 근로자 또는 1년간 80퍼센트 미만 출근한 근로자에 대해서는 1월간 개근 시 1일의 휴가를 비례하여 부여하도록 하였다

(2) 취 지

이 제도는 근로자의 장기간의 근로로 인한 심신의 피로를 회복시키고 아울러 근로자에게 여가를 선용하여 사회적 · 문화적 시민생활을 누릴 수 있게 하려는 데 그 취지가 있다.

(3) 구별개념

1) 출산전 · 후휴가 또는 생리휴가는 출산과 생리라는 특정한 생활 사실을 전제로 한 여성의 특별보호라는 점에서 모든 근로자에게 그가 원하는 불확정한 시기에 주어지는 연차유급휴가와 구별된다.

2) 휴일은 원래 근로의무가 없는 확정일인데 반하여 연차유급휴가는 일정한 요건아래 근로의무로부터 해방되는 불확정기간이라는 점에서 구별된다.

2. 법적 성질

(1) 청구권설

근로자의 청구에 대하여 사용자가 이를 승낙하여야 연차유급휴가를 취득할 수 있다는 견해이다.

(2) 형성권설

연차유급휴가권은 시기와 종기를 특정한 근로자의 일방적인 의사표시에 의해서 성립한다는 견해이다. 다만 사용자의 시기변경권은「근로자가 청구한 시기에 휴가를 주는 것이 사업운영에 막대한 지장이 있는 경우에는」형성권의 효력발생을 소극적으로 저지할 수 있다.

(3) 시기지정권설(통설 · 판례)[116]

연차유급휴가권은 그 요건을 갖춘 때에 이미 성립하고 오직 근로자는 그 휴가의 구체적인 시기를 지정하는 데 그친다는 견해이다.

관련판례

연차유급휴가는 소속장의 허가를 얻어야 한다는 취업규칙의 규정

취업규칙에 휴가를 받고자 하는 자는 사전에 소속장에게 신청하여 대표이상의 승인을 득하여야 한다고 규정하고 있는 경우 이는 근로기준법 제48조 제3항이 규정하는 근로자의 휴가시기지정권을 박탈하기 위한 것이 아니라 단지 사용자에게 유보된 휴가시기변경권의 적절한 행사를 위한 규정이라고 해석되므로 위 규정을 위 근로기준법 규정에 위반되는 무효의 규정이라고 할 수 없고, 더구나 불특정다수인을 상대로 정기여객운송사업을 경영하는 운수회사의 경우 정기적이고 계속적인 여객운송계획이 확정되어 있고 정해진 시각에 예정된 차량운행이 순조롭게 이루어져야 하며, 만일 그 운행에 차질이 생길 때에는 운송사업 운영에 막대한 지장을 초래하게 되는 것이므로, 운행차량 운전사로 하여금 미리 유급휴가신청을 하여 대표이상의 승인을 받아 휴가를 실시하도록 한 것은 사용자의 휴가시기변경권을 적절하게 행사하기 위한 필요한 조치라고 할 것이다(대법 1992. 06. 23, 92다7542).

116) 임종률, p435.

3. 성립요건

(1) 1년간 80% 이상 출근

1) 기산일

1년간의 기산일은 명문의 규정이 없으나 동조 제4항의 가산휴가제의 취지로 보아 근로자를 채용한 날로 해석된다. 다만, 사용자의 편의로 모든 근로자에게 일률적으로 기산일을 정할 수 있으나, 이 경우 근로자에게 불이익이 없도록 하여야 한다.

2) 80% 이상 출근

80% 이상 출근이란 1년의 총일수에서 휴일을 제외한 소정의 근로일 80% 이상을 출근한 것을 말한다. 또한 1. 근로자가 업무상의 부상 또는 질병으로 휴업한 기간 2. 임신 중의 여성이 출산전후 보호휴가로 휴업한 기간은 출근한 것으로 본다(동조 제6항). 그러나 근로자의 사적인 부상이나 질병으로 휴업한 기간, 범죄행위로 구속된 기간, 불법쟁의행위기간은 결근한 것으로 본다.

> **관련 행정해석**
>
> 요양으로 휴업한자에 대한 연차유급휴가 적용 여부
>
> 개인의 질병이나 가사 사정으로 월간 하루도 근무하지 않았을 경우의 연차휴가 산정방법은 취업규칙 · 단체협약 등에 별도로 정한 바가 있으면 그에 따르면 될 것이나, 별도로 정한 바가 없고 당해 근로자가 개인의 질병이나 가사 사정으로 근무하지 않은 날을 휴가 등으로 대체하지 않았다면 결근한 것으로 보아 출근율을 계산하여 연차휴가를 부여하면 될 것이다(2010. 05. 11, 근기-3937).

3) 소정의 근로일

법령 · 단체협약 등에 의하여 정한 근로의무가 없는 날을 제외한 근로일이다. 따라서 주휴일 · 연차휴가 · 국경일 · 생리휴가 등은 물론 단체협약 · 취업규칙 등에서 정한 휴일은 소정 근로일에서 제외된다.

> **관련행정해석**
>
> 해외연수자의 연차유급휴가
>
> 일반적으로 해외연수는 통상적인 근로와는 달리 생산성 향상과 근로자의 자질향상 등 복합목적이 있는 것으로서 본래의 근로와 별도의 근로계약이 이루어진 것으로 보아야 하므로 해외연수기간중의 연 · 월차유급휴가 부여에 대하여 당사자간에 별도의 정함이 없다면 근로자의 본래 근로의 계속에 대하여 피로회복과 건강유지를 위해 부여하는 연 · 월차유급휴가는 발생하지 아니한다 할 것임(1992. 01. 07, 근기 01254-10).

(2) 계속근로연수가 1년 미만인 근로자

단기계약직 근로자를 배려하여 계속근로기간이 1년에 미달하더라도 월차유급휴가를 폐지하는 대신에 1월당 1일 휴가를 비례적으로 보장하여 1일의 유급휴가를 주어야 한다.

4. 연차유급휴가권의 내용

(1) 휴가일수

1) 사용자는 1년간 80% 이상 출근한 근로자에 대하여는 15일의 유급휴가를 주어야 한다(제60조 제1항). 80% 이상 출근하지 않은 경우에는 원칙적으로 휴가권이 발생하지 않고 다음연도에 일정한 요건이 충족되면 휴가권이 발생한다.

2) 사용자는 계속하여 근로한 기간이 1년 미만인 근로자 또는 1년간 80퍼센트 미만 출근한 근로자에게 1개월 개근 시 1일의 유급휴가를 주어야 한다. (동조 제2항).

3) 사용자는 근로자의 최초 1년간의 근로에 대하여 유급휴가를 주는 경우에는 제2항의 따른 휴가를 포함하여 15일로 하고, 근로자가 제2항에 따른 휴가를 이미 사용한 경우에는 그 사용한 휴가일수를 15일에서 뺀다(동조 제3항).

4) 사용자는 3년 이상 계속하여 근로한 근로자에 대하여는 제1항에 따른 휴가에 최초 1년을 초과하는 계속근로연수 매 2년에 대하여 1일을 가산한 유급휴가를 주어야 한다. 이 경우 가산휴가를 포함한 총 휴가일수는 25일을 한도로 한다(동조 제4항). 휴가와 휴일이 중복되는 경우에 휴일은 휴가일수에서 제외된다.

〈근속년수별 휴가 산정례〉

1년	2년	3년	4년	5년	6년	7년	10년	15년	20년	21년 이상
15일	15일	16일	16일	17일	17일	18일	19일	22일	24일	25일

(2) 연차유급휴가수당

1) 사용자는 연차유급휴가기간에 대하여는 취업규칙 등에서 정하는 통상임금 또는 평균임금을 지급하여야 한다(동조 제5항 전단). 연차유급휴가수당은 유급휴가를 주기 전이나 준 직후의 임금 지급일에 지급하여야 한다(영 제33조).

2) 회상의 합병이나 영업양도의 경우 기존 회사에서 연차휴가수당을 받았다면, 다시 연차유급휴가를 부여하거나 수당을 지급할 필요가 없다.[117]

117) 대판 2004. 4. 9, 2002다69310.

(3) 휴가의 사용시기와 시기변경권

1) 휴가의 사용시기

① 연차유급휴가는 원칙적으로 근로자의 청구가 있는 시기에 주어야 한다(제60조 제5항).

② 휴가시기의 지정을 언제 해야 하느냐에 관해서는 명문의 규정이 없으나 사용자의 시기변경권과의 관계로 볼 때 일정한 시간적 여유를 두고 청구하여야 한다고 본다.

2) 시기변경권

① 근로자가 청구한 시기에 휴가를 주는 것이 사업운영에 막대한 지장이 있는 경우에는 그 시기를 변경할 수 있다(동항 단서). 이를 시기변경권이라 한다.

② 시기변경권은 근로자의 시기지정권의 형성적 효과를 소극적으로 저지하는 항변권적 성질을 가지고 있으므로 사용자가 시기를 변경하여 이를 특정할 수 없으며 근로자가 지정하는 시기와 다른 시기를 제시하여 다시 근로자가 이를 청구할 수 있도록 하는 의미로 해석하여야 한다.

③ 사업운영에 막대한 지장이 있는 경우란 사업의 정상적인 운영을 현저히 저해하거나 중대한 영향을 주는 경우로서 해당 근로자가 지정한 휴가일에 휴가를 주게 되면 해당 단위의 업무의 운영이 불가능하게 될 뿐만 아니라 이를 위한 대체근로자를 확보할 수 없는 경우를 말한다.

(4) 연차휴가의 사용용도

1) 근로자가 연차유급휴가를 어떻게 사용할 것인가는 오직 근로자의 자유이다. 따라서 연차유급휴가의 목적을 지정할 수도 없으며 그것을 사전에 공개하도록 요구할 수도 없다.

2) 연차휴가 중 다른 사업장에서 유상근로 시에도 원칙적으로 근로자의 자유이다. 다만, 단체협약이나 취업규칙 등에 연차휴가 중 유상노동을 금지하는 규정이 있다면 이는 연차유급휴가제도의 취지상 유효하다고 해석된다.

3) 쟁의행위의 목적으로 연차휴가를 일제히 집단적으로 사용하는 경우(일제휴가투쟁)에는 연차휴가의 이름을 빌린 동맹파업에 지나지 않으며 실질적으로 사용자의 정상적 운영을 방해함으로써 노동조합의 주장을 관철할 목적으로 하는 쟁의행위이므로 노조법에 따른 규제를 받는다.

5. 연차유급휴가권의 소멸시효

(1) 연차유급휴가는 1년간 행사하지 아니하면 소멸한다(동조 제7항). 소멸시효는 근로자가 연차유급휴가를 청구할 수 있는 시기인 1년간의 근로를 마친 다음 날로부터 기산한다.

(2) 사용자의 귀책사유로 근로자가 유급휴가를 사용하지 못한 경우에는 1년 이후에도 유급휴가를 청구할 수 있다(동항 단서). 사용자의 귀책사유는 근로자가 휴가시기를 지정하여 청구하였음에도

휴가를 주지 않았거나 사용자의 책임 있는 사유로 인한 휴업 등 사실상 휴가청구를 할 수 없었을 경우 등도 포함된다고 해석된다.

(3) 연차유급휴가를 사용하지 않고 계속 근로한 경우에도 그에 대한 임금청구권은 3년간 행사할 수 있고(제49조),[118] 또한 연차유급휴가권이 소멸하기 전에 근로자가 퇴직한 경우에 휴가일수에 해당하는 임금청구권은 퇴직 시에 소멸되지 않는다.[119]

6. 유급휴가의 대체

(1) 사용자는 근로자대표와의 서면합의에 의하여 연차유급휴가일에 갈음하여 특정 근로일에 근로자를 휴무시킬 수 있다(제62조).

(2) 연차유급휴가를 근로일의 휴무와 대체할 수 있도록 함으로써 휴가의 실제사용을 촉진하기 위하여 법으로 명문화한 것이다.

7. 연차유급휴가의 사용촉진

(1) 법 규정

제61조 (연차 유급휴가의 사용 촉진) 사용자가 제60조제1항 · 제3항 및 제4항에 따른 유급휴가의 사용을 촉진하기 위하여 다음 각 호의 조치를 하였음에도 불구하고 근로자가 휴가를 사용하지 아니하여 제60조제7항 본문에 따라 소멸된 경우에는 사용자는 그 사용하지 아니한 휴가에 대하여 보상할 의무가 없고, 제60조제7항 단서에 따른 사용자의 귀책사유에 해당하지 아니하는 것으로 본다.

1. 제60조제7항 본문에 따른 기간이 끝나기 6개월 전을 기준으로 10일 이내에 사용자가 근로자별로 사용하지 아니한 휴가 일수를 알려주고, 근로자가 그 사용 시기를 정하여 사용자에게 통보하도록 서면으로 촉구할 것
2. 제1호에 따른 촉구에도 불구하고 근로자가 촉구를 받은 때부터 10일 이내에 사용하지 아니한 휴가의 전부 또는 일부의 사용 시기를 정하여 사용자에게 통보하지 아니하면 제60조제7항 본문에 따른 기간이 끝나기 2개월 전까지 사용자가 사용하지 아니한 휴가의 사용 시기를 정하여 근로자에게 서면으로 통보할 것

(2) 취 지

118) 사용자가 근로자에게 휴가사용을 지시하였더라도 근로자가 계속 근무하였을 경우 사용자가 근로자의 노무를 거부하지 아니하고 수령하였다면 근로일에 대한 실임금이외에 당연히 유급으로 지급되는 휴가일에 대한 임금을 지급해야 하므로 1년이 경과되어 그 권리가 상실된 경우에는 유급으로 당연히 지급되는 임금에 대한 청구권은 존속한다(대판 1995. 6. 29, 94다18553).

119) 대판 1991. 7. 26, 90다카11636.

휴가제도가 본래의 취지보다는 금전보전의 수단으로 이용되고 있는 실태를 개선하여 휴가사용률을 제고할 필요가 있어 사용자의 적극적인 사용권유에도 불구하고 근로자가 휴가를 사용하지 않는 경우 사용자의 금전보상의무를 면제하되, 더불어 사용자의 악용방지장치를 함께 마련한 것으로 판단된다.

휴사가용촉진조치는 사용자의 의무사항인지 선택사항인지 여부

2003.9.15 개정된 근로기준법 제59조의2(연차유급휴가의 사용촉진)는 사용자가 연차유급휴가의 사용을 촉진하기 위하여 동조항에 규정된 조치를 하였음에도 근로자가 휴가를 사용하지 아니하는 경우 미사용휴가에 대한 보상의무를 면제하고 있는 바, 사용자가 동조항을 반드시 실시해야 할 의무가 있는 것은 아님. 따라서, 사용자가 동법에 의한 휴가사용촉진조치를 하지 아니하고, 근로자도 휴가사용시기를 지정하지 아니하여 휴가를 사용하지 않았을 경우 사용자는 미사용 휴가에 대하여 연차휴가근로수당을 지급하여야 할 것이다(근기-161).

휴사가용촉진조치를 서면으로 하지 않고 사내 E-mail로 할 수 있는지 여부

개정 근로기준법 제59조의2는 사용자가 근로자별로 미사용 휴가일수를 알려주어, 근로자가 그 사용시기를 정하여 사용자에게 통보하도록 '서면'으로 촉구토록 하고, 촉구를 받은 근로자가 미사용 휴가의 사용시기를 정하여 사용자에게 통보하지 아니한 경우에는 사용자가 미사용 휴가의 사용시기를 정하여 근로자에게 '서면'으로 통보토록 규정하고 있으며, 그러한 휴가사용촉진 조치에도 불구하고 근로자가 휴가를 사용치 아니하여 휴가가 소멸되는 경우에는 사용자는 그 미사용 휴가에 대한 보상을 할 의무가 없다고 규정하고 있는 바, 사용자로 하여금 '서면'으로 촉구 또는 통보하도록 규정한 것은 휴가사용촉진조치가 명확하게 이행되도록 하여 근로자의 권리보호를 보다 충실하게 하고 불명확한 조치로 인한 당사자간의 분쟁을 방지하려는 취지로 볼 수 있는 것임. 따라서 귀 질의서와 같이 '회사 내 E-mail을 활용하여 통보'하거나 '근로자별 미사용 휴가일수를 게재한 공문을 사내 게시판에 게재'하는 것은 그러한 방법이 근로자 개인별로 '서면' 촉구 또는 통보하는 것에 비하여 명확하다고 볼 수 없는 한 인정되기 어렵다고 할 것이다(근기-3836).

사용자가 휴가사용시기를 지정하여 문서로 통보하지 않은 경우 휴가사용조치의 효력

개정 근로기준법(법률 제6974호) 제59조의2 규정에 의하면 사용자가 근로자에게 미사용 연차휴가일수를 알려주어, 근로자가 그 사용시기를 지정하여 사용자에게 통보하도록 서면으로 촉구토록 하고, 근로자가 휴가사용시기를 정하여 사용자에게 통보하지 아니한 경우 사용자가 미사용휴가의 사용시기를 정하여 근로자에게 서면으로 통보토록 하는 등 일련의 연차유급휴가 사용촉진 조치를 통하여 미사용휴가에 대한 보상의무를 면하도록 규정하고 있음. 근로자가 연차휴가 사용촉진조치에 따라 휴가사용계획서를 제출하지 아니한 경우, 이에 대하여 사용자가 휴가사용시기를 지정하여 문서로 통보하지 아니한 경우에는 근로기준법에 의한 휴가사용촉진조치가 이루어졌다고 볼 수 없으므로 미사용휴가에 대한 보상의무가 면제되었다고 보기는 어렵다(임금근로시간정책팀-163).

Chapter 7

재해보상

제1절 총설

Ⅰ. 총설

1. 의의

⑴ 재해보상제도란 근로자가 근로 중에 업무상 부상하거나 질병에 걸리거나 또는 사망한 경우에 그 해당 근로자 또는 유족을 보호하기 위하여 마련된 제도이다.

⑵ 안전과 보건에 관한 보호제도가 근로자의 재해방지를 위한 사전적 또는 예방적인 일반조치에 관한 것이라면 재해보상제도는 사후적 또는 구제적인 구체적 조치에 관한 제도라고 할 수 있다.

2. 재해보상제도의 발전

⑴ 민법상의 손해배상제도

1) 근로자의 산업재해에 대한 구제방법으로 종래 과실책임주의를 기초로 하는 민법상의 손해배상의 방법에 의존하였다.

2) 그러나 민사상의 청구에는 많은 시간과 비용이 들고, 사용자의 과실을 근로자가 입증해야 하기 때문에 근로자를 충분히 보호할 수가 없다.

⑵ 직접보상방식

1) 근로관계의 당사자인 사용자가 직접적으로 피재근로자에 대하여 보상의 책임을 지는 형태로서, 사용자의 무과실책임주의를 바탕으로 하고 있다.

2) 보상관계는 근로관계와 중복되고 보상규정은 필연적으로 근로조건의 보호규정으로서의 의미를 가지게 된다.

⑶ 사회보험방식

1) 개별적인 기업 내지 사용자가 피재근로자에 대하여 직접적으로 보상의무를 부담하는 것이 아니라, 보상관계는 보험기관과 피재근로자간에 존재한다. 즉 근로관계의 당사자인 사용자와 피재근로자의 관계는 보험기관의 개입에 의하여 간접적인 보상이 된다.

2) 산재보상은 민사상 과실책임주의원칙을 벗어나서 무과실책임주의를 중심으로 하는 직접보상방식으로, 나아가서 사회보험방식으로 변천하고 있다.[120]

120) 산업재해보상제도의 효시:1884, 독일「재해보험법」(사회보험방식); 1897, 영국「근로자보상법」(직접보상방식)

3) 산재보험은 피재근로자와 그 가족의 생활을 보장하기 위하여 국가가 책임을 지는 의무보험으로 원래 사용자의 근기법상 재해보상책임을 보장하기 위하여 국가가 사업주로부터 소정의 보험료를 징수하여 그 기금(재원)으로 사업주를 대신하여 피재근로자에게 보상을 해주는 제도이다.

3. 우리나라의 재해보상제도

우리나라에서는 근기법상의 직접보상방식과 산업재해보상보험법(이하 "산재법"이라 함)상의 사회보험방식을 병용하고 있다.

Ⅱ. 산업재해보상보험법의 적용

1. 특징

(1) 근로자의 업무상 재해에 대하여 사용자에게는 고의 · 과실의 유무를 불문하는 무과실책임주의이다.

(2) 보험사업에 소요되는 재원인 보험료는 원칙적으로 사업주가 전액 부담한다.

(3) 산재보험급여는 재해발생에 따른 손해전체를 보상하는 것이 아니라 평균임금을 기초로 하는 정률보상방식으로 행한다.

(4) 재해보상과 관련되는 이의신청을 신속히 하기 위하여 심사 및 재심사청구제도를 운영하며, 타 사회보험과는 달리 산재보험은 사업장 중심의 관리가 이루어진다.

2. 보험의 관장

산재법상 보험사업의 관장자는 고용노동부장관이다(산재법 제2조 제1항).

3. 적용범위

이 법은 근로자를 사용하는 모든 사업 또는 사업장에 적용한다.[121] 다만, 위험률 · 규모 및 장소 등을 고려하여 대통령령이 정하는 사업에 대하여는 예외[122]를 인정하고 있다(동법 제6조). 동 단서규정이

121) ※ 산재보험 연도별 적용규모 확대 과정

연도	'64	'65	'66	'67	'68	'72	'73	'76-'81	'82-'91	'92	'96	'98	2000. 7. 1
적용규모	500인	200인	150인	100인	50인	30인	16인	5-16인	5-10인	5인	5인	5인	1인

122) ① 공무원연금법 · 군인연금법 · 선원법 · 어선원 및 어선재해보상보험법 · 사립학교교직원 연금법에 의해 재해보상이 행하여지는 사업, ② 주택법 · 건설업법 · 전기공사법 · 정보통신공사업법 · 소방시설공사업법 · 문화재보호법에 해당한 자로서 총공사금액이 2천만원 미만인 공사 또는 연면적이 330㎡ 미만인 공사, ③ 가사서비스업, ④ 상시 근로자 수가 1인 이상이 되지 아니한 사업, ⑤ 농업 · 임업(벌목업 제외) · 어업 · 수렵업 중 법인이 아닌 자의 사업으로서 상시 근로자 수가 5인 미만인 사업을

헌법 제34조(인간다운 생활할 권리)의 위반 여부와 관련하여 헌법재판소는 입법자의 재량영역에 속하는 문제로서 근로자에게 인정되는 보험급여수급권은 동법에 의하여 비로소 구체화되는 법률상의 권리로서 위헌이 아니라고 결정하였다.[123)]

4. 보험관계의 성립 · 소멸

보험관계의 성립 및 소멸에 대하여는 보험료징수법이 정하는 바에 따른다(동법 제7조).

5. 산업재해보상보험심의위원회

보험료율의 결정에 관한 사항, 요양급여의 범위 · 비용 등 요양급여의 산정기준과 요양관리에 관한 사항 등 보험사업에 관한 중요사항을 심의하게 하기 위하여 노동부에 산업재해보상보험심의위원회를 둔다. 위원회는 근로자를 대표하는 자, 사용자를 대표하는 자 및 공익을 대표하는 자로 구성하되, 그 수는 각각 동수로 한다(동법 제8조).

6. 산재보험 적용특례 근로자 및 사업주

(1) 현장실습생에 대한 산재보험 적용특례

산재보험이 적용되는 사업에서 현장실습을 하고 있는 학생 및 직업훈련생 중 고용노동부장관이 정하는 현장실습생은 산재보험법을 적용함에 있어 그 사업에 사용되는 근로자로 보아 산재법이 적용된다(동법 제89조).

(2) 해외파견자에 대한 산재보험 적용특례

산재보험이 적용되는 사업의 보험가입자가 대한민국 밖의 지역에서 하는 사업에 근로시키기 위하여 파견하는 자에 대하여 공단에 보험가입신청을 하여 승인을 얻은 경우에는 그 가입자의 사업에 사용하는 근로자로 보아 산재보험적용대상이 된다(동법 제88조).

(3) 외국인산업기술연수생 등에 대한 산재보험관계

'94년 이후 중소기업협동조합중앙회장이 추천하는 연수생에 한하여 적용하여 왔으나 '98. 2. 23부터 대한건설협회가 추천하는 연수생도 산재보험 적용대상이 된다.

(4) 중소기업사업주에 대한 적용특례

보험가입자로서 50인 미만의 근로자를 사용하거나 근로자를 사용하지 않고 자동차를 사용하여 여객 또는 화물운송사업을 행하는 사업주는 공단의 승인을 얻어 자기 또는 유족을 보험수급자로 하여 산재보험에 가입할 수 있다(동법 제90조).

말한다.

123) 헌재 2003. 7. 24, 2002헌바51.

Ⅲ. 재해보상의 요건

1. 서설

⑴ 근기법에서는 재해보상의 요건으로「근로자가 업무상 부상 또는 질병에 걸린 경우」(제78조) 또는「근로자가 사망한 경우」(제82조)라고 정하고 있다. 또한 산재법 제5조 제1호에서는「업무상의 재해란 업무상의 사유에 따른 근로자의 부상 · 질병 · 신체 · 장해 또는 사망을 말한다」고 규정하고 있다.

⑵ 따라서 재해보상에서는 업무상 재해만 있으면, 사용자의 귀책사유를 묻지 않고 그에 대한 보상이 지급된다. 다만 근로자의 중대한 과실이 없어야 한다(근기법 제81조).

2. 업무상 재해

(1) 업무상 재해의 일반적 인정기준

1) 개념

① 업무상 재해의 인정기준으로서 일반적으로「업무수행성」이라는 기준과「업무기인성」이라는 기준이 사용되고 있다. 그러나 이 두 기준은 전혀 무관한 별개의 기준은 아니고 인정의 편의상 기준을 둘로 나눈 것에 불과한 것이다.

② 이것을 업무상 재해의 성립요건으로 해석하여 이 두 요건을 모두 갖추지 않으면 보상을 받을 수 없다고 생각해서는 아니 되며, 그렇다고 하여 그 중의 하나의 요건만 갖추면 업무상 재해라고 인정하는 것도 언제나 타당한 것은 아니다.

2) 업무수행성

① 업무수행성이란 근로자가 사용자의 지휘 · 감독아래 업무를 수행하는 과정에서 재해가 발생한 것을 말한다. 이는「근로계약에 기하여 사업주의 지배하에 있는 것」을 말하기 때문에 근로자가 근로에 종사하고 있는 경우는 물론 종사하고 있지 않더라도 아직 사업주가 지휘 · 감독할 여지가 있고 그러한 범위 내에서 사업주의 지배하에 있는 때에는 업무수행성이 인정된다.

② 판례도「업무수행성은 반드시 근로자가 현실적으로 업무수행에 종사하는 동안뿐만 아니라 사업장에서 업무시간 중 또는 그 전후에 휴식하는 동안에도 인정할 수 있다」고 하거나,「업무수행성이란 사용자의 지배 또는 관리 하에서 이루어지는 업무수행 및 그에 수반되는 통상적인 활동과정에서 재해의 원인이 발생한 것」이라고 하여 업무수행성 범위를 넓게 인정하고 있다.[124]

124) 대판 1993. 1. 19, 92누13073.

3) 업무기인성

① 업무기인성이란 재해가 업무에 기인하여 발생한 것을 말하는 바, 업무와 재해간의 인과관계를 나타내는 것이다.

② 업무와 재해간의 인과관계에 관하여 견해의 대립[125]이 있으나 산재법 제37조 제1항(「업무와 재해 사이에 상당인과관계(相當因果關係)가 없는 경우에는 그러하지 아니하다」)에서도 상당인과관계설을 따르고 있다는 점을 감안하여 업무와 재해와의 상당인과관계속에서 재해보상제도의 목적과 기능에 맞추어 고찰할 것이 필요하다.

③ 또한 인과관계의 인정에 있어서 해당 근로자의 과실이 있다 하더라도 그것이 중대한 과실이 아닌 한 업무기인성을 인정해야 할 것이다.

(2) 업무상 재해의 구체적 판단

1) 서설

산재법 시행령 제2절에서는「업무상 재해의 인정기준」이라는 제목 아래 업무상 재해인정의 구체적 운영규정[126]을 두고 있다.

2) 업무수행 중의 사고

① 작업시간중의 사고

근로자가 사업장 내에서 작업시간 중에 ⅰ) 작업, ⅱ) 용변 등 생리적 필요행위, ⅲ) 작업준비 · 마무리행위 등 작업에 수반되는 필요적 부수행위 등을 하고 있던 중 발생한 사고로 인하여 사상한 경우에는 이를 업무상 재해로 본다. 다만 업무와 사고 간에 상당인과관계가 없음이 명백한 경우에는 업무상 재해로 보지 않는다(동 시행령 제27조 제1항).[127]

② 작업시간 외의 사고

작업과 관련된 행위에서의 사고,[128] 시설물의 결함 또는 시설물 관리소홀로 발생한 사고,[129]

---

125) (ㄱ) 조건설 : 업무와 재해간에 단순한 조건관계만 있으면 인과관계를 인정하는 견해이다. (ㄴ) 최유력조건설(원인설) : 여러 조건 가운데 결과발생에 가장 유력한 조건에 한정하여 인과관계를 인정하는 견해이다. (ㄷ) 상당인과관계설 : 일반적인 경험과 지식에 비추어 그러한 사고가 있으면 그러한 재해가 발생할 것이라고 인정하는 범위 내에서 인과관계를 인정하여야한다는 견해이다(통설 · 판례).

126) 법 제37조제1항에서는 업무상 사고에 관해 업무수행성과 업무기인성을 요구하고, 동조 제2조에서 는 업무상 질병에 관해 업무기인성의 범위를 정하고 있다. 그리고 제34조 이하에서는 위 두 원칙을 근거로 하여 개별적으로 업무상 재해에 해당하는지의 여부를 판단하고 있다.

127) 근로자가 사업장내에서 천재지변 또는 화재 등의 돌발적인 사고가 발생하여 사회통념상 기대할 수 있는 구조행위 또는 긴급피난행위를 하고 있을 때에 발생한 사고로 인하여 사상한 경우에는 업무상 재해로 인정된다(시행령 제27조제1항제1호).

128) 근로자가 사업장내에서 작업시간 외의 시간을 이용하여 ⅰ) 작업, ⅱ) 용변 등 생리적 필요행위, ⅲ) 작업준비 · 마무리행위 등 작업에 수반되는 필요적 부수행위 등을 하고 있을 때 발생한 사고로 인하여 사상한 경우에는 이를 업무상 재해로 본다(동조 제1항제3호).

129) 사업주가 관리하고 있는 시설(차량 · 장비 등 포함)의 결함 또는 사업주의 시설 관리소홀로 인하여 재해가 발생한 경우에는 그 재해가 작업시간외의 시간 중에 발생한 때에도 당해 근로자의 자해행위 또는 사업주의 구체적인 지시사항을 위반한 행위로 인하여 사상한 경우를 제외하고는 이를 업무상 재해로 본다. 다만, 관리 또는 사용권이 사상한 근로자의 전속적 권한에 속

천재 · 지변이나 돌발적인 사고가 우려되는 장소에서의 사고,[130] 통근도중에 발생한 사고[131]로 인하여 사상한 경우에는 이를 업무상 재해로 본다. 다만 시내버스를 이용하여 퇴근하던 도중 발생한 교통사고로 인한 재해와 같이 업무와 사고 간에 상당인과관계가 없음이 명백한 경우에는 업무상 재해로 보지 않는다.

관련판례

1. 근로자의 통근행위는 노무의 제공이라는 업무와 밀접 불가분의 관계에 있다 하더라도 일반적으로 통근방법과 경로의 선택이 근로자에게 유보되어 있어 통상 사업주의 지배 · 관리 하에 있다고 할 수 없으므로, 통근 중에 발생한 재해가 업무상의 재해가 되기 위하여는 사업주가 제공한 교통수단을 근로자가 이용하거나 또는 사업주가 이에 준하는 통근수단을 이용하도록 하는 등 근로자의 통근과정이 사업주의 지배 · 관리하에 있다고 볼 수 있는 경우여야 한다.
2. 공무원연금법상의 공무상 재해에 관하여는 출근중의 부상을 공무상 재해로 인정하고 있다 하더라도, 공무원연금법상의 경우는 공무원이 상당한 액의 기여금을 불입하게 되는 데 비하여 산업재해의 경우는 그와 같은 근로자의 부담이 없는 점 등 그 성질을 같이 하는 것이 아니므로, 그 재해 기준을 같이하지 않는다고 하여 헌법상의 평등의 원칙에 위배된다고 할 수 없다(대법 1995.03.14, 94누15523).

③ 출장중의 사고

근로자가 사업주의 출장지시를 받아 사업장 밖에서 업무를 수행하고 있을 때 발생한 사고로 인하여 사상한 경우,[132] 근로자가 사업주 지시를 받아 출 · 퇴근 중에 업무를 수행하고 있을 때 발생한 사고로 인하여 사상한 경우, 사업주 지시를 받아 사업장외의 장소로 출 · 퇴근하여 직무를 수행하고 있는 근로자가 최초 직무수행장소에 도착하여 직무를 시작한 때부터 최후로 직무를 완수한 후 퇴근하기 전까지의 사이에 발생한 사고로 인하여 사상한 경우에는 이를 업무상 재해로 본다. 다만, 출장도중 정상적 경로(순로)를 벗어났을 때 발생한 사고로 인한 근로자의 사상, 근로자의 사적행위 · 자해행위나 범죄행위 또는 그것이 원인이 되어 발생한 사상, 사업주의 구체적인 지시를 위반한 행위로 인한 근로자의 사상 등의 경우에는 업무상 재해로 보지 않는다(동 시행령 제31조).

하는 시설을 이용하고 있던 중 발생한 사고로 인하여 사상한 경우에는 업무상 재해로 보지 않는다(동조 제2항).

130) 태풍 · 홍수 · 지진 · 눈사태 등의 천재지변이나 돌발적인 사고가 발생할 우려가 많은 장소에서 업무를 수행하는 근로자가 ⅰ) 근로자의 자유로운 행동이 허용되고 있는 휴식시간을 이용하여 사적행위를 하고 있을 때, ⅱ) 근로자가 작업시간외의 시간 중에 사업장내의 시설을 자유롭게 이용하고 있을 때, ⅲ) 근로자가 사업장내에서 자유롭게 출 · 퇴근하고 있거나 출 · 퇴근 중에 잠시 머무르고 있을 때 등에서 발생한 사고로 인하여 사상한 경우로서 작업장소(인근 지역을 포함)에서 그러한 행위를 하는 것 이 사회통념상 인정되는 경우에는 이를 업무상 재해로 본다(동조 제4항).

131) 근로자가 출 · 퇴근하는 도중에 발생한 사고로 인하여 사상한 경우로서 ⅰ) 사업주가 소속 근로자들의 출 · 퇴근용으로 제공한 교통수단의 이용 중에 발생한 사고인 경우, ⅱ) 사업주가 제공한 교통수단에 대한 관리 · 이용권이 사상한 근로자에게 전담되어 있지 아니할 경우 등은 이를 업무상 재해로 본다(대판 1993.5.11, 92누16805 ; 공무원의 통근도중의 재해에 대하여는 업무상 재해로 본다(대판 1993. 10. 8, 93다16161)),(시행령 제29조).

132) 대판 1985. 12. 24, 94누403.

관련판례

망인이 팀장 등 동료 근로자들과 함께 출장업무를 수행한 다음 집합장소로 돌아와 해산한 후에 귀가의 수단으로 망인 자신의 자가용승용차를 운전하여 가던 중 이 사건 사고가 발생하였다면, 이는 사업주의 지배관리를 벗어난 상태에서 관리이용권이 망인에게 전담되어 있는 교통수단을 이용하던 중 발생한 출·퇴근 중의 재해로서 업무상 재해로 볼 수 없다. 또한 망인이 이 사건 출장업무의 수행 및 그 이동과정에서 상당히 과로하게 되었다 하더라도, 이 사건 사고는 망인이 과로한 상태에 있었다는 사실 그 자체나 과로가 수반된 기존의 다른 조건의 자연적인 경과에 의하여 유발된 것이 아니라 망인 자신의 자동차운전행위라는 별도의 행위에 매개된 망인의 음주운전에 따른 중앙선 침범의 결과로 인하여 발생한 것이고, 이러한 경우 망인의 사망은 그 업무수행에 기인된 과로에 통상 수반하는 위험의 범위 내에 있는 것이라고 보기는 어려우므로, 망인의 업무와 위 사고로 인한 사망 사이에는 상당인과관계가 없다고 보아야 할 것이다(대법 2002. 09. 04, 2002두5290).

④ 행사 중의 사고

근로자가 운동경기 · 야유회 · 등산대회 등 각종행사에 참가 중 사고로 인하여 사상한 경우,[133] 행사참가를 위한 준비연습 중에 발생한 사고로 인하여 근로자가 사상한 경우, 행사기획 · 운영업무를 담당하고 있는 근로자가 그 행사의 기획 · 운영업무를 수행하던 중 발생한 사고로 인하여 사상한 경우에도 이를 업무상 재해로 보지만, 회사에 알리지 않고 회사 내의 동료들끼리 별도로 약속하여 암벽타기를 하며 놀던 중 추락한 사고와 같이 업무와 사고 간에 상당인과관계가 없음이 명백한 경우에는 업무상 재해로 보지 아니한다(동 시행령 제30조).

관련판례

행사 중 사고가 업무상 재해로 인정될 수 있는 요건

근로자가 근로계약에 의하여 통상 종사할 의무가 있는 업무로 규정되어 있지 아니한 회사외의 행사나 모임에 참가하던 중 재해를 당한 경우, 이를 업무상 재해로 인정하려면, 우선 그 행사나 모임의 주최자, 목적, 내용, 참가인원과 그 강제성 여부, 운영방법, 비용부담 등의 사정들에 비추어, 사회통념상 그 행사나 모임의 전반적인 과정이 사용자의 지배나 관리를 받는 상태에 있어야 하고, 또한 근로자가 그와 같은 행사나 모임의 순리적인 경로를 일탈하지 아니한 상태에 있어야 한다(1995. 05. 26, 94다60509).

⑤ 그 밖의 사고

㉠ 타인의 폭력행위에 의해 근로자가 사상한 경우로서 ⅰ) 재해발생 경위 및 사상한 근로자가 담당한 업무의 성질이 가해행위를 유발할 수 있다고 사회통념상 인정되고, ⅱ) 타인의 가해행위와 사상한 근로자의 사상 간에 상당인과관계가 있는 경우 또는 제3자의 행위에

133) ⅰ) 사회통념상 행사에 근로자를 참여시키는 것이 노무관리 또는 사업운영에 필요하다고 인정되고, ⅱ) 사업주가 행사에 참여하는 근로자에 대해 행사당일을 통상의 출근으로 처리하는 등 사업주의 적극적이고 구체적인 지시에 의하여 근로자를 행사에 참여하도록 하였다고 인정될 경우에는 이를 업무상 재해로 본다.

의하여 발생한 사고로 인하여 ⅰ) 작업, ⅱ) 용변 등 생리적 필요행위, ⅲ) 작업준비 · 마무리행위 등 작업에 수반되는 필요적 부수행위 등을 하고 있던 근로자가 사상한 경우에는 이를 산재법 시행령 제33조의 규정에 의한 제3자의 행위에 의한 업무상 재해로 본다. 다만, 업무와 사상 간에 상당인과관계가 없음이 명백한 경우에는 업무상 재해로 보지 아니한다(동 시행령 제33조).

ⓛ 업무상 재해로 요양 중에 있는 근로자가 요양과 관련된 행위 중에 발생한 사고로 인하여 사상한 경우로서 요양 중인 행위와 사고 간에, 사고와 새로운 사상 간에 각각 상당인과관계가 있다고 인정되는 경우에는 이를 업무상 재해로 본다(동조 시행령 제32조). 또한 유기용제에 노출되어 백혈병에 걸렸다면 업무상 재해에 해당한다.[134]

ⓒ 노조전임자가 노조업무를 수행하던 중에 재해를 당하거나 질병이 발생한 경우 업무상 재해로 인정된다.

노조전임자의 노조업무 수행이 업무상 재해로 인정되는 경우

노동조합업무 전임자가 근로계약상 본래 담당할 업무를 면하고, 노동조합의 업무를 전임하게 된 것이 사용자인 회사의 승낙에 의한 것이며, 재해 발생 당시 근로자의 지위를 보유하고 있었고, 그 질병이 노동조합 업무수행중 육체적 · 정신적 과로로 인하여 발병된 것이라면, 특별한 사정이 없는 한 이는 산업재해보상보험법 제3조 제1항 소정의 업무상 질병으로 보아야 한다(다만, 그 업무의 성질상, 사용자의 사업과는 무관한 상부 또는 연합관계에 있는 노동단체와 관련된 활동이나, 불법적인 노동조합활동 또는 사용자와 대립관계로 되는 쟁의단계에 들어간 이후의 노동조합활동중에 생긴 재해 등은 이를 업무상 재해로 볼 수 없다(1994. 02. 22, 92누14502).

3) 업무상 질병

① 의의

업무상 질병은 일반적으로 업무에 기인하는 질병을 말한다.[135] 이에 관한 판단을 하기 위하여 근기법 시행령 제44조와 산재법 시행규칙 제33조에서 구체적인 규정을 두고 있다.

② 업무상 질병의 범위

근기법 시행령 제44조 제1항에서는 업무상 질병의 범위에 관하여 업무의 내용, 작업환경 및 취급물질 등에서 기인하여 의학경험에서 나타나는 개연성이 높은 특정한 질병을 열거하여 업무와 질병사이의 인과관계에 관한 근로자의 입증을 손쉽게 하였다.

③ 업무상 질병의 요건(산재시행령 제34조)

㉠ 근로자의 질병에의 이환이 일정한 요건에 해당되는 경우[136]로서 그 질병이 근기법시행령

134) 대판 2004. 4. 9, 2003두12530.

135) 이는 물품의 독성 · 사업장의 소음 · 가스 등의 유해 작용이 서서히 가중 · 축적되며 장기간에 점진적으로 발생하는 성질을 지니므로 그 업무와의 상당인과관계를 정확히 파악하기 곤란한 경우가 많다.

136) ⅰ) 근로자가 업무수행과정에서 유해요인을 취급하거나 이에 노출된 경력이 있을 것 ⅱ) 유해요인을 취급하거나 이에 노출될 우려가 있는 업무를 수행함에 있어서 작업시간 · 근무시간 · 노출량 및 작업환경 등에 의하여 유해인자의 노출정도가 근로자

제44조 제1항에 따른 업무상 질병의 범위에 속하는 경우에는 업무상 요인에 의하여 이환된 질병이 아니라는 명백한 반증이 없는 한 이를 업무상 질병으로 본다.

㉡ 업무상 부상으로 인하여 질병에 이환된 근로자의 상태가 일정한 요건에 해당되는 경우[137]에는 이를 업무상 질병으로 본다.

④ 과로사 인정

과로사의 발생원인은 과중한 업무 내지 스트레스 등을 들 수 있는데, 판례는 최근 과로사를 업무상 재해로 인정하고 있는 바,[138] 사망전 평소보다 늘어난 업무로 인해 과로로 시달리던 중 통근버스를 따라잡기 위해 질주하다가 급성심부전증으로 사망한 경우 인정한 사례[139]와 과로에 의해 B형간염으로 진전된 경우에도 부인한 사례[140]가 있다.

3. 근로자의 중대한 과실

(1) 의의

근기법에서 재해보상은 원칙적으로 근로자의 과실을 묻지 않는다. 다만, 예외적으로 근로자가 중대한 과실로 업무상 부상 또는 질병에 걸리고 또한 사용자가 그 과실에 대하여 노동위원회의 인정을 받으면 휴업보상이나 장해보상을 하지 아니하여도 된다(근로기준법 제81조).

(2) 요건

1) 근로자의 중대한 과실

「중대한 과실」이란 고의에 비할 수 있을 정도의 중한 과실을 말한다. 즉 근로자가 약간의 주의만 하였더라면 부상 또는 질병이 발생하지 않았을 것임에도 불구하고 주의의무를 게을리한 경우를 말한다.

2) 노동위원회의 인정

사용자는 근로자의 중대한 과실에 대하여 노동위원회의 인정을 받아야 한다.

(3) 효과

근로자에게 중대한 과실이 있음을 노동위원회로부터 인정을 받은 때에는 사용자는 휴업보상과

의 질병 또는 건강장해를 유발할 수 있다고 인정될 것 iii) 유해요인에 노출되거나 취급방법에 따라 영향을 미칠 수 있는 신체부위에 그 유해인자로 인하여 특이한 임상증상이 나타났다고 의학적으로 인정될 것 iv) 질병에 이환되어 의학적인 요양의 필요성이나 보험급여 지급사유가 있다고 인정될 것

137) i) 부상으로 인한 신체의 손상과 질병 간에 신체부위 및 시간적 · 기능적 관련성이 의학적으로 인정될 것 ii) 부상의 원인 · 정도 및 상태 등이 질병의 원인임이 의학적으로 인정될 것 iii) 기초질환 또는 기존질병이 있는 근로자의 경우 그 질환 또는 질병이 자연발생적으로 나타난 증상이 아닐 것

138) 대판 1996. 4. 16, 95구27044.

139) 대판 2003. 11. 14, 2003두5501.

140) 대판 2004. 4. 16, 2003두13878.

장해보상을 하지 않아도 무방하다. 근로자의 중대한 과실로 인한 사용자의 면책은 휴업보상과 장해보상에 한하므로 요양보상 · 유족보상 · 장의비 등에 대하여는 면책되지 아니한다.

4. 산재법상의 보험급여지급제한사유

공단은 근로자가 정당한 사유 없이 요양에 관한 지시를 위반하여 부상 · 질병 또는 신체 장해의 상태를 악화시키거나 그 치유를 방해한 것이 명백하면 보험급여의 전부 또는 일부를 지급하지 아니할 수 있다(산재법 제83조 제1항).

제2절 재해보상과 보험급여

Ⅰ. 재해보상의 종류와 내용

1. 요양보상

(1) 의의

> 제78조 (요양보상) ① 근로자가 업무상 부상 또는 질병에 걸리면 사용자는 그 비용으로 필요한 요양을 행하거나 필요한 요양비를 부담하여야 한다.
> ② 제1항에 따른 업무상 질병과 요양의 범위 및 요양보상의 시기는 대통령령으로 정한다.

(2) 방법

1) 사용자는 그 비용으로 필요한 요양을 행하거나(현물급부),
2) 필요한 요양비를 지급하여 근로자 스스로 요양을 하게 한다(현금급부).

(3) 요양의 범위(근기법 시행령 제44조 제1항 별표5)

① 진찰, ② 약제 또는 진료재료와 의지 그 밖에 보철구의 지급, ③ 처치 · 수술 그 밖에의 치료, ④ 입원, ⑤ 간병, ⑥ 이송

(4) 지급시기

요양보상은 매월 1회 이상 하여야 한다(동시행령 제46조).

2. 휴업보상

(1) 의의

> 제79조 (휴업보상) ① 사용자는 제78조에 따라 요양 중에 있는 근로자에게 그 근로자의 요양 중 평균임금의 100분의 60의 휴업보상을 하여야 한다.
> ② 제1항에 따른 휴업보상을 받을 기간에 그 보상을 받을 자가 임금의 일부를 지급받은 경우에는 사용자는 평균임금에서 그 지급받은 금액을 뺀 금액의 100분의 60의 휴업보상을 하여야 한다.
> ③ 휴업보상의 시기는 대통령령으로 정한다.

휴업보상을 받을 기간에 그 보상을 받을 자가 임금의 일부를 지급받은 경우에는 사용자는 그 근로자에게 평균임금에서 그 지급받은 임금을 뺀 금액의 100분의 60에 해당하는 휴업보상금을 지급하여야 한다(동법 제79조 제2항).

(2) 지급시기

휴업보상은 매월 1회 이상 하여야 한다(동시행령 제46조).

(3) 휴업보상의 예외

근로자가 중대한 과실로 업무상 부상 또는 질병에 걸리고, 사용자가 그 과실에 대하여 노동위원회의 인정을 받으면 휴업보상을 하지 아니하여도 된다(동법 제81조).

3. 장해보상

(1) 의의

근로자가 업무상 부상 또는 질병에 걸리고, 완치된 후 신체에 장해가 있으면 사용자는 그 장해정도에 따라 평균임금에 별표에서 정한 일수를 곱한 금액의 장해보상을 하여야 한다(동법 제80조). 장해란 부상 또는 질병이 아직 존재하고 있더라도 그 증상이 고정되어 치료에 의해서 더 이상의 효과를 거둘 수 없는 상태를 말한다.

(2) 보상시기

장해보상은 근로자의 부상 또는 질병의 완치 후 지체 없이 하여야 한다(동시행령 제51조 1항).

(3) 장해등급의 결정

1) 복수의 장해에 해당하는 경우

장해가 신체장해등급표에 기재된 등급에 2 이상 해당할 경우에는 원칙적으로 중한 신체장해에 해당하는 등급에 의한다. 다만, 다음 각 호의 경우에는 다음의 구분에 따라 조정하고, 그 조정된 등급이 제1급을 초과하는 때에는 제 1급으로 한다(동시행령 제47조 제2항).

① 제5급 이상에 해당하는 신체장해가 2 이상 있는 경우 : 3개 등급 인상

② 제8급 이상에 해당하는 신체장해가 2 이상 있는 경우 : 2개 등급 인상

③ 제13급 이상에 해당하는 신체장해가 2 이상 있는 경우 : 1개 등급 인상

2) 장해등급표에 기재되지 않은 장해가 있는 경우

신체장해등급표에 기재된 것 이외의 신체장해가 있을 경우에는 그 장해의 정도에 따라 기재된 신체장해에 준하여 신체장해의 등급을 정한다(동조 제3항).

3) 장해정도가 가중된 경우

이미 신체에 장해가 있는 자가 부상 또는 질병으로 같은 부위에 장해가 더 심해진 경우에는 그 장해에 대한 장해보상 금액은 장해 정도가 더 심해진 장해등급에 해당하는 재해보상의 일수에서 기존의 장해등급에 해당하는 재해보상의 일수를 공제한 일수에 보상청구 사유 발생 당시의 평균임금을 곱하여 산정한 금액으로 한다(동법 제80조 제2항).

⑷ 장해보상의 예외

장해보상은 휴업보상과 마찬가지로 근로자의 중대한 과실과 노동위원회의 인정을 받은 경우에는 사용자는 장해보상을 하지 아니하여도 된다(동법 제81조).

4. 유족보상

⑴ 의의

근로자가 업무상 사망한 경우에는 사용자는 그 유족에게 평균임금의 1,000일분의 유족보상을 행하여야 한다(동법 제82조 제1항). 업무상 사망은 업무상의 사고로 인하여 즉사할 경우뿐 아니라 업무상 부상 · 질병으로 인하여 사망한 경우 또는 부상 · 질병이 치유된 후 다시 악화되어 사망한 경우도 포함한다.

⑵ 보상시기

유족보상은 근로자가 사망한 후 지체 없이 하여야 한다(동시행령 제51조 제2항).

⑶ 유족의 범위와 순위

1) 유족의 범위는 다음 각 호와 같다. 이 경우 유족보상의 순위는 다음 각 호의 순서에 따르되, 같은 호에 해당하는 경우에는 그 적힌 순서에 따른다(동시행령 제48조 제1항).

① 근로자가 사망할 때 그가 부양하고 있던 배우자(사실혼 관계에 있던 자를 포함한다), 자녀, 부모, 손(孫) 및 조부모

② 근로자가 사망할 때 그가 부양하고 있지 아니한 배우자, 자녀, 부모, 손 및 조부모

③ 근로자가 사망할 때 그가 부양하고 있던 형제자매

④ 근로자가 사망할 때 그가 부양하고 있지 아니한 형제자매

2) 유족의 순위를 정하는 경우에 부모는 양부모를 선순위로 친부모를 후순위로 하고, 조부모는 양부모의 부모를 선순위로 친부모의 부모를 후순위로 하되, 부모의 양부모를 선순위로 부모의 친부모를 후순위로 한다. 그럼에도 불구하고 근로자가 유언이나 사용자에 대한 예고에 따라 제1항의 유족 중의 특정한 자를 지정한 경우에는 그에 따른다(동조 제2항).

3) 같은 순위의 유족보상 수급권자가 2명 이상 있는 경우에는 그 인원수에 따라 똑같이 나누어 유족보상을 한다. 또한 유족보상을 받기로 확정된 유족이 사망한 때에는 같은 순위자가 있는 경우에는 같은 순위자에게, 같은 순위자가 없는 경우에는 그 다음 순위자에게 유족보상을 한다(동시행령 제49조 · 제50조).

5. 장의비

(1) 의의

근로자가 업무상 사망한 경우에는 사용자는 평균임금 90일분의 장의비를 지급하여야 한다(동법 제83조).

(2) 보상시기

장의비는 근로자가 사망한 후 지체 없이 하여야 한다(동시행령 제51조 제2항).

6. 일시보상 · 분할보상

(1) 일시보상

요양보상을 받는 근로자가 요양을 시작한 지 2년이 지나도 부상 또는 질병이 완치되지 아니하는 경우에는 사용자는 그 근로자에게 평균임금의 1,340일분의 일시보상을 하여 그 후의 이 법에 따른 모든 보상책임을 면할 수 있다(동법 제84조).

(2) 분할보상

사용자는 지급능력이 있는 것을 증명하고 보상을 받는 자의 동의를 받으면 장해보상 · 유족보상 또는 일시보상에 따른 보상금을 1년에 걸쳐 분할보상을 할 수 있다(동법 제85조).

Ⅱ. 산업재해보상보험법상의 보험급여의 종류와 내용

1. 요양급여

(1) 의의

1) 요양급여는 요양기간이 4일 이상인 경우 요양비의 전액으로 하되, 근로복지공단(이하 「공단」이라 한다)이 설치한 보험시설 또는 공단이 지정한 의료기관에서 요양을 하게 한다. 다만, 부득이한 경우에는 요양에 갈음하여 요양비를 지급할 수 있다(제40조 제2항).

2) 부상 또는 질병이 3일 이내의 요양으로 치유될 수 있는 때에는 요양급여를 지급하지 아니한다(동조 제3항). 따라서 이 경우에는 근기법에 의한 요양보상을 사용자가 행하여야 한다.

(2) 요양급여의 방법

1) 원칙 : 현물급여(요양제공)

2) 예외 : 현금급여(요양비지급)

(3) 요양급여의 범위

진찰, 약제 또는 진료재료와 의지 그 밖의 보조기 지급, 처치 · 수술 그 밖의 치료, 의료시설에의 수용, 간병, 이송, 그 밖에 노동부령으로 정하는 사항으로 치료에 필요한 제반 비용을 말한다. 근기법상의 요양보상과 같으나「그 밖에 노동부령으로 정하는 사항」이 추가되어 있다(동조 제4항).

(4) 재요양

1) 요양급여를 받은 자가 치유 후 요양의 대상이 되었던 업무상의 부상 또는 질병이 재발하거나 치유 당시보다 상태가 악화되어 이를 치유하기 위한 적극적인 치료가 필요하다는 의학적 소견이 있으면 "재요양"을 받을 수 있다(동법 제51조 제1항).

2) 장해보상연금의 수급권자가 재요양을 받는 경우에는 재요양이 결정된 날의 다음 달부터 재요양이 끝난 날이 속하는 달까지 장해보상연금의 지급을 정지한다(동조 제60조 제1항).

3) 재요양을 받고 치유된 후 장해상태가 종전에 비하여 호전되거나 악화된 경우에는 그 호전 또는 악화된 장해상태에 해당하는 장해등급에 따라 장해급여를 지급한다. 이 경우 재요양 후의 장해급여의 산정 및 지급 방법은 대통령령으로 정한다(동법 제60조 제2항).

2. 휴업급여

(1) 의의

1) 휴업급여는 요양으로 인하여 4일 이상 취업하지 못한 기간에 대하여 지급하되, 1일당 지급액은 「평균임금 100분의 70」에 상당하는 금액으로 한다(법 제39조).

2) 휴업기간이 3일 이내인 경우에는 사용자는 근기법상의 휴업보상을 하여야 한다.

(2) 평균임금의 증감

1) 취지

장기요양자나 연금수급자의 경우 재해당시의 평균임금을 기초로 하므로 장기간 요양을 하거나 연금을 받는 경우 물가와 임금이 계속적으로 오르는데도 보험급여액은 고정되어 있어 손해를 보게 되는 폐단을 시정하기 위한 것이다.

2) 평균임금의 증감

보험급여를 산정하는 경우 해당 근로자의 평균임금을 산정하여야 할 사유가 발생한 날부터 1년이 지난 이후에는 매년 전체 근로자의 임금 평균액의 증감률에 따라 평균임금을 증감하되, 그 근로자의 연령이 60세에 도달한 이후에는 소비자물가변동률에 따라 평균임금을 증감한다(법 제36조 제3항).

* 다만, 부칙에 의거 2018년까지는 연령이 61세에 도달한 이후부터 소비자물가변동률에 따라 변경적용

3) 평균임금산정의 특례

평균임금이 통상임금보다 낮을 경우에는 통상임금을 평균임금으로 간주하여 지급한다. 또한 당해 근로자의 임금이 낮아 해당 평균임금을 적용하는 것이 부적당할 경우 고용노동부장관이 고시하는 최저보상기준금액[141]을 피재근로자의 평균임금으로 한다.

(3) 휴업급여의 감액지급

동 급여의 감액대상연령은 65세 이상이며, 감액지급기준은 휴업급여의 경우 평균임금의 100분의 65이고 상병보상연금은 연금액의 100분의 93이다. 또한 휴업급여감액지급기간은 업무상 재해 발생일부터 2년간을 말한다(영 제51조).

3. 장해급여

(1) 장해급여는 장해등급에 따라 장해보상연금 또는 장해보상일시금으로 한다(법 제57조 제2항). 장해보상연금 또는 장해보상일시금은 수급권자의 선택에 따라 이를 지급한다. 다만, 대통령이 정하는 노동력을 완전히 상실한 장해등급의 근로자에 대하여는 장해보상연금을 지급한다(동조 제3항).

(2) 신체장해등급 기준에 해당하는 신체장해가 2이상인 경우에는 그중 중한 신체장해에 해당하는 장해등급을 그 근로자의 장해등급으로 하되, 제13급 이상의 장해가 2이상인 경우에는 아래기준에 따라 조정된 장해등급을 그 근로자의 장해등급으로 한다.

- 제5급 이상 장해가 2 이상인 경우 : 3개 등급 인상
- 제8급 이상 장해가 2 이상인 경우 : 2개 등급 인상
- 제13급 이상 장해가 2 이상인 경우 : 1개 등급 인상

(3) 장해보상연금은 수급권자의 신청하면 그 연금의 최초의 1년분 또는 2년분을 선급할 수 있다. 다만, 노동력을 완전히 상실한 장해등급의 근로자에게는 그 연금의 최초의 1년분부터 4년분을 선급할 수 있고, 장해급여를 연금의 형태로 지급하는 것이 곤란한 경우로서 대통령령이 정하는 경우

141) 산재보험의 급여산정기준을 평균임금으로 산정함으로써 사회보험으로서의 소득재분배 기능이 미흡하여 산재근로자간 위화감 및 도덕적 해이 현상이 발생하므로 고용노동부장관이 고시하는 최고보상기준금액을 초과한 경우 적용한다.

[142]에는 장해보상일시금을 지급한다(동조 제4항).

(4) 장해보상연금 수급권자의 수급권이 소멸한 경우에 이미 지급한 연금액을 지급당시의 각각의 평균임금으로 나눈 일수의 합계가 장해보상일시금의 일수에 못 미치면 그 못 미치는 일수에 수급권 소멸 당시의 평균임금을 곱하여 산정한 금액을 유족 또는 그 근로자에게 일시금으로 지급한다(동조 제6항).장해보상연금의 수급권자가 사망하거나 그 밖에 대통령령이 정하는 경우[143]에는 그 수급권이 소멸한다(동조 제5항).

4. 장해특별급여

(1) 보험가입자(사업주)의 고의 또는 과실로 발생한 업무상 재해로 근로자가 제1급부터 제3급의 장해등급에 해당되는 장해를 입은 경우에 수급권자가 민법에 의한 손해배상청구에 갈음하여 장해특별급여를 청구하면 장해급여 외에 장해특별급여를 지급할 수 있다. 다만, 근로자와 보험가입자 사이에 장해특별급여에 관하여 합의가 이루어진 경우에 한한다(제78조 제1항).

(2) 수급권자가 장해특별급여를 받으면 동일한 사유에 대하여 보험가입자에게 민법이나 그 밖의 법령에 따른 손해배상을 청구할 수 없다(동조 제2항).

(3) 공단은 장해특별급여를 지급하면 그 급여액 모두를 보험가입자로부터 징수한다(동조 제3항).

5. 간병급여

(1) 간병급여는 요양급여를 받은 자 중 치유 후 의학적으로 상시 또는 수시로 간병이 필요하여 실제로 간병을 받는 자에게 지급한다(법 제61조).

(2) 간병급여의 지급은 근로자의 신청에 의하여 지급하되, 간병이 실제로 행하여진 날에 대하여 월 단위로 지급하고, 간병급여 지급대상자가 재요양을 받는 경우에는 재요양한 날부터 재요양 종료 시까지 간병급여를 지급하지 아니한다(영 제59조 제5항).

6. 유족급여

(1) 급여내용

근로자가 업무상의 사유로 사망한 경우에 유족에게 지급한다. 유족급여는 유족보상연금 또는 유족보상일시금으로 하되, 유족보상일시금은 유족급여를 연금의 형태로 지급하는 것이 곤란한 경우로

142) 1. 내국인 수급권자가 국외로 이주하는 경우, 2. 외국인수급권자가 국내를 떠나게 되는 경우.

143) 수급권자가 연금수급권을 포기하거나 장해상태가 변동되어 지급대상에서 제외되는 경우.

서 대통령령으로 정하는 경우[144]에만 평균임금의 1,300일분에 상당하는 금액을 지급한다(법 제63조 제1항 · 제2항). 유족보상연금의 수급권자가 원하면 유족보상일시금의 100분의 50에 상당하는 금액을 일시금으로 지급하고 유족보상연금은 100분의 50을 감액하여 지급한다(동조 제3항).

(2) 유족보상연금 차액일시금 지급

유족보상연금을 받던 자가 그 수급자격을 잃은 경우 다른 수급자격자가 없고 이미 지급한 연금액을 지급당시의 각각의 평균임금으로 나누어 산정한 일수의 합계가 1,300일에 못 미치면 그 미달하는 일수에 수급자격 상실당시의 평균임금을 곱하여 산정한 금액을 유족보상연금수급자격자가 아닌 다른 유족에게 일시금으로 지급한다(동조 제4항).

(3) 유족보상연금 수급자격자

근로자가 사망할 당시 부양하고 있던 유족 중 처(사실혼 포함) 및 근로자 사망당시 다음 각 호에 해당하는 자로 한다(제63조). 따라서 사망, 재혼, 18세에 달한 때, 장애인이었던 자가 그 상태에서 해소된 때, 사망한 근로자와 친족관계가 종료된 때에는 수급자격을 잃게 된다.

처 이외의 자는 일정한 연령 또는 일정한 장해상태에 있을 것을 요건으로 하고 있음.

① 남편(사실혼 포함), 부모, 조부모에 있어서는 60세 이상
② 자녀, 손에 있어서는 18세 미만
③ 형제자매에 있어서는 18세 미만이거나 60세 이상
④ ① ~ ③에 해당하지 아니하는 남편, 자녀, 부모, 손, 조부모, 또는 형제자매로서 장애인복지법 제2조의 규정에 의한 장애인 중 노동부령으로 정하는 장애등급 이상에 해당한 자
⑤ 근로자 사망 당시 태아인 자는 출생 시부터 자격을 취득

(4) 수급권자인 유족의 순위

1) 유족간의 수급권의 순위는 법령이 정한 각호의 순서[145]로 하되, 각호의 자 사이에서는 각각 그 적힌 순서에 따른다. 이 경우 같은 순위의 수급권자가 2면 이상이면 그 유족에게 똑같이 나누어 지급한다(법 제65조 제1항).

2) 부모에 있어서는 양부모를 선순위로, 실부모를 후순위로 하고, 조부모에 있어서는 양부모의 부모를 선순위로, 실부모의 부모를 후순위로, 부모의 양부모를 선순위로, 부모의 실부모를 후순위로 한다(동조 제2항).

144) 1. 근로자의 사망 당시 법 제43조의2 제1항의 규정에 의한 유족보상연금수급자격자가 없는 경우, 2. 근로자의 사망 당시 법 제43조의3 제2항의 규정에 의한 유족보상연금수급권자가 외국에 거주하는 자인 경우

145) 1. 근로자의 사망당시 그에 의하여 부양되고 있던 배우자 · 자녀 · 부모 · 손 및 조부모 2. 근로자의 사망당시 그에 의하여 부양되고 있지 아니하던 배우자 · 자녀 · 부모 · 손 및 조부모 또는 근로자의 사망당시 그에 의하여 부양되고 있던 형제자매 3. 형제자매

3) 수급권자인 유족이 사망한 경우 그 보험급여는 같은 순위자가 있으면 같은 순위자에게, 같은 순위자가 없으면 다음 순위자에게 지급한다. 근로자가 유언으로 보험급여를 받을 유족을 지정하면 그 지정에 따른다(동조 제3항).

7. 유족특별급여

(1) 보험가입자의 고의 또는 과실로 발생한 업무상 재해로 근로자가 사망한 경우에 수급권자가 민법에 따른 손해배상청구를 갈음하여 유족특별급여를 청구하면 유족급여 외에 유족특별급여를 지급할 수 있다(법 제79조 제1항).

(2) 보험가입자와의 합의 · 다른 법령에 의한 손해배상청구금지 · 급여액의 징수 등에 관하여는 장해특별급여의 규정을 준용한다(동조 제2항).

8. 상병보상연금

(1) 요양급여를 받는 근로자가 요양을 시작한 지 2년이 지난 날 이후에 ⅰ) 그 부상 또는 질병이 치유되지 않은 상태에 있고, ⅱ) 그 부상 또는 질병에 따른 폐질의 정도가 제1급 내지 제3급의 폐질등급기준[146]에 해당하며, 미취업 상태인 경우에는 그 근로자와 그 가족의 생활안정을 도모하기 위하여 휴업급여 대신에 보상수준을 향상시켜 요양급여 뿐만 아니라 상병보상연금을 수급권자에게 지급한다. 이 경우 노동력을 완전히 상실하여 장해보상연금을 받고 있던 자가 부상 또는 질병이 재발하여 재요양하고 있으면 요양을 시작한 후 2년이 지난 것으로 본다(법 제66조 제1항).

(2) 상병보상연금수급권자에게는 휴업급여를 지급하지 아니한다. 다만, 수급권자가 취업을 하고 있더라도 이를 이유로 동 연금의 지급이 거부될 수 없다.[147]

(3) 요양급여를 받는 근로자가 요양을 시작한 후 3년이 지난 날 이후에 상병보상연금을 지급받고 있으면 근기법 제23조 제2항 단서를 적용할 때 그 사용자는 그 3년이 지난 날 이후에는 같은 법 제84조에 규정된 일시보상을 지급한 것으로 본다.

9. 장의비

장의비는 근로자가 업무상의 사유에 의하여 사망한 경우에 지급하되, 평균임금의 120일분에 상당

146) ※ 상병보상연금 급여표

폐질등급	상병보상연금
제1급	평균임금의 329일분
제2급	평균임금의 291일분
제3급	평균임금의 257일분

147) 대판 2000. 9. 8, 2000두3863.

하는 금액을 그 장제를 행하는 자에게 지급한다(법 제74조 제1항). 장의비가 대통령령으로 정하는 바에 따라 고용노동부장관이 고시하는 최고금액을 초과하거나 최저금액에 미달하면 그 최고금액 또는 최저금액을 각각 장의비로 한다(동조 제2항).

10. 후유증상의 진료

공단은 재요양의 요건에는 해당하지 아니하지만, 그 업무상의 부상 또는 질병의 특성상 치유된 후에 후유증상이 발생하였거나 발생할 우려가 있는 자에게는 의료기관에서 필요한 조치를 받도록 할 수 있다(법 제77조).

제3절 재해보상과 구제

Ⅰ. 보상청구권

1. 근기법상의 재해보상청구권

(1) 의의

보상청구권은 퇴직으로 인하여 변경되지 아니하고, 양도 또는 압류하지 못한다(제89조).

(2) 보상청구권의 불가변성

1) 보상청구권은 근로자의 퇴직으로 변경되지 아니한다. 따라서 권리 자체가 소멸되지 않음은 물론 그 내용이 축소되거나 달리 변경되지 않는다.

2) 퇴직은 임의퇴직 · 해고 또는 계약기간의 만료 등 근로관계가 소멸되는 모든 경우를 포함한다.

(3) 양도 · 압류의 금지

1) 보상청구권은 양도 또는 압류하지 못한다. 보상청구권의 양도 또는 압류를 목적으로 하는 법률행위는 무효이며, 압류가 금지되므로 상계도 할 수 없다.

2) 보상청구권의 양도금지는 질권설정 · 권리포기 · 위임형식에 의한 권리의 담보설정 등의 금지를 포함한다.

3) 보상청구권의 상속에 관해서는 명문의 규정이 없으나, 요양보상을 제외하고는 상속이 가능하다고 해석된다.

(4) 소멸시효

재해보상청구권은 3년간 행사하지 아니하면 시효로 소멸한다(법 제92조).

(5) 서류의 보존

사용자는 재해보상에 관한 중요한 서류를 3년간 보존하여야 한다. 서류보존기간의 계산은 재해보상이 끝난 날부터 기산한다(법 제92조).

2. 산재법상의 보험급여청구권

(1) 보험급여의 지급

보험급여는 지급 결정일부터 14일 이내에 지급하여야 한다(법 제82조).

(2) 보험급여지급의 제한

공단은 근로자가 정당한 사유 없이 요양에 관한 지시를 위반하여 부상 · 질병 또는 신체장해의 상태를 악화시키거나 그 치유를 방해한 것이 명백하면 보험급여의 전부 또는 일부를 지급하지 아니할 수 있다(법 제83조 제1항).

(3) 수급권의 보호

1) 퇴직으로 인한 불소멸

보험급여청구권은 퇴직하여도 소멸되지 아니한다(법 제88조 제1항).단, 3년간 행사하지 아니하면 시효로 말미암아 소멸한다(법 제112조 제1항).

2) 보험급여청구권의 양도 또는 압류불가

수급권의 양도가 불가능하며(가족에게도 위임 불가), 민사상의 강제집행이나 세무상의 체납처분에 의해서도 청구권의 압류는 불가능하다(법 제88조 제2항). 이는 근로자 및 유족의 생활안정을 위하여 보험급여의 수급권을 제3자에게 양도 또는 압류할 수 없음을 명문화함으로써 피재근로자의 기본적 생활안정을 도모하고자 한다.

3) 수급권의 대위

보험가입자(사업주)가 소속근로자의 업무상 재해에 대하여 보험급여에 상당하는 금품을 피재근로자인 수급권자에게 미리 지급한 것으로 인정되는 경우 그 수급권자의 보험급여를 받을 권리를 대위한다(법 제89조).

4) 미지급 보험급여의 지급

보험급여의 수급권자가 사망한 경우 그 수급권자에게 지급하여야 할 보험급여 중 아직 지급되지 아니한 보험급여가 있으면 그 유족의 청구에 의하여 그 보험급여를 지급한다. 그 수급권자가 사망 전에 보험급여를 청구하지 아니하면 유족의 청구에 의하여 그 보험급여를 지급한다.

5) 수급권자가 사망한 경우 상속순위

보험급여의 수급권자가 사망한 경우 수급권은 민법에 정한 상속순위가 아닌 산재법이 정한 순위에 따라 승계해야 한다.[148)]

148) 대판 2006. 3. 09, 2005두13841.

Ⅱ. 도급사업에 대한 예외

1. 근기법상의 내용

(1) 사업이 여러 차례의 도급에 따라 행하여지는 경우의 재해보상에 대하여는 그 원수급인을 사용자로 본다(법 제90조 제1항).

(2) 원수급인이 서면 상 계약으로써 하수급인에게 보상을 담당하게 하는 경우에는 그 수급인도 사용자로 한다. 다만, 2명 이상의 하수급인에게 똑같은 사업에 대하여 중복하여 보상을 담당하게 하지 못한다(동조 제2항).

(3) 이 경우 원수급인이 보상의 청구를 받으면 보상을 담당한 하수급인에게 우선 최고할 것을 청구할 수 있다(최고의 항변권). 다만, 그 하수급인이 파산의 선고를 받거나 또는 행방이 알려지지 아니하는 경우에는 최고의 항변권이 없다(동조 제3항).

2. 산재법상의 내용

사업이 수차의 도급에 의하여 행하여지는 경우에는 그 원수급인[149]을 사업주로 본다. 그러나 원수급인이 서면계약으로 하수급인에게 보험료의 납부를 인수하게 하는 경우에 원수급인의 신청에 의하여 근로복지공단이 이를 승인한 때에는 그 하수급인[150]을 사업주로 본다(보험료징수법 제9조 제1항).

Ⅲ. 재해보상에 대한 이의와 구제

1. 서 설

(1) 근기법은 근로자가 재해보상에 관하여 불복이 있는 경우 고용노동부장관과 노동위원회에 이에 대한 심사와 중재를 요구하여 구제를 받을 수 있는 제도를 마련하고 있다.

(2) 산재법은 근로자가 보험급여에 관하여 불복이 있는 경우 근로복지공단의 심사와 산업재해보상보험심사위원회에 재심사를 청구하여 구제를 받을 수 있는 제도를 마련하고 있다.

(3) 이러한 구제제도는 탄력적이고 간이 · 신속한 구제를 위하여 마련된 제도에 불과하므로 근로자는 이러한 구제절차를 거치지 않고 곧 바로 민사소송에 의한 구제를 받을 수 있다.

---

149) "원수급인"이란 사업이 여러 차례의 도급에 의하여 행하여지는 경우에 최초로 사업을 도급받아 행하는 자를 말한다. 다만, 발주자가 사업의 일부를 직접 행하는 경우에는 발주자를 이 법에 의한 원수급인으로 본다(보험료징수법 제2조 제4호).

150) "하수급인"이란 원수급인으로부터 그 사업의 전부 또는 일부를 도급받아 행하는 자와 그 자로부터 그 사업의 전부 또는 일부를 도급받아 행하는 자를 말한다(보험료징수법 제2조 제5호).

2. 근기법상의 구제절차

(1) 고용노동부장관의 심사와 중재(초심)

1) 청구에 의한 심사와 중재

① 업무상의 부상 · 질병 또는 사망의 인정, 요양의 방법, 보상금액의 결정 그 밖에 보상실시에 관하여 이의가 있는 자는 고용노동부장관에게 심사나 사건의 중재를 청구할 수 있다(법 제88조 제1항).

② 고용노동부장관은 위의 청구가 있으면 1개월 이내에 심사나 중재를 하여야 한다(동조 제2항). 고용노동부장관은 심사나 중재를 위하여 필요하다고 인정하면 의사에게 진단이나 검안을 시킬 수 있다(동조 제4항).

③ 고용노동부장관의 심사와 중재는 권고적 성질을 가지며 법적 구속력이 없다. 또한 행정처분이 아니기 때문에 이에 불복하여 행정소송을 제기 할 수 없다.

2) 직권에 의한 심사와 중재

고용노동부장관은 필요에 따라 직권으로 심사나 사건의 중재를 할 수 있다(동조 3항).

3) 시효의 중단

고용노동부장관의 심사나 중재가 있거나 고용노동부장관이 직권으로 하는 심사나 중재의 시작은 시효의 중단에 관하여는 이를 재판상의 청구로 본다(동조 제5항).

(2) 노동위원회의 심사와 중재(재심)

1) 고용노동부장관이 1개월 이내에 심사나 중재를 하지 아니하거나 고용노동부장관의 심사나 중재의 결과에 불복하는 자는 노동위원회의 심사나 중재를 청구할 수 있다(제89조 제1항). 노동위원회는 위의 청구가 있으면 1개월 이내에 심사나 중재를 하여야 한다(동조 제2항).

2) 노동위원회의 심사와 중재도 고용노동부장관의 심사 또는 중재와 마찬가지로 권고적 성질을 가지며 법적 구속력이 없다.

3) 법에 명문의 규정은 없으나, 노동위원회에의 심사 또는 중재의 청구도 소멸시효의 중단사유가 된다고 볼 것이다.

3. 산재법상의 구제절차

(1) 근로복지공단의 심사(초심) → 산업재해보상보험심사위원회

1) 보험급여에 관한 결정에 불복하는 자는 보험급여에 관한 결정이 있음을 안 날부터 90일 이내에 공단에 심사청구를 할 수 있고, 심사청구는 당해 보험급여에 관한 결정을 행한 공단의 소속기관을 거쳐 공단에 제기하여야 하며, 심사청구서를 받은 소속기관은 5일 이내에 의견서를 첨

부하여 이를 공단에 송부하여야 한다(법 제103조 제3항 · 제4항).

2) 심사청구는 당해 보험급여에 관한 결정의 집행을 정지시키지 아니한다(집행부정지의 원칙). 다만 공단은 그 집행에 의하여 발생할 중대한 손실을 피하기 위하여 긴급한 필요가 있다고 인정한 때에는 그 집행을 정지시킬 수 있다. 심사청구 또는 재심사청구시에는 보험급여에 관한 청구권의 소멸시효가 재판상 청구와 마찬가지로 시효중단의 효력이 발생한다(시행령 제98조 제1항).

3) 보험급여에 관한 결정에 대하여는 행정심판법에 따른 행정심판을 제기할 수 없다(법 제103조 제5항). 이는 보험급여에 관한 결정에 대한 불복방법은 이 법에 의하여 처리할 수 있도록 특별규정을 두고 있음에 비추어 당연한 귀결이다. 공단은 심사청구서를 받은 날부터 60일 이내에 심사청구에 대한 결정을 하여야 한다. 다만 부득이한 사유로 인하여 그 기간 내에 결정을 할 수 없으면 1차에 한하여 20일을 넘지 아니하는 범위에서 그 기간을 연장할 수 있다(법 제105조 제1항).

(2) 산업재해보상보험재심사위원회(이하 「재심사위원회」라 한다)의 재심사(재심)

1) 심사청구에 대한 공단의 결정에 불복하는 자는 심사청구에 대한 결정이 있음을 안 날부터 90일 이내에 심사위원회에 재심사청구를 할 수 있고, 재심사청구는 당해 보험급여에 관한 결정을 행한 공단의 소속기관을 거쳐 재심사위원회에 제기하여야 한다(법 제106조 제2항).

2) 심사위원회의 재결은 공단을 기속한다(법 제109조 제2항).

3) 재심사청구서를 받은 날로부터 60일 이내에 심사청구에 대한 결정을 하여야 한다. 재심사청구에 대한 재결은 행정소송법 제18조를 적용할 때 행정심판에 대한 재결로 본다(법 제111조 2항). 따라서 이에 불복하는 자는 행정소송을 제기할 수 있다.

Ⅳ. 근로기준법상 재해보상과 다른 법과의 관계

1. 서 설

근기법상에 따른 재해보상이 있다고 하여 다른 법에 따른 보상을 제한하거나 그 권리행사에 어떤 제한을 두고 있지 않다. 그러나 다른 법에서 보호를 받는 한 이에 대해 이중의 보상을 할 필요는 없으므로, 근기법에서는 이러한 다른 법과의 관계를 조정하기 위하여 몇 가지 규정을 두고 있다.

2. 산재법상 보험급여와의 관계

(1) 근기법상 재해보상과 산재법상 보험급여

1) 재해보상제도는 개별사용자에 의한 직접보상방식을 취하고 있다. 보험급여제도는 이러한 사용자의 재해보상책임에서 그 위험을 분산하고 신속한 지급을 위해 국가가 관장하는 보험제도를 취하고 있다. 따라서 보험급여제도는 사용자의 재해보상에 대한 책임보험의 성격을 가진다.

2) 산재법은 근기법에서 정하지 않은 상병보상연금, 간병급여, 장해특별급여, 유족특별급여 등의 보호규정을 두고 있으며, 휴업급여나 장의비 등은 근기법에서 정한 금액보다도 많이 지급하도록 규정하고 있다.

(2) 산업재해보상보험급여와 사용자의 보상책임

1) 수급권자가 보험급여를 받았거나 받을 수 있으면 보험가입자(사용자)는 동일한 사유에 대하여 근기법에 따른 재해보상책임이 면제된다(산재법 제80조 제1항). 따라서 보험급여가 지급되지 않는 3일 이내의 요양이나 3일 이내의 휴업에 대한 보상책임은 면제되지 않는다.

2) 수급권자가 동일한 사유에 대하여 보험급여를 받으면 보험가입자는 그 금액의 한도 안에서 민법 그 밖의 법령에 따른 손해배상책임이 면제된다(동조 제2항).

3) 산재법상의 보험급여를 받지 못한다고 하여 동일한 이유로 보험가입자인 사업주에 대하여 근기법상의 재해보상금을 청구할 수 없는 것은 아니다. 왜냐하면 보상책임면제규정은 보험가입자로 하여금 이중의 보상책임으로부터 벗어나게 하려는데 그 취지가 있을 따름이기 때문이다.

3. 손해배상책임과의 관계

(1) 손해배상책임의 법적 근거(안전배려의무)

피재근로자에 대한 사용자의 손해배상책임은 근로계약상 임금지급의무 외에 근로자의 생명 · 신체 · 건강 등을 보호하여야 할 신의칙상의 부수적 의무, 즉 안전배려의무를 이행하지 않은데 대한 채무불이행책임으로 보는 것이 일반적이다.

(2) 손해배상책임의 효과

1) 사용자에 대한 효과

산업재해에 따른 보상을 받게 될 자가 동일한 사유에 대하여 민법 그 밖에 법령에 의하여 근기법상의 재해보상에 상당한 금품을 받을 경우에는 그 가액의 한도에 있어서 사용자는 보상의 책임을 면한다(동법 제80조).

2) 제3자에 대한 구상권

① 수급권자가 공단으로부터 보험급여를 받은 경우

공단은 제3자의 행위[151]에 따른 재해로 보험급여를 지급한 경우에는 그 급여액의 한도 안에서 급여를 받은 자의 제3자에 대한 손해배상청구권을 대위한다.[152] 다만, 보험가입자인 2 이상의 사업주가 같은 장소에서 하나의 사업을 분할하여 각각 행하다가 그 중 사업주를 달리하는 근로자의 행위로 재해가 발생하면 그러하지 아니하다(동법 제87조 제1항).

② 수급권자가 제3자로부터 손해배상을 받은 경우

수급권자가 제3자에게 동일한 사유로 이 법의 보험급여에 상당하는 손해배상을 받으면 공단은 그 배상액을 대통령령이 정하는 방법에 따라 환산한 금액의 한도 안에서 이 법에 따른 보험급여를 지급하지 아니한다(동조 제2항).

③ 공단에 신고

수급권자 및 보험가입자는 제3자의 행위로 재해가 발생하면 지체없이 이를 공단에 신고하여야 한다(동조 제3항).

(3) 위자료와 재해보상과의 관계

위자료는 재해보상의 범위에 속하는 것이 아니므로 위자료지급은 보상액에 대하여 아무런 영향을 줄 수 없으며, 또한 그 보상을 가지고 위자료지급책임을 면할 수 없다.

151) 제3자의 행위란 보험관장자, 보험가입자(사업주) 및 소속 근로자 이외의 자가 고의 또는 과실에 의하여 보험급여의 원인을 발생하게 한 행위를 말한다.

152) 이는 재해의 책임이 있는 제3자의 책임면탈을 방지하고 보험재정의 건전성 확보를 도모하기 위한 것이다.

Chapter 8

취업규칙

Ⅰ. 총설

1. 의의

(1) 취업규칙이란 사용자가 기업경영의 필요상 사업장 내부에서 근로자가 취업 상 지켜야 할 복무규율과 임금 · 근로시간 등의 근로조건에 관한 구체적인 사항을 일방적으로 정한 규칙을 말한다.

(2) 취업규칙은 사용자가 일방적으로 제정하고 근로자에 대하여 이에 복종할 것을 사실상 강요하게 된다. 따라서 법은 사용자에 대하여 여러 제한을 가하고 있다.

2. 법적 성질

(1) 사용자에 의하여 거의 일방적으로 작성 · 변경되는 취업규칙이 근로자를 구속하는 근거와 관련하여 그 근거를 근로자의 동의에서 구하는 계약설(순수계약설 · 사실규범설 · 사실관습설)과 취업규칙을 법 규범이라고 해석하는 법 규범설(소유권설 · 관습법설 · 수권설)로 견해가 대립된다.[153)]

(2) 취업규칙 그 자체에는 법규범성이 없다고 하더라도 국가법이 근로자보호의 이념을 실현하기 위하여 이에 대하여 법규범으로서의 효력을 부여한 것이라는 수권설(다수설 · 판례[154)])이 타당하다고 본다.

Ⅱ. 취업규칙에 대한 법적 규제

1. 취업규칙의 작성 · 신고의무

---

153) (1) 계약설 ① 순수계약설 : 취업규칙의 내용은 당사자간의 합의에 의하여 계약의 내용이 된다고 하며, 사용자가 취업규칙을 근로자에게 제시하기만 하면 그 사실만으로 당사자간에 합의가 되었다고 의제한다. ② 사실규범설 : 취업규칙은 근로조건을 정하는 사실상의 기준으로서 규범이지만 그것만으로서는 당사자를 구속하지 못하고, 당사자의 합의에 의해 비로소 법적 효력이 생긴다고 본다. ③ 사실관습설 : 취업규칙이 법적 효력을 갖는 근거를 당사자간의 개별적인 합의에서가 아니라 노사관계에 있어서의 사실인 관습에서 찾는다. (2) 법규범설 ① 소유권설(경영권설) : 취업규칙은 사용자의 소유권의 행사에 의하여 창설된 경영체의 질서이고, 그러한 소유권을 국가가 법적으로 보장하기 때문에 법규범성을 갖는다고 한다.② 관습법설 : 취업규칙은 사회규범으로서 작용을 하기 때문에 관습법에 준하는 법규범으로서의 성질을 갖는다고 한다.③ 수권설 : 취업규칙의 강행적 · 직률적 효력을 규정한 법 제100조에 의해 취업규칙의 법규범성이 인정된다고 보는 견해이다.(3) 학설의 검토 : ① 순수계약설은 근로자가 취업규칙의 내용을 현실적으로 알지 못했거나 또는 그에 대하여 반대한 경우에도 합의가 있었던 것으로 보기 때문에 너무 의제적이라 할 수 있다. ② 사실규범설은 취업규칙의 사회규범으로서의 성격을 인정하면서 사회규범의 근거 내지 타당성을 당사자의 합의에서 구하고 있다는 점에서 논리의 일관성이 없다. 왜냐하면 사회규범은 당사자의 합의와는 별개의 차원에서 다루어지는 것이기 때문이다.③ 사실관습설은 근로자가 취업규칙의 내용에 반대를 하지 않는 한 그것이 근로계약의 내용이 된다고 하는데, 근로자가 반대하는 경우의 법적 효력에 대한문제를 제시하지 않고 있다.④ 소유권설은 취업규칙의 사회규범으로서의 기능과 그 법적 평가를 혼동하고 있다.⑤ 관습법설에 의하면 장기간의 관습에 의하여 확립된 규범이 아닌 처음으로 제정된 취업규칙이나 기존의 취업규칙이 전면적으로 개정되어 동일성을 상실하는 경우에는 취업규칙이 규범성을 인정할 수 없게 된다.

154) 대판 1977. 7. 26, 77다355.

(1) 의의

상시 10명 이상의 근로자를 사용하는 사용자는 취업규칙을 작성하여 고용노동부장관에게 신고하여야 한다. 이를 변경하는 경우에 있어서도 또한 같다(제93조). 사용자에게 취업규칙의 작성의무와 기재사항의 법정 및 신고의무를 부과한 것은 행정적 감독을 통하여 근로자를 보호하려는 취지이다.

(2) 작성 · 신고의무자

1) 취업규칙의 작성 · 신고의무자는 상시 10명 이상의 근로자를 사용하는 사용자이다.

2) 「상시 10인 이상」이란 경우에 따라서 10명 미만의 경우가 있더라도 상태적으로 10명 이상인 경우를 말하며, 사업의 종류에 따라 각 사업장이 동질성을 갖고 있는가의 여부에 따라 판단하여야 할 것이다.

> **상시10인 미만의 근로자를 사용하는 사업장에서 작성한 취업규칙**
>
> 상시 5인 이상 10인 미만의 근로자를 사용하는 사용자는 취업규칙의 작성 · 신고 의무가 없으나, 실제로 취업규칙을 통하여 근로조건의 전부 또는 일부를 규율하고 있다면, 근로조건의 저하를 초래하는 취업규칙의 불이익변경시에는 당해 사업장의 근로자과반수(근로자의 과반수로 조직된 노동조합이 있는 경우에는 그 노동조합)의 동의를 얻어야 효력이 있는 것이므로, 사용자가 근로자의 동의 없이 임의로 취업규칙을 불이익하게 변경하는 경우에는 그 변경된 부분은 효력이 없다고 보아야 할 것이다.(근로기준팀-2060, 2005. 12. 29).

(3) 취업규칙의 작성

1) 작성이란 법에서 정한 필요적 기재사항을 모두 포함한 규칙을 서면에 기재하는 것을 말한다. 따라서 필요적 기재사항을 개별적인 근로계약에서 정하고 있다고 해서 작성의무가 면제되는 것은 아니다.

2) 사용자는 단시간근로자에게 적용되는 취업규칙을 통상근로자에게 적용되는 취업규칙과 별도로 작성할 수 있다.

(4) 취업규칙의 신고

1) 취업규칙은 작성 · 변경 시에는 고용노동부장관에게 신고하여야 한다.

2) 신고의 여부는 취업규칙의 효력발생요건과는 관계가 없다. 따라서 취업규칙의 내용을 게시 · 비치 또는 배부하여 이를 근로자에게 주지시킨 경우에는 신고를 하지 않아도 효력이 인정된다.

(5) 주지의무

사용자는 취업규칙을 근로자가 자유롭게 열람할 수 있는 장소에 항상 게시하거나 갖추어 두어 근로자에게 널리 알려야 한다(제14조 제1항).

(6) 기재사항

1) 필요적 기재사항

필요적 기재사항은 취업규칙에 반드시 기재하여야 할 사항으로 법 제93조에서 정하고 있다. 그러나 아래의 필요적 기재사항의 일부를 기재하지 않거나 그 기재에 흠결이 있는 경우라도 그 효력발생에 관한 요건을 갖추고 있는 한 취업규칙 자체가 무효로 되는 것은 아니다.

1. 업무의 시작과 종료 시각, 휴게시간, 휴일, 휴가 및 교대 근로에 관한 사항
2. 임금의 결정 · 계산 · 지급 방법, 임금의 산정기간 · 지급시기 및 승급에 관한 사항
3. 가족수당의 계산 · 지급 방법에 관한 사항
4. 퇴직에 관한 사항
5. 「근로자퇴직급여보장법」제8조에 따른 퇴직금, 상여 및 최저임금에 관한 사항
6. 근로자의 식비, 작업 용품 등의 부담에 관한 사항
7. 근로자를 위한 교육시설에 관한 사항
8. 산전후휴가 · 육아휴직 등 여성 근로자의 모성 보호에 관한 사항
9. 안전과 보건에 관한 사항

9의2. 근로자의 성별 · 연령 또는 신체적 조건 등의 특성에 따른 사업장 환경의 개선에 관한 사항

10. 업무상과 업무 외의 재해부조에 관한 사항
11. 표창과 제재에 관한 사항
12. 그 밖에 해당 사업 또는 사업장의 근로자 전체에 적용될 사항

2) 임의적 기재사항

필요적 기재사항 이외에도 사용자는 법령이나 단체협약에 반하지 않는 한 어떠한 사항이라도 기재할 수 있는 바, 이를 임의적 기재사항이라고 한다.

2. 취업규칙의 작성 · 변경에 있어서의 의견청취의무와 의견서첨부

(1) 법 규정

① 사용자는 취업규칙의 작성 · 변경에 관하여 당해 사업장에 근로자의 과반수로 조직된 노동조합에 있는 경우에는 그 노동조합, 근로자의 과반수로 조직된 노동조합이 없는 경우에는 근로자의 과반수의 의견을 들어야 한다. 다만, 취업규칙을 근로자에게 불이익하게 변경하는 경우에는 그 동의를 받아야 한다(제94조 제1항).

② 사용자는 취업규칙을 신고할 때에는 위의 의견을 기입한 서면을 첨부하여야한다(동조 제2항).

(2) 의견의 청취

1) 의견청취의 대상

당해 사업장에 근로자의 과반수로 조직된 노동조합이 있는 경우에는 그 노동조합이고, 근로자의 과반수로 조직된 노동조합이 없는 경우에는 근로자의 과반수이다.

2) 의견의 청취

「의견을 들어야 한다」는 것은 근로자의 단체적인 의견을 구하여야 한다는 것이며, 반드시 동의를 얻어야 한다는 것이 아니다. 따라서 근로자의 반대여부는 취업규칙의 효력에 영향을 미치지 아니한다(통설 · 판례).[155]

3) 의견서의 첨부

사용자가 취업규칙을 작성 또는 변경하여 이를 신고한 때에는 노동조합 또는 근로자대표의 의견을 기입한 서면을 첨부하여야 한다(동조 제2항).

(3) 법 제94조 위반의 사법상의 효력

취업규칙을 작성 또는 변경함에는 ① 필요적 기재사항 기재, ② 의견청취 내지 신고의무, ③ 주지의무, ④ 의견서첨부 등의 요건을 갖추어야 하는 바, 이와 같은 요건을 갖추지 않은 경우 판례[156]는 동 규정을 단속규정으로만 보고 있어 취업규칙의 효력에 영향을 주지 않는다고 본다. 다만 이 경우에 취업규칙의 사법상의 효력을 부여할 것인가에 학설상 논란이 있다.[157]

(4) 취업규칙의 불이익[158]변경과 동의

1) 법 규정

155) 대판 1991. 4. 9, 90다16245.

156) 대판 1991. 4. 9, 90다16245.

157) 취업규칙 또는 단체협약에서 취업규칙의 작성과 변경시 근로자 측의 동의나 협의를 요건으로 하는 동의조항 내지 협의조항을 두고 있는 경우에, 동의 또는 협의를 거치지 않고 작성 · 변경된 취업규칙의 효력이 문제된다.(1) 취업규칙에 동의조항 또는 협의조항을 두고 있는 경우 ① 유효설 : 취업규칙은 원래 사용자가 일방적으로 작성하는 것이므로 이를 제한하는 동의조항 또는 협의조항에 위반하더라도 채무불이행의 문제만 발생할 뿐이며 취업규칙 자체의 효력에는 아무런 영향을 미치지 않는다고 한다. ② 무효설 : 취업규칙은 노사 쌍방을 구속하는 법규범이므로 또는 동의조항 내지 협의조항은 사용자가 자발적으로 자기 권한을 제한한 것이므로 이에 위반한 취업규칙에 대하여 효력을 인정할 수 없다고 한다. (2) 단체협약에서 동의조항 또는 협의조항을 두고 있는 경우 ① 유효설 : 채무불이행의 책임만을 지게 되며 효력 자체에는 아무런 영향을 미치지 않는다고 한다.② 무효설 : 단체협약의 조직적 부분에 속하는 동의조항 또는 협의조항에 대해서는 주로 규범적 효력이 인정되어 이에 위반한 경우에는 무효가 되므로 이 경우에도 역시 무효가 된다고 한다.

158) 근로자에게 불이익하다는 것은 근로조건의 저하를 가져오거나 복무규율이 되는 것을 말하는 것으로 급여규정의 변경이 일부 근로자에게는 유리하고 일부 근로자에게는 불리한 경우에도 불이익한 것으로 본다(대판 1993. 5. 14, 93다1893).

제94조 (규칙의 작성, 변경 절차) ①사용자는 취업규칙의 작성 또는 변경에 관하여 해당 사업 또는 사업장에 근로자의 과반수로 조직된 노동조합이 있는 경우에는 그 노동조합, 근로자의 과반수로 조직된 노동조합이 없는 경우에는 근로자의 과반수의 의견을 들어야 한다. 다만, 취업규칙을 근로자에게 불리하게 변경하는 경우에는 그 동의를 받아야 한다.

2) 불리한 경우의 판단

① 일부근로자에게는 유리하고 일부근로자에게는 불리한 경우에는 불이익한 것으로 본다.[159] 여기에서 불이익변경의 기준은 개별근로자가 아닌 사회통념상 합리성을 기준[160]으로 한다.

② 일부 내용이 근로자에게 불리할지라도 다른 요소가 유리하게 변경된 경우에는 그 대가관계나 연계성이 있는 여러 상황을 종합적으로 고려하여 개정조항이 유리한 개정인지 불리한 개정인지를 밝혀서 판단하여야 한다.

③ 근로자에게 불리하다는 판단의 기준 시점은 취업규칙의 변경이 이루어진 시점이다.

관련행정해석 및 판례

노조에 가입할 수 없는 과장급 이상의 근로자에게만 적용되는 연봉제 도입절차

근로기준법 제97조에서 과반수 노동조합에 취업규칙 불이익변경에 대한 동의권을 부여한 것은 원칙적으로 취업규칙의 불이익변경은 근로자의 과반수의 동의를 얻어야 하지만 근로자 과반수로 조직된 노동조합이 있는 경우에는 그 노동조합의 의사를 근로자 과반수의 의사로 의제할 수 있는 대표권을 노동조합이 가진다고 보기 때문인 것임. 따라서 노동조합이 이러한 대표권을 갖지 못하는 과장급 근로자에게만 적용되는 취업규칙의 불이익변경은 노동조합이 동의권을 행사할 수 없다고 보아야 하며, 불이익변경을 적용받는 근로자의 과반수의 동의가 필요하고, 당해 노동조합의 의견을 청취하면 될 것으로 사료됨(2001. 11. 27, 근기68207-4087).

다른근로자 집단에게도 적용이 예상되는 경우 동의주체

여러 근로자 집단이 하나의 근로조건 체계 내에 있어 비록 취업규칙의 불이익변경 시점에는 일부 근로자 집단만이 직접적인 불이익을 받더라도 그 나머지 다른 근로자 집단에게도 장차 직급의 승급 등으로 변경된 취업규칙의 적용이 예상되는 경우에는 일부 근로자 집단은 물론 장래 변경된 취업규칙 규정의 적용이 예상되는 근로자 집단을 포함한 전체 근로자 집단이 동의주체가 되고, 그렇지 않고 근로조건이 이원화되어 있어 변경된 취업규칙이 적용되어 직접적으로 불이익을 받게 되는 근로자 집단 이외에 변경된 취업규칙의 적용이 예상되는 근로자 집단이 없는 경우에는 변경된 취업규칙이 적용되어 불이익을 받는 근로자 집단만이 동의주체가 된다.

159) 대판 1993. 5. 14, 93다1893.

160) 사회통념상 합리성의 유무는 취업규칙의 변경에 의하여 근로자가 입게 될 불이익의 정도, 사용자측의 변경필요성의 내용과 정도, 변경 후의 취업규칙 내용의 상당성, 대상조치 등 관련된 근로조건의 개선상황 등을 종합적으로 고려하여 판단하여야 한다(대판 2002. 6. 11, 2001다 6722).

비록 이 사건에서 원고와 같은 연구직 책임급에게는 조합원 자격이 인정되지 않고, 이 사건 취업규칙상의 연구직 책임급의 정년 단축으로 인하여 그 정년 단축 당시의 연구직 책임급만이 직접적인 불이익을 받는다고 하더라도, 다른 근로자 집단이 연구직 책임급의 근로자 집단과 동일한 근로조건 체계 내에 있고, 그 다른 근로자 집단에게도 이 사건 취업규칙상의 정년단축 규정의 적용이 예상되는 경우에는 연구직 책임급의 근로자 집단뿐만 아니라 장래 이 사건 취업규칙상의 단축된 정년의 적용이 예상되는 다른 근로자 집단을 포함한 전체 근로자 집단이 동의주체가 된다.(대법 2009. 11. 12, 2009다49377)

3) 동의의 방식

① 한 사업 또는 사업장의 모든 근로자가 일시에 한자리에 집합하여 회의를 개최하는 방식[161] 만이 아니라, 기구별 또는 단위부서별 사용자 측의 개입이나 간섭이 배제된 상태에서 근로자 상호간에 의견을 교환하여 찬반을 집약한 후 이를 전체적으로 취합하는 방식도 허용되지만,[162] 개별근로자의 동의나 노사협의회에 의한 방식은 허용될 수 없다.[163]

② 취업규칙의 변경이 근로자에게 불리한 경우 근로자집단의 동의를 요하므로 종전 취업규칙에 정함이 없는 사항에 대해서는 근로자의 동의가 없어도 무방하다. 예컨대 종전 취업규칙에 없던 사유도 그것이 법령에 위반하거나 단체협약 등에 저촉되지 않는 한 근로자집단의 동의 없이 취업규칙에서 새로 정할 수 있다고 본다.[164]

③ 단체협약에서 취업규칙의 변경을 조합의 동의를 요한다고 규정되어 있을지라도 유리한 변경의 경우에는 그 동의가 필요 없다.[165]

근로자과반수로 조직된 노동조합이 없는 경우 회의방식에 의한 과반수의 동의절차

취업규칙에 규정된 근로조건의 내용을 근로자에게 불이익하게 변경하는 경우에 근로자 과반수로 구성된 노동조합이 없는 때에는 근로자들의 회의 방식에 의한 과반수 동의가 필요하다고 하더라도, 그 회의 방식은 반드시 한 사업 또는 사업장의 전 근로자가 일시에 한자리에 집합하여 회의를 개최하는 방식만이 아니라 한 사업 또는 사업장의 기구별 또는 단위 부서별로 사용자측의 개입이나 간섭이 배제된 상태에서 근로자 상호간에 의견을 교환하여 찬반의견을 집약한 후 이를 전체적으로 취합하는 방식도 허용된다고 할 것인데, 여기서 사용자측의 개입이나 간섭이라 함은 사용자측이 근로자들의 자율적이고 집단적인 의사결정을 저해할 정도로 명시 또는 묵시적인 방법으로 동의를 강요하는 경우를 의미하고 사용자측이 단지 변경될 취업규칙의 내용을 근로자들에게 설명하고 홍보하는 데 그친 경우에는 사용자측의 부당한 개입이나 간섭이 있었다고 볼 수 없다(대법 2003. 11. 14, 2001다18322).

4) 근로자집단의 동의를 얻어 불이익 변경한 취업규칙의 효력

161) 대판 1992. 11. 24, 91다31753.

162) 대판 1992. 2. 25, 91다25055.

163) 대판 1995. 2. 10, 92다28566.

164) 대판 1994. 6. 14, 93다26151.

165) 대판 1994. 12. 23, 94누3011.

① 변경된 취업규칙의 효력은 근로자집단의 과반수 동의가 있는 때에 발생한다.

② 변경된 취업규칙의 효력은 동의가 있은 때에 발생하므로 변경이전 재직기간까지 소급하여 적용될 수 없다.[166)]

5) 근로자집단의 동의 없이 불이익 변경한 취업규칙의 효력

① 절대적 무효설

취업규칙을 근로자집단의 동의 없이 근로자에게 불이익하게 변경하는 경우, 변경 그 자체가 무효이므로 모든 근로자에게 효력이 없다고 한다(통설,종전판례).[167)]

② 상대적 무효설

취업규칙을 근로자집단의 동의 없이 근로자에게 불이익하게 변경하는 경우, 기존 근로자에게는 변경의 효력이 없지만 변경된 취업규칙을 수용하고 입사한 근로자에 대해서는 변경의 효력이 있다고 한다.[168)] 이 경우에 현행의 법적 효력을 가진 취업규칙은 변경된 취업규칙이고 다만, 기존 근로자에 대한 관계에서 기득이익 침해로 그 효력이 미치지 않는 범위 내 에서 종전 취업규칙이 적용될 뿐이므로 하나의 사업 내에 둘 이상의 취업규칙을 둔 것이 아니라고 한다.

6) 합리성이론

① 취업규칙 변경이 근로자에게 불리한 경우라도 사회통념상 합리성이 인정될 만한 것일 때에는 근로자의 동의가 없어도 그 변경은 유효하다고 보는 견해이다.[169)]

② 그러나 법에서 명문으로 근로자집단의 동의를 요구하고 있는 이상 해석에서 합리성을 내세워 함부로 근로자집단의 동의를 배제하는 것은 근기법의 기본이념에 배치된다고 본다.

취업규칙의 변경에서 합리성이 있다고 인정되는 경우

사용자가 일방적으로 새로운 취업규칙의 작성 · 변경을 통하여 근로자가 가지고 있는 기득의 권리나 이익을 박탈하여 불이익한 근로조건을 부과하는 것은 원칙적으로 허용되지 아니한다고 할 것이나, 당해 취업규칙의 작성 또는 변경이 그 필요성 및 내용의 양면에서 보아 그에 의하여 근로자가 입게 될 불이익의 정도를 고려하더라도 여전히 당해 조항의 법적 규범성을 시인할 수 있을 정도로 사회통념상 합리성이 있다고 인정되는 경우에는 종전 근로조건 또는 취업규칙의 적용을 받고 있던 근로자의 집단적 의사결정 방법에 의한 동의가 없다는 이유만으로 그 적용을 부정할 수는 없다고 할 것이고, 한편 여기에서 말하는 사회통념상 합리성의 유무는 취업규칙의 변경에 의하여 근로자가 입게 되는 불이익의 정도, 사용자측의 변경 필요성의 내용과 정도, 변경 후의 취업규칙 내용의 상당성, 대상조치 등을 포함한 다른 근로조건의 개선상황, 노동조합 등과의 교섭 경위 및 노동조합이나 다른 근로자의 대응, 동종 사항에 관한 국내의 일반적인 상황 등을 종합적으로 고려하여 판단하여야 한다(대법 2001. 01. 05, 99다70846).

166) 대판 1990. 11. 27, 89다카15939.

167) 대판 1990. 4. 17, 89다카7754).

168) 대판 1992. 12. 22, 92다45165.

169) 대판 1994. 5. 24, 93다14493.

7) 소급적 동의

① 근로자집단의 동의를 얻지 못하고 불이익하게 변경된 취업규칙이 그 후 단체협약에 의하여 소급적으로 동의를 얻는 경우, 그 효력은 취업규칙 변경시에 소급하여 발생한다.[170)]

② 그러나 노동조합은 근로자들에게 불이익하게 변경된 취업규칙에 대하여 소급효를 가지는 동의를 할 수 없으며, 그러한 취지의 단체협약조항은 무효라고 본다.

3. 감급제재규정의 제한

(1) 의의

취업규칙에서 근로자에 대하여 감급(減給)의 제재를 정할 경우에 그 감액은 1회의 금액이 평균임금의 1일분의 2분의 1을, 총액이 1임금지급기의 임금 총액의 10분의 1을 초과하지 못한다(제95조).

이는 감급의 최고한도를 정함으로써 근로자의 임금채권이 확보되도록 하여 그 생활을 보장하려는데 그 취지가 있다.

(2) 감급의 제재

「감급의 제재」란 취업규칙 등에서 정하는 직장규율위반[171)]에 대한 제재로서 근로자가 실제로 제공한 근로에 대한 임금 액에서 일정액을 감액하는 것을 말한다. 따라서 결근 · 지각 · 조퇴 등 근로제공이 없었던 시간에 상당하는 임금만을 공제하는 것은 감급의 제재로 볼 수 없다.

(3) 감급액의 제한

1) 감급액의 최고한도는 1회의 금액이 「평균임금의 1일분의 반액」을 초과할 수 없으며, 총액이 「1임금 지급기에 있어서의 임금총액의 10분의 1」을 초과하지 못한다. 여기서 「1회의 금액」이란 1회의 위반행위에 대한 감급액을 말한다.

2) 평균임금의 산정일은 감급의 의사표시가 근로자에게 도달한 날이다.

3) 「1임금지급기에 있어서의 임금총액」이란 당해 임금지급기에 있어서 실제로 지급되어야 하는 임금의 총액이다. 따라서 결근 등으로 인하여 감액된 경우에는 감액된 임금액을 기초로 하여야 할 것이다.

---

170) 대판 1992. 7. 24, 91다34073.

171) 규율위반사유로는 사용자나 기업에 대한 명예신용의 실추, 경력사칭, 기업기밀누설, 경업금지위반, 비행 등을 들 수 있다.

1회의 감급사유에 대한 감급액 적용방법

근로기준법 제98조에 의하면 취업규칙에서 감급의 제재를 정할 경우에는 그 감액은 1회의 액이 평균임금의 1일분의 2분의 1을, 총액이 1임금지급기에 있어서의 임금총액의 10분의 1을 초과하지 못한다고 규정하고 있음. 근로기준법 제98조의 취지는 근로자의 임금에 대한 감급의 제재를 정함에 있어 아래와 같은 이중적 제한을 규정하고 있는 것임. 1회의 감급액은 평균임금의 1일분의 반액 이하일 것 감급의 총액은 1임금지급기에 있어서의 임금총액의 10분의 1 이하일 것 예를 들어 1일 평균임금이 20,000원이고 1임금지급기가 월급형태이며 월평균임금의 600,000원일 때 감급이 감봉 3월의 경우라면 감급 1회의 액은 1일 평균임금 20,000원의 반액인 10,000원을 초과하지 않는 범위내에서 3개월동안 분할 감액할 수 있으며, 3월간의 감급총액은 1임금지급기 임금총액의 10분의 1인 60,000원을 초과하여 감액할 수 없는 것임. 따라서 상기 예에서는 1개월(1회) 10,000원을 기준으로 3개월동안 총 30,000원을 감액할 수 있음(1999. 12. 30, 근기68207-997).

상여금지급규정에 징계자에 대한 상여금지급제한을 정한 경우

근로기준법 제98조(제재규정의 제한)는 '취업규칙에서 근로자에 대하여 감급의 제재를 정할 경우에는 그 감액은 1회의 액이 평균임금의 1일분의 2분의 1을, 총액이 1임금지급기에 있어서의 임금총액의 10분의 1을 초과하지 못한다'고 규정하고 있음. 귀 질의서상의 사실관계가 일부 명확하지 못하여 정확한 답변을 드리기 어려우나, 근로기준법 제98조는 사용자가 취업규칙으로 감급의 제재를 정하는 경우 감급의 최고한도를 정함으로써 근로자의 생계를 보호하고자 하는 규정으로 해석되는 바, 귀 질의의 '상여금 지급규정'이 당해 사업장의 전체 근로자에게 적용될 근로조건을 정한 것이라면 그 명칭 여하를 불문하고 취업규칙으로 볼 수 있으며, 징계자에 대하여 상여금을 제한하여 지급토록 정하는 것은 단순히 '상여금 지급조건을 정한 것'이라기 보다는 징계를 이유로 근로조건에 차별을 둠으로써 제재하는 것으로 볼 수 있으므로, 달리 볼 사정이 없는 한 근로기준법 제98조의 적용을 받는다고 봄(2001. 01. 08, 근기68207-77).

Ⅲ. 취업규칙의 효력

1. 효력발생시기와 적용범위

(1) 효력발생시기

1) 사용자는 취업규칙을 항상 각 사업장에 게시 또는 비치하여 근로자에게 널리 알려야할 의무가 있으며(제14조 제1항), 근로자가 이를 주지할 수 있는 상태에 있을 때부터 효력이 발생한다.

2) 취업규칙제정 이전의 행위에는 소급하여 적용할 수 없다.[172]

(2) 적용범위

1) 원칙적으로 당해 사업장에서 사용되는 모든 근로자에게 적용된다. 그 시행시점에 이미 취업하

172) 대판 1990. 11. 27, 89다카15939.

고 있거나 그 이후에 취업하는 근로자에 대해서만 그 효력이 미친다.[173)]

2) 취업규칙이 전체 근로자에 대해 동일한 것이어야 할 필요는 없으며, 근로자의 직종이나 근무형태에 따라 취업규칙의 내용을 달리하는 것도 무방하다. 예컨대 하나의 사업장에서 사원취업규칙 · 시간제근로자취업규칙 등을 각각 별도로 정할 수 있다. 그러나 이때에는 모든 취업규칙을 합쳐 그 사업장의 취업규칙이 되고, 각각 개별적으로 근기법상 별도의 취업규칙이 되지는 않는다.

2. 취업규칙과 법령 · 단체협약과의 관계

(1) 법 규정

> ① 취업규칙은 법령이나 해당 사업 또는 사업장에 대하여 적용되는 단체협약과 어긋나서는 아니 된다(제96조 제1항).
> ② 고용노동부장관은 법령이나 단체협약에 어긋나는 취업규칙의 변경을 명할 수 있다(동조 제2항).

1) 취업규칙은 법령에 반할 수 없다.

2) 「법령」이란 법률이나 명령만이 아니라 조례나 규칙도 포함하나 강행법규에 한정된다. 민법 제103조(반사회질서의 법률행위)나 제2조(권리남용금지)의 규정도 포함된다.

3) 「어긋나서는 아니 된다」는 것은 법령에서 정한 기준 이하일 수 없다는 것을 의미한다. 따라서 법령보다 근로자에게 유리한 근로조건을 정한 취업규칙은 그대로 효력이 있다.

(2) 단체협약의 우월성

1) 취업규칙은 당해 사업장에 대하여 적용되는 단체협약에 반할 수 없고, 취업규칙과 단체협약의 내용이 다른 경우 단체협약이 우선적으로 적용되므로,[174)] 단체협약의 내용은 그대로 취업규칙의 내용으로 된다. 또한 취업규칙의 규정을 무효화시킨 단체협약이 실효된 경우에도 취업규칙의 당해규정은 그 효력이 부활되는 것은 아니다.

2) 단체협약 중 규범적 부분만이 취업규칙에 우선한다고 보는 견해가 있으나, 채무적 · 조직적 부분도 포함된다고 보아야 할 것이다.[175)]

---

173) 대판 1999. 1. 26, 97다53496.

174) 대판 2002. 12. 27, 2002두9063.

175) 예컨대 협약중의 해고동의조항이나 조합 활동 조항 등에 반한 취업규칙도 무효라고 보아야 한다. 단체협약이 근로자의 일부에게만 해당되는 경우 그것에 반한 취업규칙은 해당근로자에게만 무효가 된다.

(3) 법령 · 단체협약에 반하는 취업규칙의 효력

1) 무효

법령이나 단체협약에 반한 취업규칙의 조항은 당연히 무효이다. 그런데 취업규칙의 법적 성질에 관한 계약설에 의하면 취업규칙은 근로계약의 내용으로 전화하기 때문에 무효가 되는 것은 근로계약의 내용이 된 취업규칙부분, 즉 근로계약의 당해 부분이라고 한다. 그러나 취업규칙에는 강행적 · 직률적 효력이 있는 이상 취업규칙의 당해 부분 자체가 무효로 된다고 보아야 할 것이다(법규범설).

2) 보충작용의 문제

법령 또는 단체협약에 반하여 무효가 된 부분이 법령 또는 단체협약에 정한 바에 의하여 보충되느냐 하는 문제에 관하여 견해의 대립[176]이 있다.

(4) 고용노동부장관의 변경명령

1) 고용노동부장관은 법령 또는 단체협약에 저촉되는 취업규칙의 변경을 명할 수 있다.(제 96조 제 2항) 사용자가 고용노동부장관의 변경명령에 따르지 아니하면 벌칙이 적용된다(제114조 제 2호).

2) 취업규칙의 변경명령은 단순히 사용자에게 취업규칙을 변경할 의무를 부과하는데 불과하므로 변경명령에 의하여 즉시 변경되는 것은 아니다. 사용자가 변경명령에 따라 「소정의 변경절차를 거침으로써」 비로소 변경되는 것이다.

3. 취업규칙과 근로계약과의 관계

(1) 의의

취업규칙에 정한 기준에 미달되는 근로조건을 정한 근로계약은 그 부분에 관하여는 무효로 한다. 이 경우에 있어서 무효로 된 부분은 취업규칙에 정한 기준에 의한다(제97조).

(2) 취업규칙의 최저 기준적 효력

1) 취업규칙에 정한 기준미달의 근로조건을 정한 근로계약은 그 부분에 대하여만 이를 무효로 한다. 따라서 취업규칙의 근로조건 수준보다 근로계약의 근로조건 수준이 상회하는 경우 근로계약은 유효하다.

---

176) (가) 긍정설 : 법에 명문의 규정은 없으나 법령이나 단체협약에 의한 보충작용을 부정하면 무효로 된 취업규칙의 규정이 사실상 적용될 위험성이 있으므로 보충작용을 인정하는 것이 타당하다는 견해이다. (나) 부정설 : 법 제96조 1항에서는 법 제97조와 노조법 제33조와 같은 보충규정을 두고 있지 않을 뿐만 아니라, 제2항에서 고용노동부장관의 변경 명령권을 규정하고 있는 것으로 보아 보충작용을 인정하는 것은 타당하지 않다고 보는 견해이다.

2) 취업규칙에서 정한 근로조건의 기준에는 채용에 관한 기준은 포함되지 않는다.[177)]

(3) 취업규칙의 보충작용

무효로 된 부분은 취업규칙에 정한 기준에 의한다. 따라서 근로계약이 무효가 된 부분에 대해서는 취업규칙의 규정에 따라 노사 간의 권리 · 의무관계가 정하여진다.

177) 대판 1992. 8. 14, 92다1995.

Chapter 9

모성보호

Ⅰ. 모성보호

모성보호란 생리, 임신, 출산, 수유 등 여성 고유의 모성기능을 특별히 보호함으로써 국민을 재생산하는 사회적 기능을 사회제도적으로 보호하는 것이다.

Ⅱ. 시간외근로의 제한

1. 법 규정

> 제71조(시간외근로)사용자는 산후 1년이 지나지·아니한 여성에 대하여는 단체협약이 있는 경우라도 1일에 2시간, 1주일에 6시간, 1년에 150시간을 초과하는 시간외근로를 시키지 못한다.

2. 취지

여성근로자의 신체적 · 생리적 조건을 고려하고 모성보호의 측면에서 근로시간을 제한할 필요가 있기 때문이다.

3, 내용

종전에는 모든 여성의 시간외근로를 제한하였으나 현행법에서는 "산후 1년이 경과되지 아니한 여성"에 한하여 1일 2시간, 1주 6시간, 1년 150시간을 초과하는 시간외근로를 금지토록 하는 한편, 임산부를 제외한 18세 이상 여성의 시간외근로는 남성근로자와 동일하게 적용된다.

Ⅲ. 생리휴가

1. 법 규정

> 제73조(생리휴가) 사용자는 여성 근로자가 청구하면 월 1일의 생리휴가를 주어야 한다.

2. 취 지

여성 근로자에 특유한 생리시의 정신적 · 육체적인 영향을 고려하여 여성의 건강을 보호하고 작업능률의 저하를 방지하려는데 그 취지가 있다. 최근 법을 개정하여 유급생리휴가를 무급화하고 여성근로자의 청구에 따라 부여하도록 하였다.[178]

3. 생리휴가의 내용

(1) 생리휴가는 여성근로자가 청구할 경우 사용자가 사실상의 생리현상에 따라 월 1일의 무급휴가를

178) 생리휴가는 ILO기준에 없으며, 세계적으로 일본, 인도네시아만 무급으로 하고 있을 뿐이다.

주도록 규정하고 있으므로 적치하여 사용할 수 없으며, 연령과 관계없이 사실상의 생리를 하고 있는 여성근로자에게 주면 된다.[179)]

(2) 사용자는 여성근로자가 청구한 때, 매월 1일의 생리휴가를 주어야 한다. 근로의 종류와 관계없이 상용근로자뿐만 아니라 일용근로자 · 임시직근로자 · 단시간근로자에게도 적용되며, 당해 소정근로일수의 개근여부 또는 격일제 근로 · 주 5일제근로 등 근로일수와도 상관없이 적용된다.

(3) 여성근로자의 청구가 없거나 임산부 또는 생리현상이 없는 경우에는 생리휴가를 주지 않아도 되지만, 생리유무의 입증책임은 휴가부여의무를 면제받기 위해 주장하는 사용자에게 있다고 본다.

4. 생리휴가권의 행사

(1) 생리휴가는 여성근로자가 청구를 하여야 발생하며, 생리휴가를 청구한 때에 매월 1회의 생리휴가를 주어야 하나 생리휴가를 청구함이 없이 근로한 경우 통상임금만 지급하면 되고, 별도의 제56조에 따른 가산금을 청구할 수 없다. 또한 생리휴가 사용 시 근로자의 임금이 저하될 수 있으므로 근로자가 청구할 경우에 주어야 한다.

(2) 생리휴가청구권은 생리휴가를 사용하지 아니한 그 달이 경과하면 적치되지 않고 자동 소멸한다.[180)]

Ⅳ. 출산전 · 후 보호휴가 등 (임산부의 보호)

1. 법 규정

① 사용자는 임신 중의 여성에게 출산 전과 출산 후를 통하여 90일(한 번에 둘 이상 자녀를 임신한 경우에는 120일)의 출산전후휴가를 주어야 한다. 이 경우 휴가 기간의 배정은 출산 후에 45일(한 번에 둘 이상 자녀를 임신한 경우에는 60일) 이상이 되어야 한다. 〈개정 2012.2.1., 2014.1.21.〉
② 사용자는 임신 중인 여성 근로자가 유산의 경험 등 대통령령으로 정하는 사유로 제1항의 휴가를 청구하는 경우 출산 전 어느 때 라도 휴가를 나누어 사용할 수 있도록 하여야 한다. 이 경우 출산 후의 휴가 기간은 연속하여 45일(한 번에 둘 이상 자녀를 임신한 경우에는 60일) 이상이 되어야 한다. 〈신설 2012.2.1., 2014.1.21.〉

---

179) 부소 68240-300, 1998. 12. 29.

180) 근기 68207-1193, 1997. 9. 4.

③ 사용자는 임신 중인 여성이 유산 또는 사산한 경우로서 그 근로자가 청구하면 대통령령으로 정하는 바에 따라 유산·사산 휴가를 주어야 한다. 다만, 인공 임신중절 수술(「모자보건법」 제14조제1항에 따른 경우는 제외한다)에 따른 유산의 경우는 그러하지 아니하다. 〈개정 2012. 2. 1.〉

④ 제1항부터 제3항까지의 규정에 따른 휴가 중 최초 60일(한 번에 둘 이상 자녀를 임신한 경우에는 75일)은 유급으로 한다. 다만, 「남녀고용평등과 일·가정 양립 지원에 관한 법률」 제18조에 따라 출산전후휴가급여 등이 지급된 경우에는 그 금액의 한도에서 지급의 책임을 면한다. 〈개정 2007. 12. 21, 2012. 2. 1, 2014. 1. 21.〉

⑤ 사용자는 임신 중의 여성 근로자에게 시간외근로를 하게 하여서는 아니 되며, 그 근로자의 요구가 있는 경우에는 쉬운 종류의 근로로 전환하여야 한다. 〈개정 2012. 2. 1.〉

⑥ 사업주는 제1항에 따른 출산전후휴가 종료 후에는 휴가 전과 동일한 업무 또는 동등한 수준의 임금을 지급하는 직무에 복귀시켜야 한다. 〈신설 2008. 3. 28, 2012. 2. 1.〉

⑦ 사용자는 임신 후 12주 이내 또는 36주 이후에 있는 여성 근로자가 1일 2시간의 근로시간 단축을 신청하는 경우 이를 허용하여야 한다. 다만, 1일 근로시간이 8시간 미만인 근로자에 대하여는 1일 근로시간이 6시간이 되도록 근로시간 단축을 허용할 수 있다. 〈신설 2014. 3. 24.〉

⑧ 사용자는 제7항에 따른 근로시간 단축을 이유로 해당 근로자의 임금을 삭감하여서는 아니 된다. 〈신설 2014. 3. 24.〉

⑨ 제7항에 따른 근로시간 단축의 신청방법 및 절차 등에 필요한 사항은 대통령령으로 정한다. 〈신설 2014. 3. 24.〉

2. 취지

(1) 이 제도는 출산으로 인하여 손상된 모체의 건강을 회복할 수 있도록 일정기간동안 휴양할 수 있도록 하는 제도로서 모성보호와 차세대의 건강한 국민을 확보하려는 데 그 취지가 있다. ILO조약에 의한 국제적 최저기준은 최소 12주인 84일이다.

(2) 사용자는 임신 중인 여성이 임신 16주 이후 유산 또는 사산할 경우에도 출산전후보호휴가를 부여하도록 법 규정을 신설하였다.

3. 출산전후휴가 등

(1) 출산전후휴가

1) 출산전후 90일간의 휴가 중 산후에 적어도 45일 이상 확보(한 번에 둘 이상 자녀를 임신한 경우에는 60일) 되어야 한다. 또한 사용자는 임신 중인 여성 근로자가 유산의 경험 등 대통령령으로 정하는 사유로 휴가를 청구하는 경우 출산 전 어느 때 라도 휴가를 나누어 사용할 수 있도록 하여야 한다. 이 경우 출산 후의 휴가 기간은 연속하여 45일 이상(한 번에 둘 이상 자녀를 임신한 경우에는 60일)이 되어야한다.

2) 출산전후휴가(유사산휴가 포함) 90일은 상시 1인 이상 모든 사업장 근로자에게 적용되며, 동 휴가 중 최초 60일은 유급(한 번에 둘 이상 자녀를 임신한 경우에는 75일)으로 한다. 다만,「남녀고평법」 제18조의 규정에 따라 국가가 동 휴가기간에 대하여 통상임금에 상당하는 금액을 지급한 때에는 사용자는 그 금액의 한도 안에서 지급책임을 면한다(제74조 제4항).

3) 출산전후휴가급여(유사산휴가 포함)는 그 휴가기간에 대하여 근기법상 통상임금(산전후휴가 개시일 기준)에 상당하는 금액을 지급한다. 또한 근로자가 출산전후휴가를 사용하지 않고 계속 근로한 경우 사용자는 출산전후휴가급여와 당해 휴가일의 근로에 대한 소정의 통상임금을 지급하여야 한다.

계약직(임시직)직원에 대한 산전후 휴가

근로기준법 제72조에 따라 사용자는 임신중인 여성근로자에 대하여 90일간의 보호휴가를 반드시 부여하여야 하고, 동 휴가중 최초 60일간은 통상임금에 해당하는 임금을 지급하여야 하므로 – 귀문에서와 같이 1년간 근로계약을 체결하고 근로중인 여성이 임신 및 출산을 하게 된 경우에도 월간 근로일수와 관계없이 산전후휴가를 부여하여야 함 또한 귀문의 근로자에 대해 결정된 소정근로시간이 있는지 여부, 동종업무 종사자 유무 등 사실관계를 정확히 알 수는 없으나, 월간 또는 주간(소정)근로일수가 불규칙하게 이루어지는 근로자에 대한 산전후휴가중의 임금은 일급통상임금을 기준으로 60일간 지급하는 것이 바람직할 것으로 사료됨 – 이때 일급통상임금은 시간급임금에 1일 소정근로시간수{산전후휴가 직전 4주간의 (소정)근로시간수를 그 기간의 총일수로 나눈 시간수}를 곱하여 산정하여야 하고 – 만약 시간급임금을 정하지 아니하고 일급으로만 정해진 경우에는 일급액(소정근로외에 유급처리되는 임금은 제외)을 1일의 소정근로시간수로 나눈 금액이 시간급임금에 해당함(2001. 12. 15, 여원68240-565).

쟁의행위기간 중 산전후휴가 부여 여부

근로기준법 제72조 규정에 의한 산전후휴가는 여성근로자의 모성을 보호하기 위한 보장적 휴가로서 사용자는 임신중인 여성 근로자에 대하여 반드시 부여하여야 하므로 쟁의행위 기간중일지라도 산전후휴가를 부여하여야 할 것임(여성고용팀-4027, 2006. 09. 25).

(2) 유 · 사산휴가

1) 출산뿐만 아니라 유산 또는 사산한 경우에도 건강회복에 필요한 휴가가 필요하나 법에 근거가 명확하게 규정되어 있지 않아 실제 사업장에서 유 · 사산 휴가의 활용이 저조하므로 사용자는 임신 중의 여성이 유산 또는 사산할 경우로서 당해 근로자가 청구한 때, 대통령령이 정하는 바에 따라 보호휴가를 주어야 한다.

2) 인공임신중절수술에 의한 유산의 경우는 보호휴가를 주지 아니하여도 되지만, 강간이나 또는 준강간에 의해 임신한 경우 혹은 법률상 혼인할 수 없는 혈족 또는 인척간에 임신된 경우 등과 같이「모자보건법」제14조 제1항의 규정에 해당되는 경우에는 보호휴가를 주어야 한다.

3) 사업주는 유산 · 사산휴가를 청구한 근로자에게 다음 각 호의 기준에 따라 유산 · 사산휴가를 주어야 한다(영 제43조 제3항).

1. 유산 또는 사산한 근로자의 임신기간(이하 "임신기간"이라 한다)이 11주 이내인 경우 : 유산 또는 사산한 날부터 5일까지
2. 임신기간이 12주 이상 15주 이내인 경우: 유산 또는 사산한 날부터 10일까지
3. 임신기간이 16주 이상 21주 이내인 경우 : 유산 또는 사산한 날부터 30일까지
4. 임신기간이 22주 이상 27주 이내인 경우 : 유산 또는 사산한 날부터 60일까지
5. 임신기간이 28주 이상인 경우 : 유산 또는 사산한 날부터 90일까지

4. 임산부의 보호

사용자는 임신 중의 여성 근로자에게 시간외근로를 하게 하여서는 아니 되며, 그 근로자의 요구가 있는 경우에는 쉬운 종류의 근로로 전환하여야 한다(제74조 제5항).

여성근로자의 청구가 없는 경우에는 종래의 업무에 그대로 사용하여도 본 조의 위반이 아니며, 여기서의 시간외근로는 기준근로시간 이외의 근로를 말한다. 따라서 법 제53조 제3항의 인가연장근로도 시킬 수 없다.

5. 해고시기의 제한

사용자는 근로자가 업무상 부상 또는 질병의 요양을 위하여 휴업한 기간과 그 후 30일 동안 또는 산전 · 산후의 여성이 이 법에 따라 휴업한 기간과 그 후 30일 동안은 해고하지 못한다. 다만, 사용자가 일시보상을 하였을 경우 또는 사업을 계속할 수 없게 된 경우에는 그러하지 아니하다(제23조 제2항)

Ⅴ. 육아시간의 보장

1. 법 규정

생후 1년 미만의 유아(乳兒)를 가진 여성 근로자가 청구하면 1일 2회 각각 30분 이상의 유급 수유 시간을 주어야 한다(제75조).

2. 취지

이는 유아의 양육이라는 여성의 책임과 근로자로서의 직장생활의 확보를 양립시키려는 데 그 취지가 있다.

3. 수유시간의 청구권자

(1) 유급수유시간의 청구권자는 생후 1년 미만의 유아를 가진 여성근로자이다.

(2) 유아는 당해 여성근로자가 출산한 자이든 또는 자기가 출산한 자가 아니든 불문한다.

(3) 여성근로자의 기혼 · 미혼을 불문한다.

4 수유시간

(1) 수유시간은 1일 2회 각각 30분 이상을 주어야 한다.

(2) 1일 2회는 8시간 근로시간제를 전제로 한 것이므로 1일 4시간 근로에서는 1회만 주어도 무방하다고 본다.

(3) 육아시간은 휴게시간으로 볼 수 없으며, 육아시간의 활용방법은 노사가 합의하여 출 · 퇴근 시간을 조정하여 활용할 수 있다.

Ⅵ. 육아휴직과 보육시설

1. 육아휴직

(1) 법 규정

남녀고평법 제19조(육아휴직)

① 사업주는 근로자가 만 8세 이하 또는 초등학교 2학년 이하의 자녀(입양한 자녀를 포함한다)를 양육하기 위하여 휴직(이하 "육아휴직"이라 한다)을 신청하는 경우에 이를 허용하여야 한다. 다만, 대통령령으로 정하는 경우에는 그러하지 아니하다.
② 육아휴직의 기간은 1년 이내로 한다.
③ 사업주는 육아휴직을 이유로 해고나 그 밖의 불리한 처우를 하여서는 아니 되며, 육아휴직 기간에는 그 근로자를 해고하지 못한다. 다만, 사업을 계속할 수 없는 경우에는 그러하지 아니하다.
④ 사업주는 육아휴직을 마친 후에는 휴직 전과 같은 업무 또는 같은 수준의 임금을 지급하는 직무에 복귀시켜야 한다. 또한 제2항의 육아휴직 기간은 근속기간에 포함한다.
⑤ 기간제근로자 또는 파견근로자의 육아휴직 기간은 「기간제 및 단시간근로자 보호 등에 관한 법률」 제4조에 따른 사용기간 또는 「파견근로자보호 등에 관한 법률」 제6조에 따른 근로자파견기간에 산입하지 아니한다.
⑥ 육아휴직의 신청방법 및 절차 등에 관하여 필요한 사항은 대통령령으로 정한다.

(2) 육아휴직 신청권자

육아휴직 신청권자는 청구일 현재 생후 만 8세 이하 또는 초등학교 2학년 이하의 자녀가 있는 근로자이다. 가사분담의 양성평등개념을 도입하여 배우자인 여성이 아닌 남성근로자도 자유로이 신청할 수 있다. 다만, 계속근로기간이 1년 미만이거나 동일자녀에 대하여 배우자가 육아휴직을 부여받고 있는 경우엔 육아휴직을 부여하지 아니할 수 있다(남녀고평법 시행령 제10조).

(3) 육아휴직기간

육아휴직기간은 1년 이내로 한다. 다만, 사업주가 그 이상의 기간으로 육아휴직을 허용하는 것도 무방하다.

(4) 육아휴직자의 보호

사업주는 여성근로자에게 육아휴직을 이유로 불리한 처우를 해서는 아니되며, 육아휴직기간은 근속기간에 당연히 포함된다. 또한 육아휴직기간 중 해고가 금지되고, 휴직종료 후 휴직전의 직무로 복귀시켜야 하며, 또한 고용보험을 통해 육아휴직급여를 지급함으로서 직장과 가정의 양립 지원 기반을 마련하였다.

2. 육아기 근로시간 단축

(1) 법 규정

남녀고용평등과 일 · 가정 양립 지원에 관한 법률 제19조의 2(육아기 근로시간 단축)

① 사업주는 제19조제1항에 따라 육아휴직을 신청할 수 있는 근로자가 육아휴직 대신 근로시간의 단축(이하 "육아기 근로시간 단축"이라 한다)을 신청하는 경우에 이를 허용할 수 있다.

② 사업주가 육아기 근로시간 단축을 허용하지 아니하는 경우에는 해당 근로자에게 그 사유를 서면으로 통보하고 육아휴직을 사용하게 하거나 그 밖의 조치를 통하여 지원할 수 있는지를 해당 근로자와 협의하여야 한다.

③ 사업주가 제1항에 따라 해당 근로자에게 육아기 근로시간 단축을 허용하는 경우 단축 후 근로시간은 주당 15시간 이상이어야 하고 30시간을 넘어서는 아니 된다.

④ 육아기 근로시간 단축의 기간은 1년 이내로 한다.

⑤ 사업주는 육아기 근로시간 단축을 이유로 해당 근로자에게 해고나 그 밖의 불리한 처우를 하여서는 아니 된다.

⑥ 사업주는 근로자의 육아기 근로시간 단축기간이 끝난 후에 그 근로자를 육아기 근로시간 단축 전과 같은 업무 또는 같은 수준의 임금을 지급하는 직무에 복귀시켜야 한다.

⑦ 육아기 근로시간 단축의 신청방법 및 절차 등에 관하여 필요한 사항은 대통령령으로 정한다.

(2) 육아기 근로시간 단축 중 근로조건

남녀고용평등과 일 · 가정 양립 지원에 관한 법률 제19조의 3(육아기 근로시간 단축 중 근로조건 등)

① 사업주는 제19조의2에 따라 육아기 근로시간 단축을 하고 있는 근로자에 대하여 근로시간에 비례하여 적용하는 경우 외에는 육아기 근로시간 단축을 이유로 그 근로조건을 불리하게 하여서는 아니 된다.

② 제19조의2에 따라 육아기 근로시간 단축을 한 근로자의 근로조건(육아기 근로시간 단축 후 근로시간을 포함한다)은 사업주와 그 근로자 간에 서면으로 정한다.

③ 사업주는 제19조의2에 따라 육아기 근로시간 단축을 하고 있는 근로자에게 단축된 근로시간 외에 연장근로를 요구할 수 없다. 다만, 그 근로자가 명시적으로 청구하는 경우에는 사업주는 주 12시간 이내에서 연장근로를 시킬 수 있다.

④ 육아기 근로시간 단축을 한 근로자에 대하여 「근로기준법」 제2조제6호에 따른 평균임금을 산정하는 경우에는 그 근로자의 육아기 근로시간 단축 기간을 평균임금 산정기간에서 제외한다.

3. 직장어린이 집

제21조 (직장어린이집 설치 및 지원 등) ① 사업주는 근로자의 취업을 지원하기 위하여 수유 · 탁아 등 육아에 필요한 어린이집(이하 "직장어린이집"이라 한다)을 설치하여야 한다.

② 직장어린이집을 설치하여야 할 사업주의 범위 등 직장어린이집의 설치 및 운영에 관한 사항은 「영유아보육법」에 따른다.

③ 고용노동부장관은 근로자의 고용을 촉진하기 위하여 직장어린이집의 설치 · 운영에 필요한 지원 및 지도를 하여야 한다.

Chapter 10

근로계약의 변경

Ⅰ. 근로계약의 변경

1. 서설

(1) 근로자는 근로계약 체결 시에 근로의 종류 · 장소 또는 근로자가 근로의 제공에서 지휘 · 감독을 받게 되는 사용자 등을 정하는 것이 일반적이지만, 그 내용을 구체적으로 정하지 않거나 막연히 사용자의 처분에 맡김으로써 근로계약의 이행과정에서 근로자가 예상하지 못한 변경으로 인하여 불이익을 입는 경우가 있다.

(2) 이러한 변경에는 배치전환, 전출, 전적, 휴직, 기업의 해산 · 합병 · 영업양도 등이 있다. 이와 같은 근로관계의 변경으로 근로자에게 불이익이 주어지지 않도록 하기 위해서 법적인 보호문제가 논의된다.

2. 배치전환 (전직 · 전근)

(1) 의의

배치전환이란 근로자에게 직무내용 또는 근무 장소가 상당히 장기간에 걸쳐 변경되는 것을 말한다. 이 중에서 사업장을 달리하는 근무 장소의 변경을 전근이라 하고, 직무내용의 변경을 전직(전보)이라 한다.

(2) 법적 근거

1) 포괄적 합의설

근로계약은 근로자가 그의 노동력의 사용을 사용자의 처분에 맡기는 포괄적 합의를 포함하고 있으므로, 사용자는 이 합의에 근거하여 일방적으로 배치전환을 결정할 노무지휘권을 갖는다고 한다.[181]

2) 근로계약설

사용자의 배치전환명령은 근로계약상 합의된 범위 내의 한도에서 법적 구속력을 가지며, 합의된 범위 밖의 배치전환명령은 계약내용의 변경에 해당하므로 근로자의 동의를 요한다고 한다.[182]

3) 정당사유설

법 제23조 제1항에 따라 정당한 사유가 있는 경우(경영상의 필요성과 당해 근로자의 적격성)에 비로소 배치전환이 인정된다고 본다.[183]

---

181) 대판 1993. 1. 26, 92다11695.

182) 박홍규, p581.

183) 대판 1995. 5. 10, 93다47677.

4)검토의견

근기법 제23조 제1항에 이에 관한 규정이 있으므로 동 규정에 따라 정당한 사유가 있는 경우에 배치전환이 인정된다는 정당사유설이 타당하다고 본다.[184)]

(3) 배치전환명령권의 한계

1) 배치전환명령이 법령에 위반되지 않아야 한다.

관련판례

배치전환명령과 부당노동행위

사용자가 근로자의 노동조합활동을 혐오하거나 노동조합활동을 방해하려는 의사로 노동조합의 간부이거나 노동조합활동에 적극적으로 관여하는 근로자를 승진시켜 조합원 자격을 잃게 한 경우에는 노동조합활동을 하는 근로자에게 불이익을 주는 행위로서 부당노동행위가 성립될 수 있을 것인 바, 이 경우에 근로자의 승진이 사용자의 부당노동행위 의사에 의하여 이루어진 것인지의 여부는 승진의 시기와 조합활동과의 관련성, 업무상 필요성, 능력의 적격성과 인선의 합리성 등의 유무와 당해 근로자의 승진이 조합활동에 미치는 영향 등 제반사정을 고려하여 판단하여야 할 것이고, 사용자가 근로자의 정당한 노동조합활동을 실질적인 이유로 삼으면서도 표면적으로는 업무상 필요성을 들어 배치전환한 것으로 인정되는 경우에는 부당노동행위라고 보아야 할 것이다(대법 1998. 12. 23, 97누18035).

2) 업무상의 필요에 의해 기업의 인사정책상 불가피한 경우[185)]로서 근로자의 불이익과 비교형량, 근로자와의 협의 등 신의칙상의 절차를 거쳐야 한다. 따라서 사회통념상 통상의 전보에 따르는 정도를 현저히 넘어서지 않는 한 권리남용으로 볼 수 없다.[186)]

3) 배치전환의 업무상 필요성보다는 그로 인해 근로자가 입게 될 생활상의 불이익이 큰 경우에는 배치 전환하는 과정에서 적어도 근로자와 협의를 하는 등 신의칙상 요구되는 절차를 거쳐야 한다.[187)]

3. 전출 및 전적

(1) 의의

1) 전출(파견, 장기출장)

---

184) 同旨 : 대판 1989. 2. 28, 80다카2567; 이병태, p633.

185) 업무상의 필요성 여부는 사용자의 주관적 판단에 의할 것이 아니라 노동력의 적정배치로 인한 업무의 능률증진, 근로자의 능력개발과 근로의욕의 고양 등 기업의 합리적 운영에 기여하는 것인지 여부에 관한 객관적 기준에 의하여 판단하여야 할 것이고 근로자의 생활상의 불이익에는 물질적 · 시간적 요소 등이 고려의 대상이 된다 할 것이며, 신의칙위반 여부는 그 내용과 정도에 따라 상대적 관점에서 사회통념에 따라 판단하여야 할 것이다(대판 2006. 1. 27, 2005두16772).

186) 대판 1995. 10. 13, 94다52928.

187) 서울행지판, 2005. 5. 24, 2005구합760.

전출이란 근로자가 자기의 당초 소속기업에 재적한 채 타 기업의 사업장에서 상당히 장기간 동안에 업무에 종사하게 되는 경우이다.

2) 전적

전적이란 원래의 기업과의 근로관계를 종료시키고 다른 기업과 근로계약관계를 성립시키는 경우이다.

(2) 전출 · 전적명령의 유효요건

1) 전출명령의 유효요건

전출명령은 적어도 전출기업의 근로조건의 사항을 정한 취업규칙이나 단체협약의 규정, 해당 기업의 전출실정, 채용 시의 사용자의 설명과 그에 대한 근로자의 동의 등을 기초로 전출에 관한 근로자와 사용자사이의 합의가 추단될 수 있어야 한다.

관련행정해석

근로자의 동의 없는 전출의 효력

사업장의 경영사정이 악화되어 폐차를 하는 등의 사정이 발생하였다고 하나, 근로자를 여타 사업장으로 전출시키는 것은 노무제공을 하는 상대방의 변경을 수반하는 중요한 근로조건의 변경에 해당하므로 특별한 사정이 없는 한 당사자의 동의(개별적 동의가 아닌 사전의 포괄적 동의도 가능)가 수반되어야 함. 따라서 만일 타사로의 전출이 근로자의 동의가 전혀 없이 이루어졌다면 사용자의 전출명령은 정당한 권한을 벗어난 행위임(1997. 05. 24, 근기68207-683).

2) 전적명령의 유효요건

전적은 원래의 기업과의 근로관계를 종료시키고 새로운 기업과 근로계약을 체결하는 것이므로 원칙적으로 해당 근로자의 동의를 요한다.[188] 그러나 판례는 예외적으로 사용자가 근로자의 동의를 얻지 아니하고 다른 회사로 전적시키는 관행이 있어서 그 관행이 근로계약의 내용을 이루고 있다는 등의 특별한 사정이 있다면 동의를 얻지 아니하여도 상관없다고 판시한 바[189] 있다.

188) 전적은 이적하게 될 회사와 새로운 근로계약을 체결하는 것이거나 근로계약상의 사용자의 지위를 양도하는 것이므로 동일기업내의 인사이동적인 전근이나 전직과는 달리 특별한 사정이 없는 한 근로자의 동의를 얻어야 효력이 생기는 것이다. 또한 기업그룹내의 전적에 관하여 근로자의 포괄적인 사전동의를 얻은 경우에도 전적할 기업을 특정하고 이적기업에서 종사해야 할 업무에 관한 사항과 기타 기본적인 근로조건을 명시하여 근로자의 동의를 얻어야 한다(대판 1996. 12. 23, 85다29970; 대판 2006. 1. 12, 2005두9873).

189) 대판 1996. 4. 26, 95누1972.

관련판례

기업내관행에서 전적의 요건과 그 정당성

근로자를 그가 고용된 기업으로부터 다른 기업으로 적을 옮겨 다른 기업의 업무에 종사하게 하는 이른바 전적(轉籍)은, 종래에 종사하던 기업과 사이의 근로계약을 합의해지하고 이적하게 될 기업과 사이에 새로운 근로계약을 체결하는 것이거나 근로계약상의 사용자의 지위를 양도하는 것이므로, 동일 기업 내의 인사이동인 전근이나 전보와 달라 특별한 사정이 없는 한 근로자의 동의를 얻어야 효력이 생기고, 나아가 기업그룹 등과 같이 그 구성이나 활동 등에 있어서 어느 정도 밀접한 관련성을 갖고 사회적 또는 경제적 활동을 하는 일단의 법인체 사이의 전적에 있어서 그 법인체들 내에서 근로자의 동의를 얻지 아니하고 다른 법인체로 근로자를 전적시키는 관행이 있어서 그 관행이 근로계약의 내용을 이루고 있다고 인정하기 위하여는, 그와 같은 관행이 그 법인체들 내에서 일반적으로 근로관계를 규율하는 규범적인 사실로서 명확히 승인되거나, 그 구성원이 일반적으로 아무런 이의도 제기하지 아니한 채 당연한 것으로 받아들여 기업 내에서 사실상의 제도로서 확립되어 있지 않으면 아니 된다(대법 2006. 01. 12, 2005두9873).

3) 비례성의 원칙

전출 · 전적명령은 경영상의 필요가 있어야 하고 근로자의 이익을 부당하게 침해하여서는 안 된다는 내재적인 제약을 갖는다.

(3) 전출 · 전적 후의 근로관계

1) 전출

① 전출근로자는 본기업과 근로계약관계는 존속하지만, 타 기업에 자신의 근로를 제공한다.

② 전출근로자는 타 기업에 대하여 현실적으로 근로제공을 하므로 임금 · 근로시간 · 휴일 · 휴가 · 안전보건 · 산업재해 등 근로제공을 전제로 하는 근기법상 제반 보호규정은 타 기업이 이행하여야 한다.

2) 전적

본 기업과는 근로계약관계가 종료하므로, 근로계약상의 사용자는 물론 근기법상의 사용자도 타 기업이 된다.

관련판례

전적과 근속년수

전적은 종전 기업과의 근로관계를 합의해지하고 이적하게 될 기업과 사이에 새로운 근로계약을 체결하는 것이므로, 유효한 전적이 이루어진 경우에 있어서는 당사자 사이에 종전 기업과의 근로관계를 승계하기로 하는 특약이 있거나 이적하게 될 기업의 취업규칙 등에 종전 기업에서의 근속기간을 통산하도록 하는 규정이 있는 등의 특별한 사정이 없는 한 당해 근로자의 종전 기업과의 근로관계는 단절되는 것이고 이적하게 될 기업이 당해 근로자의 종전 기업과의 근로관계를 승계하는 것은 아니다(대법 1996. 12. 23, 95다29970).

4. 휴직

(1) 의의

1) 휴직이란 어떤 근로자를 직무에 종사시키는 것이 불능이거나 또는 적당하지 아니한 사유가 발생한 때에 근로자의 지위를 그대로 두면서 일정한 기간 직무에 종사하는 것을 면제 또는 금지시키는 사용자의 처분을 말한다.

2) 휴직의 유형으로 의원휴직, 당연휴직, 징계휴직 등이 있다.

(2) 휴직의 요건

1) 사용자는 정당한 사유가 없으면 근로자를 휴직시키지 못한다(제23조 제1항).

2) 징계휴직은 징계처분의 일종이므로 징계처분과 같이 정당한 징계절차를 거쳐야만 할 수 있다.

관련판례

근기법 제23조 제1항에서 정한 정당한 이유가 있는 휴직처분의 요건

휴직근거규정에 의하여 사용자에게 일정한 휴직사유의 발생에 따른 휴직명령권을 부여하고 있다 하더라도 그 정해진 사유가 있는 경우, 당해 휴직규정의 설정목적과 그 실제기능, 휴직명령권 발동의 합리성 여부 및 그로 인하여 근로자가 받게 될 신분상, 경제상의 불이익 등 구체적인 사정을 모두 참작하여 근로자가 상당한 기간에 걸쳐 근로의 제공을 할 수 없다거나, 근로제공을 함이 매우 부적당하다고 인정되는 경우에만 정당한 이유가 있다고 보아야 할 것이다. 축산업협동조합중앙회의 인사규정에 '형사사건으로 구속 또는 기소되었을 때에는 판결확정 후 1월까지 명령휴직을 할 수 있다'고 규정되어 있어 원고가 업무상 배임죄로 구속되었다가 검사의 구속취소로 석방되고 불구속 기소되어 무죄판결이 확정되기까지 명령휴직을 받은 경우 위 명령휴직은 원고가 구속된 동안에는 근로의 제공을 할 수 없는 경우에 해당하여 정당하다고 할 것이나, 원고가 석방된 이후에는 사회통념상 합리성을 결여한 처분으로 무효라고 보아야 할 것이다(대법 2005. 02. 18, 2003다63029).

(3) 휴직사유의 소멸과 복직

1) 사용자는 근로자의 휴직사유가 소멸한 때에는 즉시 복직시켜야 한다.

2) 징계휴직의 경우 징계기간이 만료되고 복직되지 않으면 당연 퇴직으로 본다는 취업규칙의 규정이 있더라도 법 제23조 제1항의 규정에 반하므로 그 규정은 무효이다.[190)]

190) 1996. 5. 16, 예규 제36호.

5. 기업의 해산, 합병, 영업양도

(1) 기업의 해산

1) 개인기업에서는 사용자의 폐업, 법인기업에서는 해산에 따른 청산종료와 동시에 근로계약은 당연히 종료된다.

2) 다만, 기업해산이 형식에 지나지 않고, 근로자 전원을 해고한 후 새로운 종업원으로 영업을 재개한 위장해산의 경우에는 실질적으로 기업은 동일성을 유지하면서 종업원을 부당하게 해고한 것이므로 무효로 본다.

(2) 기업의 합병

1) 회사합병의 경우에는 흡수합병이든 신설합병이든 소멸회사의 권리의무는 일괄해서 합병회사에 포괄적으로 승계되므로, 모든 근로관계는 합병회사에 승계된다.[191]

2) 다만, 근로자의 자발적 의사에 의해 합병 전 회사에서 근로관계를 종료시키고 합병 후 회사에 입사형식으로 취업한 경우에는 계속근로로 보지 않는다.

(3) 영업양도

1) 영업양도[192]의 경우에 채권채무의 포괄적 승계가 없을지라도 근로자는 기업조직에 편입되어 유기적 일체를 이루므로 특별한 사정이 없는 한 근로계약도 당연히 새로운 기업에 포괄적으로 승계된다.[193]

2) 자산매매계약의 형식으로 양수인이 특정사업부문을 양수하였더라도 공장설비와 같은 단순한

---

191) 대판 1980. 3. 25, 77누265.

192) 학설과 판례의 입장은 다음과 같다. ① 자동승계설(당연승계설) 영업양도의 경우에도 합병의 경우와 같이 양도당사자의 약정 여하에 관계없이 법률상 당연히 양수인에게 승계된다는 견해로서, 이 견해에 따르면 양도당사자 사이에 근로관계의 일부를 배제하는 특약은 무효라고 본다. 노동법학계에서는 이 견해가 주류를 형성하고 있다(김선수, p6외 다수설). ② 특약필요설(합의필요설) : 영업양도의 계약이 있다고 하여 근로관계가 당연히 양수인에게 승계되는 것이 아니라 영업양도 당사자사이에 근로관계의 승계에 관한 명시적 특약 또는 묵시적 합의가 있고 근로자의 동의가 있어야만 근로관계가 양수인에게 승계된다는 견해로서 이 견해를 취하는 자는 없다(대판 1991. 11. 12, 91다12806). ③ 원칙승계설 : 이는 영업양도에 관한 합의안에는 원칙적으로 근로관계를 포괄적으로 승계하기로 한다는 내용의 합의가 있는 것으로 추정되고, 양도당사자간에 일부근로자의 승계배제특약이 있는 경우 그 효력은 인정될 수 있으나, 그 효력이 유효하기 위해서는 정당한 사유가 있어야 한다고 한다(하경효 외, p104 이하). ④ 판례의 입장 : 영업양도의 경우에 채권채무의 포괄적 승계가 없을지라도 근로자는 기업조직에 편입되어 유기적 일체를 이루므로 특별한 사정이 없는 한 근로계약도 당연히 새로운 기업에 포괄적으로 승계된다(대판 1994. 6. 28, 93다33173).

193) 영업양도 시에 해고되어 실제로 영업부문에서 근무하고 있지 아니한 근로자라 하더라도 그 영업양도 이전에 이미 판결을 통하여 당해 해고가 무효임이 객관적으로 명확하게된 경우에는 그 근로관계는 승계된다(대판 1994. 6. 28, 93다33173).

물적 자산만 양도한 경우 고용승계는 이루어지지 않는다고 본다.[194] 이러한 판례의 입장은 고용승계를 회피하기 위해 자산양도의 형식을 취하는 사용자측의 현실을 정책적으로 배려한 것으로 판단된다.

3) 영업양도에 의하여 승계되는 근로관계는 영업양도 계약체결일 이전에 해당 영업부문에서 근무하다가 해고된 근로자로서 해고의 효력을 다투는 근로자와의 근로관계까지 승계되는 것은 아니다.[195] 또한 영업재산의 전부를 양도했어도 그 조직을 해체하여 양도했다면(영업폐업), 영업양도로 볼 수 없다.[196]

4) 근로관계의 이전 시기는 당사자 사이의 양도계약 체결시가 아니라, 실제 사업 조직을 인수해 사업의 지배력이 양수인에게 이전되는 시기로 봄이 타당하다고 본다.

관련판례

영업양도와 근로승계

영업이 양도되면 반대의 특약이 없는 한 양도인과 근로자 사이의 근로관계는 원칙적으로 양수인에게 포괄적으로 승계되고, 영업양도 당사자 사이에 근로관계의 일부를 승계의 대상에서 제외하기로 하는 특약이 있는 경우에는 그에 따라 근로관계의 승계가 이루어지지 않을 수 있으나, 그러한 특약은 실질적으로 해고나 다름이 없으므로 근로기준법 제30조 제1항 소정의 정당한 이유가 있어야 유효하며, 영업양도 그 자체만을 사유로 삼아 근로자를 해고한 것은 정당한 이유가 있는 경우에 해당한다고 볼 수 없다(대법 2002.03.29, 2000두8448).

Ⅱ. 근로계약의 종료사유

1. 서설

근로계약의 종료사유에는 ① 계약기간의 만료, ② 합의해지, ③ 근로자에 의한 자진사퇴, ④ 사용자에 의한 해고, ⑤ 정년퇴직, ⑥ 당사자의 소멸 등이 있다.

2. 계약기간의 만료

(1) 기간의 정함이 있는 근로계약은 기간이 만료됨으로써 종료된다.

(2) 근로계약의 기간의 도중에도 근로계약이 종료되는 경우가 있는데, 이 경우에는 민법 제661조의 「부득이한 사유」가 있어야만 당사자는 계약을 해지할 수 있다.

194) 대판 2001. 7. 27, 99두2680(삼미특수강 사건).

195) 대판 1995. 9. 29, 94다54245.

196) 대판 2003. 6. 10, 2001다17596.

3. 합의해지

(1) 합의해지는 근로자와 사용자가 합의에 의해 근로계약을 장래에 대하여 소멸시키는 계약을 말한다. 회사의 권유가 있었다할지라도 사직의 의사표시를 하여 회사가 이를 수용하였다면, 근로관계가 유효하게 합의해지된 것으로 볼 수 있다.[197] 다만, 명예퇴직을 신청한 근로자가 인사발령이 통보되기 전 퇴직신청의 의사를 철회할 수 있다.[198]

(2) 근기법의 해고에 관한 제반 규정은 합의해지에는 적용되지 않는다.

4. 사직

(1) 사직은 근로자의 일방적 의사표시에 의한 근로관계의 해지이다. 따라서 단순한 농담만을 기재한 것으로 인정될만한 특별한 사정이 없는 한, 근로자의 사직서는 사용자와의 근로계약관계를 해지하는 의사표시를 담고 있다.[199]

(2) 기간의 약정이 있는 경우에도 부득이한 사유가 있는 때에는 각 당사자는 계약을 해지할 수 있다. 그러나 그 사유가 당사자 일방의 과실로 인하여 생긴 때에는 상대방에 대하여 손해를 배상하여야 한다(민법 제661조). 따라서 근로자의 과실로 인하여 부득이한 사유가 발생하여 사직하게 된 경우에는 근로자는 손해배상책임을 부담한다.

(3) 사직의 의사표시를 한 경우에 사용자가 이를 승낙하였거나 단체협약 등에 계약종료의 시기에 관한 특약이 있으면 그 시기에 계약해지의 효력이 발생하며,[200] 사용자가 이를 승낙하지 않거나 특약이 없으면, 해지 통고를 받은 날로부터 1월이 경과하면 계약해지의 효력이 발생한다(민법 제660조 제2항).

5. 정년

(1) 정년제는 취업규칙 또는 근로계약에서 정한 일정한 연령에 도달하면 근로자의 근로계속의 의사 및 능력 여하에 불구하고 근로계약관계를 종료시키는 제도이다. 따라서 정년에 따른 사용자의 퇴직통지는 근로계약관계종료의 확인에 불과하다.[201]

(2) 정년제에는 근로자가 정년에 도달하게 되면 자동적으로 근로계약관계가 종료되는 정년퇴직제와 근로자가 정년에 도달한 것을 이유로 하여 사용자가 해당 근로자를 해고함으로써 근로관계를 소

197) 대판 2003. 4.22, 2002다65066.

198) 대판 2003. 4.22 2002다11458.

199) 대판 2003. 4.25, 2001두6081.

200) 대판 1997. 7. 8, 86누5087.

201) 대판 1994.12.27, 91누9244.

멸시키는 정년해고제가 있다.

⑶ 정년해고제는 물론, 정년퇴직제의 경우에 있어서도 정년은 계약기간의 최대한도를 정한 것이라 할 수 있다.

6. 당사자의 소멸

⑴ 근로자의 사망

근로자가 사망한 경우에는 근로계약은 당연히 종료한다.

⑵ 사용자의 사망

1) 사용자가 사망한 경우에 상속인이 사업을 계속하여 기업이 존속하는 한 원칙적으로 근로계약은 그대로 존속되며 당연히 종료사유가 되는 것은 아니다.

2) 그러나 계약의 내용이 사용자의 인적인 요소를 전제로 하는 경우, 예컨대, 개인비서의 근로계약은 사용자의 사망으로 종료한다고 해석된다.

Chapter 11

해고 1

Ⅰ. 서설

1. 해고의 의의

해고[202]란 근로자의 의사와는 관계없이 사용자의 일방적인 의사표시에 의하여 근로계약 내지 근로관계를 장래에 향하여 종료시키는 법률행위를 말한다.

2. 해고의 제한과 근로자보호

(1) 개인주의적 자본주의질서를 기반으로 한 시민법적 원리에서는 사용자에 의한 해고의 자유와 근로자에 의한 임의퇴직의 자유는 동일한 평면에서 취급하고 있다.

(2) 그러나 사용자에 의한 해고의 자유는 근로자에게는 직장상실로서 생존권이 박탈당할 수 있다. 그리하여 근로자의 생존권보장을 위하여 사용자의 해고권에 대한 노동법적 규제[203]가 요구된다.

Ⅱ. 정당한 이유 없는 해고의 제한

1. 의의

제23조 (해고 등의 제한) ①사용자는 근로자에게 정당한 이유 없이 해고, 휴직, 정직, 전직, 감봉, 그 밖의 징벌(懲罰)(이하 "부당해고등"이라 한다)을 하지 못한다.

본 조항이 소위 근기법상의 해고제한에 관한 일반조항이다. 물론 해고뿐 아니라, 정당한 이유 없는 휴직, 정직, 전직, 감봉, 그 밖의 징벌에 대해서도 금지하고 있다. 그런데, 법은「정당한 이유」가 무엇인가에 관하여 구체적으로 규정하고 있지 않으므로 그 내용[204]은 개별사안에 따라 구체적으로 판단되어야 하겠지만, 일반적으로 해당 근로자와 사용자 사이의 근로관계를 계속 유지할 수 없을 정도의 이유, 즉 해당 근로자와의 근로관계의 유지를 사용자에게 기대할 수 없을 정도라 할 것이다.

---

202) 해고의 종류로는 ① 징계해고 : 기업질서를 문란케 한 근로자를 징계하기 위한 해고, ② 정리해고 : 기업의 긴박한 경영상의 필요에 의해 집단적으로 인원정리를 하기위한 해고, ③ 통상해고 : 그 밖의 근로계약을 존속시킬 수 없는 사유에 의하여 행하여지는 해고 등이 있다.

203) 근기법은 (ⅰ) 성별, 종교, 사회적 신분으로 인한 차별적 대우의 금지(제6조), (ⅱ) 근로자가 감독기관에 사용자를 신고한 것을 이유로 한 해고의 금지(제104조 제2항), 노조법은 근로자의 노동3권 행사를 이유로 한 해고 및 불이익처분의 금지(제81조 제1호 및 제5호), 남녀고평법은 근로자의 정년 및 해고에 관하여 여성인 것을 이유로 한 남성과의 차별금지(제8조), 산안법은 (ⅰ) 산업재해발생위험으로 인하여 근로자가 작업중지, 대피한 것을 이유로 한 해고 및 불이익처분의 금지(제26조 제3항), (ⅱ) 사용자의 동법 위반행위를 근로자가 신고한 것을 이유로 한 해고 및 불이익처분의 금지(제52조 제2항)를 규정하고 있다. 이러한 규정은 "정당한 이유"에 해당되지 아니하는 사용자의 해고처분을 소극적으로 제한하고 있는 것에 불과하며, 정당한 해고의 내용을 적극적 · 구체적으로 규정하고 있는 것은 아니다.

204) 정당한 이유의 내용은 개별적 사안에 따라 구체적으로 판단되어야 할 것이지만 대체로 사회통념상 근로관계를 계속시킬 수 없을 정도로 근로자에게 귀책사유가 있다든가 또는 부득이한 경영상의 필요가 있는 경우가 이에 해당된다고 할 것이다(대판 2002. 6. 14, 2000두8349; 대판 2003. 7. 8, 2001두8018).

관련판례

해고에서 정당한 이유의 정의

근로기준법 제27조 제1항에서 규정한 "정당한 이유"라 함은 사회통념상 근로계약을 계속시킬 수 없을 정도로 근로자에게 책임있는 사유가 있다든가 부득이한 경영상의 필요가 있는 경우를 말하는 것이므로, 근로계약이나 취업규칙 등 사규에 해고에 관한 규정이 있는 경우 그것이 근로기준법에 위배되어 무효가 아닌 이상 그에 따른 해고는 정당한 이유가 있다 할 것이다(대법 1991. 03. 27, 90다카25420).

2. 정당한 이유의 내용

통상적으로 정당한 이유는 근로자 측의 사유인 일신상의 이유와 행태상의 이유, 사용자측의 사유인 경영상 이유 등이 있다.

(1) 근로자의 일신상의 이유(통상해고)

1) 개념

일신상의 이유란 근로자가 계약상의 근로제공에 필요한 정신적 · 육체적 또는 그 밖의 적격성을 현저히 결하는 사정이 발생하여 그 결과 근로자가 자신의 지위에 상응하여 정당하게 요구되는 업무를 담당할 수 없는 경우[205]를 말한다.

2) 적용상의 한계

근로자의 일신상의 사유가 일정기간 훈련이나 합리적인 기회부여 또는 적절한 치료행위 기타 작업환경의 개선으로 극복 가능한 경우에는 계약상 사용자의 배려의무에 따라 해고의 자유가 제한된다.

3) 판단기준

근로자의 일신상의 이유를 판단함에 있어서는 구체적인 사안의 실체와 형평에 따라 당사자의 이해정도를 고려하여 유기적 전체로서의 경영 질서를 고려하여야 할 것이다.

(2) 근로자의 행태상의 이유(징계해고)

1) 의의

① 징계해고는 기업의 경영 질서를 유지하기 위하여 직장의 복무규율을 위반한 근로자에게 과하는 징계처분 중 제재로서의 효과가 가장 강한 것으로서 근로관계를 소멸시키는 사용자의

205) 예컨대, ① 정신적 · 육체적인 적성의 결여 ② 흠 있는 노무의 급부 ③ 경쟁기업주와의 인척관계 ④ 계약상의 노무급부를 곤란하게 할 정도의 질병 등이 있다. 즉, (ⅰ) 전염성이 있는 위험한 질병, (ⅱ) 음주 또는 마약중독, (ⅲ) 고령, (ⅳ) 노동허가의 불취득, (ⅴ) 사업기밀 유출가능성, (ⅵ) 동료근로자의 해고에 대한 사용자에의 압박, (ⅶ) 종교의 신조에 어긋나는 이혼으로 인한 해당 단체의 중대한 신교의 침해, (ⅷ) 능력, 적성부족, (ⅸ) 양심 및 신조에 반한다는 이유로 해당 노무를 거부하는 경우, (ⅹ) 업무계속이 불가능한 질병, (ⅺ) 운전기사의 음주운전으로 인한 운전면허박탈이 이에 해당한다.

일방적 의사표시이다.

② 징계해고는 기업질서를 문란하게 한 근로자를 징계하기 위한 것으로 기업의 긴급한 경영상의 필요에 의한 인원정리목적의 정리해고와 구별된다.

2) 징계해고의 근거

개별적 근로관계에 있어서 근로자와 사용자는 대등한 지위에 있는 바, 일방당사자인 사용자에게 부여하는 징계권의 근거는 어디에 있느냐에 관하여 아래와 같은 견해가 대립하고 있지만, 노사가 공동으로 정립할 수 있는 단체법적 차원에서 찾아야 한다고 본다.

① 사용자 고유권설

징계권은 본래 사용자의 고유한 권한에 속한다고 하는 견해로서 근로자의 종속성을 기초로 하여 사용자가 관행적으로 가지고 있는 권한으로 본다.[206)]

② 계약설

징계권은 노사의 합의에 의하여 발생한다고 파악하는 견해이다.[207)]

③ 공동규범설

징계권의 근거는 공동의 기업질서의 위반행위에 대한 제재를 규정한 노사의 공동규범, 즉 노사가 공동으로 정립할 수 있는 단체법적 차원에서 찾아야 한다고 한다.[208)]

④ 법규범설

노사관계를 지배하는 일정한 법 규범을 근거로 하여 사용자는 근로자에 대한 징계권을 가진다는 견해이다.[209)]

3) 징계해고의 사유

① 일반적 사유

정당한 징계해고의 사유는 일반적으로 기업의 공동 질서의 위반행위로 인하여 사회통념상 근로관계를 더 이상 존속시키지 못할 사유, 즉 해당 근로자의 근로관계의 유지를 사용자에게 기대할 수 없을 정도의 이유를 말한다.

② 판단기준

징계해고의 사유, 즉 기업의 공동 질서 위반행위를 판단함에 있어서는 모든 근로자에게 일률적 · 획일적으로 적용할 것이 아니라 당해 근로자의 기업 내에 있어서의 지위 · 직책 · 근무연한 · 기업에 대한 공헌도 등을 종합적으로 고려하여 전체 경영 질서와의 관련 하에서 판단하여야 한다.

③ 구체적 고찰

㈎ 경력사칭

---

206) 日 · 最高判 1952. 7. 4

207) 石井照久, 「勞 · 法の研究Ⅱ」, 1967, p153.

208) 김형배, p757

209) 이병태, p961.

㉠ 경력사칭은 계약체결이전 단계에서 행하여진 것으로 진실고지의무위반에 의한 일반해고의 사유라고는 할 수 있으나 기업질서 위반으로 인한 징계해고사유는 될 수 없다. 다만, 근로자가 중요한 경력을 사칭하고 그 결과 근로계약이 체결된 경우에 사용자가 직장규율을 유지하는 데에 있어서 현실적으로 구체적인 피해를 본 경우에 한해서 징계해고사유가 될 수 있다.

㉡ 징계해고사유의 판단시점에 대하여 판례는 「경력사칭 당시」의 사용자의 주관적 내심과 사칭 사실사이의 가정적 인과관계에 의해 징계해고를 인정하고 있으나, 법 제23조 제1항이 근로관계의 존립을 유지하기 위한 규정이므로 징계해고의 정당한 사유의 존부는「징계해고 당시」를 중심으로 하여 객관적으로 판단하여야 한다고 본다.

㉢ 판례는 학력(이력서) 허위기재의 경우 기간 경과 등에 의해 그 하자가 치유되지 않기 때문에 언제라도 해고가 정당하다는 입장을 취하고 있다.[210)]

㈏ 사업장내에서 물품의 절취나 도박 · 폭행 등은 기업질서위반의 징계사유가 될 수 있으나, 사업장 밖에서의 근로자의 행위가 기업의 위신을 해친다는 이유로 하는 징계해고는 정당성이 없다. 또한 상당기간 경과 후의 경미한 징계사유를 문제 삼아 해고한 것은 징계재량권을 일탈 · 남용한 것으로 무효이다.[211)]

㈐ 취업시간이나 휴게시간 중에 선전물 · 신문 등을 배포하거나 서명운동을 하는 것은 취업시간중 기업시설의 물적 관리라는 점에서, 또한 휴게시간 중의 다른 근로자들의 휴게시간을 방해하여 작업능률을 저하시킬 수 있다는 점에서 징계사유가 된다.

[관련판례 1]-대법 2008두22211 (2009-04-09)

노동조합 내부의 문제로 발생한 분쟁을 이유로 회사가 핵심 임원들을 해고한 것은 재량권의 범위를 일탈한 것이다

[요 지]

1. 근로자의 어떤 비위행위가 징계사유로 되어 있느냐 여부는 구체적인 자료들을 통하여 징계위원회 등에서 그것을 징계사유로 삼았는가 여부에 의하여 결정되어야 하는 것이지, 반드시 징계의결서나 징계처분서에 기재된 취업규칙이나 징계규정에서 정한 징계근거 사유만으로 징계사유가 한정되는 것은 아니다.

2. 노동조합 내부의 문제라 하더라도 그로 인하여 회사의 손실 등이 초래되는 경우에는 회사 취업규칙 등에서 규정하는 징계사유에 해당할 수 있다.

210) 대판 1993. 10. 26 93다21484 ; 대판 2003. 5. 16, 2002다25525 외.

211) 대판 2003. 9. 26, 2003두6634.

3. 항공사 객실승무원들이 단독노조 설립을 위하여 모금한 후원금의 모금 및 관리 · 사용과 관련하여 객실노동조합 설립추진위원회 객실승무원들 사이에 발생한 분쟁을 이유로 회사가 위 추진위원회 핵심 임원들을 해고한 것은 사회통념상 고용관계를 계속할 수 없을 정도로 근로자에게 책임이 있는 경우에 해당한다고 보기 어려워 재량권의 범위를 일탈한 것이다.

[관련판례 3] - 대법 2010다100919 (2012-01-27)

징계위원회는 징계의결이 요구된 징계사유를 근본적으로 수정하거나 그 밖의 징계사유를 추가하여 징계의결을 할 수 없고 징계대상자에 대한 소명기회 부여 등 징계절차를 위반하여 이루어진 징계해고는 무효이다

[요 지]

1. 취업규칙 등 징계규정에서, 근로자에게 일정한 징계사유가 있을 때 징계의결 요구권자가 먼저 징계사유를 들어 징계위원회에 징계의결 요구를 하고 징계의결 결과에 따라 징계처분을 하되 징계위원회는 징계대상자에게 진술의 기회를 부여하고 이익되는 사실을 증명할 수 있도록 하며 징계의결을 하는 경우에는 징계의 원인이 된 사실 등을 명시한 징계의결서에 의하도록 규정하고 있을 경우, 징계위원회는 어디까지나 징계의결 요구권자에 의하여 징계의결이 요구된 징계사유를 심리대상으로 하여 그에 대하여만 심리 · 판단하여야 하고 징계의결이 요구된 징계사유를 근본적으로 수정하거나 징계의결 이후에 발생한 사정 등 그 밖의 징계사유를 추가하여 징계의결을 할 수는 없다. 또한 징계대상자에게 징계위원회에 출석하여 변명과 소명자료를 제출할 기회를 부여하도록 되어 있음에도 이러한 징계절차를 위반하여 징계해고하였다면 이러한 징계권의 행사는 징계사유가 인정되는지와 관계없이 절차의 정의에 반하여 무효라고 보아야 한다.

2. 국민건강보험공단이 인사규정 위반을 이유로 근로자 갑을 해임처분한 사안에서, 공단의 징계의결 요구를 받은 징계위원회가 갑이 징계위원회에 음주상태로 출석하여서 한 진술과 관련하여 '진술 시 품위손상'을 별도의 독립한 징계사유로 삼았으나, 징계의결 요구권자는 징계위원회에 갑의 사내 전자게시판 게시글 게시행위만을 징계사유로 삼아 경징계 요구하였으므로 징계의결에는 요구되지 않은 '진술 시 품위손상'을 새로운 징계사유로 추가한 잘못이 있고, 징계위원회가 갑에게 '진술 시 품위손상'이 징계사유로 된다는 점을 징계위원회 개최 중에라도 전혀 고지하지 않았으므로 갑이 음주상태로 징계위원회에 출석하게 된 경위에 관하여 답변하였다고 하여 징계사유에 대한 변명과 소명자료를 제출할 기회를 부여받았다고 할 수 없으므로, 공단 인사규정에서 정한 징계절차를 위반하여 이루어진 위 해임처분은 징계사유가 인정되는지와 관계없이 무효라는 이유로, 이와 달리 본 원심판결에 법리오해의 위법이 있다.

3. 사내 전자게시판에 게시된 문서에 기재되어 있는 문언에 의하여 타인의 인격, 신용, 명예 등이 훼손 또는 실추되거나 그렇게 될 염려가 있고, 또 문서에 기재되어 있는 사실관계 일부가 허위이거나 표현에 다소 과장되거나 왜곡된 점이 있다고 하더라도, 문서를 배포한 목적이 타인의 권리나 이익을 침해하려는 것이 아니라 근로조건의 유지 · 개선과 근로자의 복지증진 기타 경제적 · 사회적 지위의 향상을 도모하기 위한 것으로서 문서 내용이 전체적으로 보아 진실한 것이라면 이는 근로자의 정당한 활동범위에 속한다.

④ 징계절차

(가) 단체협약 · 취업규칙 등에 징계절차에 관한 규정이 있을 경우에는 징계절차를 밟지 않거나 불성실하게 한 경우에는 징계해고는 무효이다.[212)]

(나) 징계절차에 관한 규정이 없더라도 징계해고의 중대성으로 볼 때, (ⅰ) 근기법 등 관련법령에 위배되지 아니하고, (ⅱ) 신의칙 위반이나 권리남용에 해당되지 아니하는 등 사회통념상 합리성을 지니고 있는 경우에 한하여 이러한 사유에 따른 해고는 정당한 이유가 인정된다.[213)]

(다) 판례는 징계절차가 단체협약이나 취업규칙 등에 규정되어 있는 경우에 징계절차를 밟아야 하는 것은 징계의 유효요건이지만, 이와 같은 징계절차규정을 두고 있지 않은 경우에는 그러한 절차를 밟지 않았다고 해서 징계가 무효가 되는 것은 아니라고 한다.[214)]

[관련판례] - 대법 2006다48069 (2006-11-23)

취업규칙 등에서 노 · 사 동수로 징계위원회를 구성하도록 한 경우 근로자들의 의견을 반영하는 과정 없이 임의로 노측 징계위원을 위촉할 수는 없다

[요 지]

취업규칙 등에서 노 · 사 동수로 징계위원회를 구성하도록 하고 있다면 이는 근로자들 중에서 징계위원을 위촉하여 징계위원회에 대한 근로자들의 참여권을 보장함으로써 절차적 공정성을 확보함과 아울러 사측의 징계권 남용을 견제하기 위한 것이라고 할 것이므로, 취업규칙에 직접적으로 징계위원의 자격과 선임절차에 관해서 규정하고 있지는 않지만, 노측 징계위원들이 이전부터 근로자들을 대표하거나 근로자들의 의견을 대변해왔다는 등의 특별한 사정이 없는 한 근로자들의 의견을 반영하는 과정 없이 임의로 노측 징계위원을 위촉할 수 있는 것으로까지 해석할 수는 없다.

[관련판례] - 대법 90다8077 (1991-07-09)

징계위원회의 구성에 조합대표자의 참석, 징계대상자에 변경기회 등을 주도록 한 징계규정이 있다면 이러한 징계절차를 위배한 징계해고는 부당하다

[요 지]

1. 단체협약이나 취업규칙 또는 이에 근거를 둔 징계규정에서 징계위원회의 구성에 노동조합의 대표자를 참여시키도록 되어 있고 또 징계대상자에게 징계위원회에 출석하여 변명과 소명자료를 제출할 기회를 부여하도록 되어 있음에도 불구하고 이러한 징계절차를 위배하여 징계해고를 하였다면 이러한 징계권의 행사는 징계사유가 인정되는 여부에 관계없이 절차에 있어서의 정의에 반하는 처사로서 무효라고 보아야 한다.

212) 대판 1993. 11. 9, 93다37915.

213) 대판 1989. 9. 26, 89다카5475; 대판 1992. 3. 13, 91다39559.

214) 대판 1979. 12. 26 79누306.

2. 징계규정에 징계대상자에게 징계위원회에 출석하여 변명과 소명자료를 제출할 기회를 부여하도록 되어 있다면 그 통보의 시기와 방법에 관하여 특별히 규정한 바가 없다고 하여도 변명과 소명자료를 준비할 만한 상당한 기간을 두고 개최일시와 장소를 통보하여야 하며, 이러한 시간적 여유를 주지 않고 촉박하게 이루어진 통보는 징계규정이 규정한 사전통보의 취지를 몰각한 것으로서 부적법하다고 보아야 할 것인바, 징계위원회의 개최일시 및 장소를 징계위원회가 개회되기 불과 30분 전에 통보하였다면 이러한 촉박한 통보는 징계대상자로 하여금 사실상 변명과 소명자료를 준비할 수 없게 만드는 것이어서 적법한 통보라고 볼 수 없다.

3. 징계대상자가 위 "2"항의 징계위원회에 출석하여 진술을 하였다고 하여도 스스로 징계에 순응하는 경우가 아닌 한 그 징계위원회의 의결에 터잡은 징계해고는 징계절차에 위배한 부적법한 징계권의 행사임에 틀림없다.

4) 부당한 징계해고의 효과

① 사용자가 근로자를 부당하게 해고하더라도 벌칙의 적용(기존 벌칙규정 삭제)을 받지 아니하지만, 부당해고를 당한 근로자는 노동위원회의 구제신청이나 법원에 의한 제소로 구제를 받을 수 있음은 물론, 사법상의 효력도 당연히 부인된다.

② 사용자의 해고처분이 무효이거나 취소되었을 경우에는 해고기간 중 계속 근로하였을 경우 받았을 임금(소급임금)을 청구할 수 있다(민법 제538조 제1항).[215]

③ 사용자가 부당해고를 계기로 해당 근로자에게 근로의 기회를 주지 아니하여 임금을 지급하지 아니한 경우 근로계약위반에 의한 채무불이행책임(민법 제390조)과 근기법 제23조 위반으로 불법행위를 구성하므로 이에 대한 책임(민법 제750조)을 부담할 수 있으며, 나아가 기타 정신적 고통을 가한 경우에는 재산이외의 손해에 대해서도 위자료를 배상할 책임(민법 제751조)이 있다.

(3) 경영상 이유(정리해고)

이에 관하여는「경영상 이유에 의한 고용조정」에서 자세히 설명하기로 한다.

정당한 사유의 운영기준에 대한 업무지침(고용노동부)

1. 해고의 사유

(1) 근로기준법 제27조의 해고의 정당한 사유 중「근로자의 귀책사유」여부는 근로자가 기업의 생산성에 기여하지 않았다든지 유기적 조직체로서의 경영질서를 문란하게 하는 등 사회통념상 해고를 정당시 할 만한 상당한 이유가 있는가에 따라 판단하여야 할 것이며, 근로자의 경미한 귀책사유가 있는 경우에는 해고 이외의 휴직 · 정직 · 전직 · 감봉 기타 징벌을 할 수 있는 것임.

215) 대판 1981. 12. 22, 81다626.

(2) 따라서 근로기준법 제23조의 정당한 해고사유에 해당되는 것으로 인정되는 다음의 사례는 단체협약이나 취업규칙으로 규정하여 시행할 수 있을 것임.

가. 회사측 사정

(가) 감원을 하지 않으면 회사가 도산할 위기에 있거나 경영악화로 사업을 계속할 수 없다고 인정되는 경우

(나) 불필요한 사유에 의한 일부 작업부서의 폐쇄로서 동 부서 근로자를 타 부서에 전직시켜 사용할 수 없는 특별한 사정이 있다고 인정되는 경우나 사업이 폐지되는 경우 등

나. 근로자의 귀책사유

(가) 근무태도 불량

① 원칙적으로 정당한 이유없이 장기간(상황에 따라 다르겠으나 일반적으로 1주 이상) 무단결근하고도 사용자의 출근 독촉에 따르지 아니하거나 출근 및 결근이 일정치 않는 등 평소 출근성적이 불량하여 사용자로부터 3회 이상 주의를 받고도 이를 시정하지 아니하는 등 근무태도가 극히 불량하다고 인정되는 경우

② 사업의 업무형편상 합리적인, 그리고 그 기준 및 사유가 정당한 사용자의 전근명령을 거부하여 직장규율을 문란케 하는 행위

③ 도박 · 풍기문란 등에 의하여 직장규율을 어지럽히고 다른 근로자에게 악영향을 미쳤다고 인정되는 경우, 또는 이들 행위가 사업장 밖에서 행하여진 경우라 할지라도 이로 인하여 당해 사업장의 명예나 신용이 실추되거나 거래관계에 악영향을 끼쳤다고 인정되는 경우, 또는 노 · 사간의 신뢰관계를 상실하였다고 인정되는 경우

④ 사용자의 정당한 업무상 지시에 정당한 사유없이 불복하여 직장규율을 문란케 하여 노사관계의 신뢰를 상실케 한 것이라고 인정되는 경우 ⑤ 사용자가 산업안전보건법 제17조 내지 제30조의 규정에 의한 안전 · 보건상의 조치를 다하고 정당한 작업지시를 하였음에도 근로자의 고의 또는 중대한 과실로 인하여 중대한 재해를 유발케 한 행위

(나) 범법행위

① 원칙적으로 지극히 경미한 것을 제외하고 사업장에서의 절도 · 횡령 · 상해 등 형사범에 해당되는 행위가 있는 경우

② 일반적으로 보아 지극히 경미한 사안이라 할지라도 사용자가 사전에 예방 또는 경고조치를 한 것이 객관적으로 인정됨에도 불구하고 근로자가 2회 이상 절도 · 횡령 · 상해 등의 형사범에 해당하는 행위나 이와 유사한 행위를 한 경우

③ 사업장 밖에서 행하여진 절도 · 횡령 · 상해 등 형사범에 해당하는 행위라 할지라도 이로 인하여 당해 사업장의 명예나 신용이 심히 실추되거나 거래관계에 악영향을 끼친 경우 또는 노사간의 신뢰관계를 상실하였다고 인정되는 경우

④ 업무와 관련하여 수회 · 배임 등 부정한 금품을 수령하는 등 형사범에 해당하는 행위를 한 경우

⑤ 사업장 안팎을 막론하고 불법적인 불온선동이나 집단행동을 주도하여 직장 또는 사회질서를 문란케 하는 등 형사범에 해당하는 경우

(다) 경력위조 기타
① 채용요건의 미달 등 채용의 주요 요소가 되는 경력의 위조 또는 불채용의 요건이 되는 경력을 위조한 경우
② 타 사업에 전직한 경우

(3) 사업장별 단체협약이나 취업규칙에 규정 · 시행할 정당한 해고사유에 해당된다고 인정되는 위의 사례는 당해 사업장의 사업의 종류 · 규모 또는 영업실태 등에 따라서, 그리고 당해 근로자의 지위 · 직종 · 직무내용 기타 형편에 따라 규정 · 운영하여야 할 것이며, 일률적 · 획일적으로 규정 · 시행할 성질의 것은 아니라고 판단된다. 예컨대 미싱사가 미싱바늘을 절취한 경우와 도난 예방을 위한 경비원이 미싱바늘을 절취한 경우에는 같은 징계종류를 적용할 수 없는 것과 같음.

3. 해고사유의 판단시점

해고의 정당한 이유는 해고당시를 기준으로 판단하여야 하고, 향후 해고사유가 치유되었더라도 해고의 효력에 영향을 미치지 않는다.

4. 정당한 이유의 통지의무

(1) 사용자는 근로관계의 당사자로서 신의성실의 원칙상 근로관계의 부수적 의무로서 근로자에 대하여 해고사유를 통지해 줄 의무가 있다고 본다.

(2) "사용자는 근로자를 해고하려면 해고사유 및 해고시기를 서면으로 통지하여야 하며, 근로자에 대한 해고는 서면으로 통지하여야 효력이 있다"(제27조 제1항, 제2항).이러한 해고사실 서면통지조항에 따라 근로자에 대한 해고는 서면으로 그 사유와 시기를 통지해야 효력이 발생하므로 사용자가 해고사실과 시기를 서면으로 명시하여 통지하지 않고 근로자를 해고하면 무효가 된다.

5. 부당해고의 효과

(1) 정당한 이유 없이 근로자를 해고한 경우[216]에는 사법상의 효력이 부인되며,[217] 또한 단체협약 등에 규정되지 않은 경우에는 그러한 절차를 밟지 않았다고 해서 징계가 무효로 되는 것이 아니지만,[218] 규정되어 있는 경우 그 절차를 거치지 않거나 불성실한 징계절차[219]에 의한 사용자의 징계처분은 무효가 된다.[220]

---

216) 시말서제출요구의 거부 때문에 해고처분을 한 것은 균형을 상실한 부당해고로서 무효이다(대판 1991. 1. 11, 90다카21176).

217) 왜냐하면 제23조 제1항의 규정은 근로관계의 존립보호를 위한 규정이지 해고로 인한 손해를 전보하는 보상규정은 아니기 때문이다.

218) 대판 1995. 7. 14, 95누11491.

219) 징계위원회의 개최일시와 장소를 개최하기 30분전에 통고한 후 징계해고한 것은 무효이다(대판 1991. 7. 9, 90다8077).

220) 대판 1991. 7. 9, 90다8077.

(2) 사용자의 부당한 해고처분이 무효이거나 취소되었을 경우에는 민법 제538조 제1항에 의하여 계속 근로하였을 경우 받았을 임금의 전부를 청구할 수 있다. 이 경우 청구할 수 있는 임금은 통상임금이 아닌 평균임금이다.

(3) 부당해고기간 중 근로자가 다른 직장에서 근무하여 이른바 「중간수입」을 얻은 경우에 중간수입의 공제액의 범위에 대해서 판례는 법 제46조에서 정한 휴업수당을 초과하는 범위 내에서만 공제할 수 있다고 한다.[221)]

Ⅲ. 저성과자에 대한 해고의 정당성

1. 저성과자 해고의 정당성 요건

저성과자에 대한 해고가 정당하려면 저성과자 선발기준의 합리적 타당성(업무관련성), 저성과자 평가의공정성(기회의공평성), 저성과자에 대한 기업의 성과향상노력(개선기회 제공), 법령 · 단체협약 · 취업규칙 · 근로계약 등 근거규정의 존재(근거규범), 사전에 성실한 협의 등 실체적 정당성과 절차적 정당성요건을 충족 시켜야 할 것이다.

또한 저성과자에 대한 해고가 정당하기 위해서는 이들 요건의 구비 여부를 전체적 · 종합적으로 고려하여 그 해고가 '객관적 합리성'과 '사회적 상당성'을 지닌 것으로 인정되어야 한다. 이렇게 저성과자 해고에 대한 법적 정당성 확보를 위해서는 저성과자 선정 기준을 타당성 있게 설정하고, 평가제도의 공정성을 높여야 한다. 그리고 저성과자를 관리할 근거 규정을 제정하고, 성과향상에 대한 배려의무를 충분히 이행해야 한다. 아울러 해고는'최후의 마지막 수단'으로서 고려할 사항이므로 선제적, 공격적인 해고는 저성과자 해고에 대한 정당성요건을 위반한 행위가 된다.

(1) 저성과자 선발기준의 객관적 합리성

객관적 지표로 삼을 수 있는 저성과자 기준이 필요하다. 저성과자 선정 및 대응 시 대상자 보다 성과가 더 낮은 자에게 불이익이 없는 경우 등 모순도 없어야 한다. 아울러 선발기준 및 세부적 배제기준을 마련하여 전보, 교육, 하위직 발령 등 인사권행사에 있어서 법률적 정당성을 확보할 수 있는 기준을 확립해야 한다.

판례의 저성과자 판단 기준을 정리해 보면, 지속된 저성과로 성과개선 가능성이 없는 자가 소위 '저성과자'에 해당된다고 볼 수 있다. 따라서 일시적인 저성과의 경우 또는 개인의 노력으로는 개선이 불가능한 조직적인 저성과의 경우는 저성과자로 보기 어렵다. 그러나 부서장이나 지점장 등의 경우에는 개인 성과뿐만 아니라 부서나 지점의 성과 등도 고려요소로 삼는다는 점, 나아가 회사의 전략적 목표 달성에 있어서 중요한 업무에 해당하는 성과에 미달하거나 단순 업무에 있어서

221) 대판 1996. 4. 23, 94다446.

도 실수를 반복하는 등 기본적 업무수행 능력이 부족한 경우 등은 저성과자에 포함 시킬 수 있을 것이다. 저성과자 선발 기준은 실질적으로 조직 내에서 저성과자로 분류되는 것이 누가 보더라도 합당하다는 인식을 줄 수 있을 만큼 공정하고 객관적이어야 한다. 그러나 해당 선발기준을 '몇년 동안 인사고과 결과 하위 몇 %'라는 방식으로 대강만 정할 경우 개인별사정이나 인사고과의 불합리성으로 공정하지 못하다는 평가를 받을 수 있을 뿐만 아니라, 기존 인사고과제도 자체의 공정성이 의심받을 수도 있다.

(2) 저성과자 평가의 공정성

평가를 공정하게 하는 것은 인사권자의 권리이면서 의무이다. 따라서 평가가 공정하지 않다면 당연히 저성과자에 대한 해고도 부당하다는 결론이 된다. 성과주의 인적자원관리에서 평가는 정당성 판단기준에서 가장 중요한 준거 틀이 된다. 평가결과 공유, 개선점, 소명기회 등 피 평가자에 대한 피드백을 강화하고, 다수의 평가자(관찰자)의 일관된 판단이 필요하며, 상대평가가 아닌 절대평가(임의분포)요소를 강화하는 등 평가의 오류를 보완할 수 있는 시스템이 필요하다. 목표부여 및 평가에 대한 사전 동의를 받을 필요가 있고, 평가자 교육 실시 및 평가점수 조정 기준이 갖추어져야 한다. 저성과자에 대한 일차적 선발기준 요건을 충족한 경우 다시 검토대상이 되는 것은 어떤 기준에 의해 어떤 방식으로 평가됐느냐 하는 소위 평가의 객관성과 공정성에 대한 인정 여부다.

판례는 '해당 근로자에게 목표를 부여하고, 그 근로자가 평가 관리에 동의한 사실'을 근거로 그와 같은 평가 절차를 본인이 수용한 것이므로 정당하다고 봤다. 또한 상대평가를 하면서 최하위 등급에 일정 수준 할당량을 부여하고 해당 근로자들을 임의 분포시킨 것에 대한 정당성을 부정했다. 그러나 다면평가, 평가위원회 등을 통한 평가나 동료 · 상사 · 노동조합 등 해당 근로자의 구체적인 행위를 중심으로 한 직무능력과 근무태도 등의 평가 결과에 대해서는 그 정당성을 인정하고 있다. 따라서 저성과자의 선발기준이 객관적으로 마련됐다고 하더라도 이를 선발하기 위한 평가기준의 합리성, 객관성 및 공정성의 확보가 또한 매우 중요한 과제가 된다 할 것 이다.

(3) 저성과자에 대한 기업의 성과향상 노력

근로계약상의 배려의무와 기업의 사회적 책임을 고려할 때 저성과자에 대한 기업의 성과향상 노력은 저성과자 개인의 노력만큼이나 중요한 기준이 된다. 직무능력 향상을 위한 교육과 전보를 보장해 주어야 하고, 저성과자에게는 보다 낮은 수준의 목표를 부여해야 하며, 사용자의 성과향상 노력에도 불구하고 저성과가 지속될 경우의 불이익에 대해서도 사전에 충분한 경고가 있어야 한다.

저성과자에 대한 교육을 제공하되 교육태도 등을 평가하여 조치하고, 현업에서실제 수행가능한 적절한 업무목표를 부여하되 본인이 희망하는 부서나 업무를 부여토록 한다. 특정근로자를 근무성적 저조 등을 이유로 저성과자로 분류한 것이 정당하다고 하더라도 당해 근로자에게 불이익한 조치를 내리기 이전에 그의 성과를 향상시키기 위한 사전적 노력을 하지 않았다면 그 조치가 정당한 것으로 인정받기는 어려울 것이다.

이에 대해 판례는 '직무를 부여하지 않고, 성과 향상의 기회도 주지 않았다'는 점을 이유로 당해 해고가 부당하다고 한 경우가 있지만, '미수금액을 감액해 주고, 그 기간을 연장해 줬음에도 불구하고 성과가 없었던 근로자를 면직한 것은 정당하다'고 본 경우가 있다. 또한 '분기별로 저성과자에 대한 격려 · 주의 · 경고등의 조치'를 했거나 '보직해임 이나 전보 가능성을 사전 고지'하는 등 미리 저성과자에 대한 조치 가능성을 통보한 사안에서 그 정당성을 인정한 바 있다. 이는 사용자가 해당근로자 들의 성과를 향상시키기 위해 얼마나 노력하고, 사전적으로 불이익조치의 가능성 여부를 통지했느냐 하는 부분이 정당성 판단의 또 다른 기준이 될 수 있음을 시사하고 있다.

관련판례

1. 서울행법 99구33638 (2000-11-03)

판매실적이 부진해 징계처분을 받았음에도 전혀 나아지지 않아 가중처벌 규정에 의해 해고됐다면 정당하다.

[요지]

원고는 이미 근무태도, 판매실적 등으로 정직 1개월의 징계처분을 받은 바 있다. 그 후 판매실적이 종전과 같이 극히 부진하고, 회사의 징계처분의 가중 사유를 규정한 상벌규정의 내용과 그 취지를 고려해 보면 이 사건 비위행위로 인하여 사회통념상 원고와 참가인 사이에는 근로계약을 더이상 계속시킬 수 없는 사정이 발생하게 되었고 그러한 귀책사유가 원고에게 있다고 할 것이므로 결국 이 사건 비위 행위를 이유로 원고를 징계해고한 것에는 정당한 이유가 있다고 보인다.

관련판례

2. 대법 90다카25420 (1991-03-27)

근로기준법에 위배되어 무효가 아닌 이상 취업규칙 · 근로계약 등 사규의 해고규정에 의한 해고는 정당하다

[요지]

근로기준법 제27조 제1항에서 규정한 "정당한 이유"라 함은 사회통념상 근로계약을 계속시킬 수 없을 정도로 근로자에게 책임있는 사유가 있다든가 부득이한 경영상의 필요가 있는 경우를 말하는 것이므로, 근로계약이나 취업규칙 등 사규에 해고에 관한 규정이 있는 경우 그것이 근로기준법에 위배되어 무효가 아닌 이상 그에 따른 해고는 정당한 이유가 있다 할 것이므로, 보험회사가 거수실적(보험계약을 체결하여 보험료를 입금시킨 실적)이 불량한 사원에 대하여 징계할 수 있다는 인사규정에 의해 한 징계면직은 정당한 것이다.

[이유]

원고소송대리인의 상고이유를 본다.

원심판결 이유에 의하면 원심은, 거시증거에 의하여 피고회사는 근무성적 또는 거수실적(보험계약을 체결하여 보험료를 입금시킨 실적)이 불량한 사원에 대해서는 인사위원회의 심의를 거쳐 징계할 수 있고 징계의 종류로는 견책, 감봉, 정직, 면직이 있으며 위 인사위원회에서는 1988.5.2. 원고가 거수실적이 불량하다는 이유로 면직할 것을 의결함에 따라 피고회사가 원고를 면직한 사실, 원고는 피고회사의 7개(후에 11개로 늘어남)의 영업부와 영업개발부 가운데 당초 영업2부, 영업4부 등에서 근무하다가 1982.7. 부장으로 정기승진하여 영업개발부장직에 보직된 후 1983.4. 신설된 영업8부장이 되었는데 영업8부는 새로 창설된 탓도 있지만 다른 영업부에 비하여 현저하게 영업실적이 낮아서 원고가 부장으로 재직하는 동안 계속 10개부서 중 최하위의 실적을 나타내고 있어 거수실적이 다른 영업부의 반 이하 또는 3분의 2 이하에 그치고 사원교육과 보험모집업무를 겸하고 있는 영업개발부의 영업성적에도 미치지 못하였으며 1984.에도 11개부서중 최하위의 영업실적을 나타냄에 따라 피고회사는 원고에게 그 책임을 물어 1984.9.1. 위 영업8부장직을 해직하고 영업개발부 관리역으로 발령한 사실, 원고는 위 관리역으로서도 역시 거수실적이 저조하여 1986.7.1.에는 총무부대기발령을 받고 1986.10.1. 다시 동대문지점 관리역으로 보직받으면서 매월 금 20,000,000원의 거수목표액을 배정받았는데 그 곳에서도 원고의 거수실적이 계속 부진하자 피고회사는 1987.2.12. 원고가 1986.10.1.부터 같은 해 12.31.까지 사이에 월평균 위 목표액의 10.1퍼센트 밖에 올리지 못한데 대해 견책처분을 하였고 그 후에도 계속 거수실적이 목표의 21.4퍼센트에 그 치는 등 저조하므로 같은 해 9.16. 원고에게 경고처분을 하였으나 그 후인 1987년도에도 월평균 목표액의 23.1퍼센트 밖에는 거수실적을 올리지 못하므로 1987.12.3. 원고에 대해 또 다시 견책처분을 한 사실, 피고회사는 영업부의 각 부장들을 제외한 전 영업사원에 대하여 직급과 능력별로 매월의 거수목표액을 배정하고 있는데 원고는 피고회사의 일반사원중 최고직급인 부장급관리역, 또는 영업역으로서 월 140여만원의 봉급을 받고 있으며 피고회사는 대체로 봉급액의 15배를 각 영업사원의 거수목표액으로 정하고 있어서 원고가 위에서 본 3개월간의 총무부 대기기간을 거쳤기 때문에 종전 거래선을 계속 확보하는 등 영업활동수행에 다소 불리한 점은 있다 하더라도 원고가 배정받은 월금 20,000,000원의 거수목표가 상대적으로 과중하지는 아니하며 원고보다 하위직인 차장 과장급에서도 그보다 훨씬 많은 목표액을 배정받는 사람도 있었는데 1986.10.부터 1988.3. 까지 사이에 원고의 실적은 위 목표액 금 20,000,000원에 대비하여 평균 22.1퍼센트 정도 밖에 올리지 못하여 원고의 이와 같은 실적은 원고보다 하위급인 과장급직원들의 평균실적의 6퍼센트 정도 밖에 되지 아니한 사실, 피고회사에서는 원고의 위와 같은 거수실적부진 등으로 보아 원고가 영업부에서는 능력이 모자란다고 보아 원고를 영업부서 아닌 타부서에 이동시켜 근무케까지 하려고 하였으나 원고가 전에 하위직 직원인 다른 사원의 거수실적을 원고의 거수실적으로 올려 보고하는 등의 일이 있어 하위직 직원들이 원고를 기피하는 현상이 일어남으로 말미암아 타부서에의 이동조치도 곤란하였으며 피고회사는 원고에게 이 사건 징계면직이 있기 전에 원고가 피고회사를 명예퇴직하면 원고에게 피고회사의 대리점을 개설할 수 있도록 도와주겠다고 제의한 적도 있는 사실, 한편 1988.6.1. 당시 피고회사는 국내 전 손해보험업계에서 가장 많은 영업손실을 보이고 있어 이로 인해 회사노동조합에서도 문제를 제기할 만큼 경영에 큰 곤란을 받으며 결산상 유일하게 손실을 나타내고 있었던 사실 등 판시 사실을 인정하였다.

기록에 비추어 볼 때 원심의 위 사실인정은 옳고 거기에 소론이 주장하는 채증법칙위반의 위법이 있다 할 수 없다.

근로기준법 제27조 제1항에서 규정한 "정당한 이유"라 함은 사회통념상 근로계약을 계속시킬 수 없는 정도로 근로자에게 책임있는 사유가 있다던가 부득이한 경영상의 필요가 있는 경우를 말하는 것이므로 근로계약이나 취업규칙 등 사규에 해고에 관한 규정이 있는 경우 그것이 근로기준법에 위배되어 무효가 아닌 이상 그에 따른 해고는 정당한 이유가 있다고 할 것이다(당원 1986. 7. 15.선고 85나 3733 판결 참조).

원심은 피고회사가 보험업을 영위하는 영리법인으로서 업무상성격상 그 거수실적의 많고 적음에 따라 회사운영의 성패가 좌우된 다고 할 수 있는 점에 비추어 앞서 본 바와 같은 징계규정이 무효의 규정이라고 할 수 없고 또 그 거수실적불량의 정도가 추상적 자의적인 기준에 의한 것이 아니라 근로자의 직위, 보수, 근무경력, 다른 근로자의 전반적인 근로성적, 회사의 경영실태등 제반사정을 참작하여 근로자로서 최소한도의 직무수행능력이 결여되었다고 인정되는 경우라면 위 징계규정에 따라 해고한 데에 정당한 이유가 있다고 할 것이라고 전제한 다음, 위 인정사실에 의하여 원고의 앞서 본 장기간의 거수실적이 단지 다른 사원에 비하여 상대적으로 다소 낮은 정도가 아니라 원고의 직위와 보수에 비추어 보면 일반적으로 기대되는 최저한의 실적에도 미치지 못하는 정도였다고 할 것이므로 이와 같은 사정아래에서 피고회사가 회사의 인사규정을 적용하여 원고를 징계면직한 조치가 징계권의 남용으로 볼 수 없고 근로기준법 제27조 제1항 소정의 정당한 이유가 있는 때에 해당한다고 판단하였다.

원심이 적법하게 확정한 위 사실에 나타난 원고의 귀책사유와 당시 피고회사의 경영상태를 아울러 고려하여 볼 때 원심의 위 판단은 정당한 것으로 수긍이 되고 거기에 소론이 주장하는 바와 같은 근로기준법 제27조에 정한 정당한 이유에 관한 법리오해의 위법이 있다 할 수 없다.

Chapter 12

해고 2

Ⅰ. 의 의

현행법은 해고절차에 관하여 구체적인 규정을 두고 있지 아니하다. 다만 제23조 제2항에서 해고시기를 제한하고 제26조에서 해고예고제도를 두고 있을 뿐이다. 그 외의 해고절해서는 단체협약이나 취업규칙에 정하는 것이 일반적이다.

Ⅱ. 해고시기의 제한

1. 의의

> 제23조 (해고 등의 제한) ②사용자는 근로자가 업무상 부상 또는 질병의 요양을 위하여 휴업한 기간과 그 후 30일 동안 또는 산전(産前) · 산후(産後)의 여성이 이 법에 따라 휴업한 기간과 그 후 30일 동안은 해고하지 못한다. 다만, 사용자가 제84조에 따라 일시보상을 하였을 경우 또는 사업을 계속할 수 없게 된 경우에는 그러하지 아니하다.

이 규정은 근로자에게 해고의 정당한 이유가 있더라도 업무상 재해 또는 출산으로 인하여 노동력을 상실하고 있는 법정휴업기간과 노동력회복을 위한 그 후 30일간에 대하여 해고를 금지함으로써 근로자가 해고의 위협 없이 노동력회복에 전념하고, 생활의 위협을 받지 않도록 하려는데 그 취지가 있다.

2. 해고제한의 요건

(1) 업무상 재해의 요양을 위한 휴업기간과 그 후 30일간

1) 이 경우의 해고의 제한은 「업무상」의 부상 또는 질병에 관한 것이므로 「업무 외」의 사상병 등으로 인한 경우에는 적용되지 아니한다.

2) 휴업이 전부휴업만을 의미하느냐 또는 일부휴업도 포함하느냐에 대하여 전부휴업만을 가리킨다는 견해가 있으나, 법 제23조 제2항의 취지 및 동항 단서에서 휴업기간이 장기화될 때 사용자가 일시보상을 함으로써 해고를 할 수 있는 예외규정을 둔 것으로 보아 일부휴업도 포함된다고 해석된다.

(2) 출산전후휴가기간과 그 후 30일간

1) 사용자는 출산전후휴가기간인 90일간과 그 후 30일간은 해고할 수 없다.

2) 사용자가 출산전후의 90일간에 해당되는 기간에 법을 위반하여 근로를 시키거나 여성근로자가 동 휴가를 청구하지 않고 계속 근로를 제공하고 있는 경우에도 그 기간과 그 후의 30일간은 해고할 수 없다.

3. 해고시기의 제한과 해고의 예고

(1) 해고시기제한기간 중의 해고예고 가능여부

법 제23조 제2항은 해고금지기간 중의 해고 자체만을 금지시키고 있는 것이므로 해고금지기간 중이라도 해고예고를 할 수 있다고 보는 유효설[222]이 있지만, 해고예고는 통상의 노동력을 가진 자에 대한 규정이기 때문에 노동력의 상실이나 회복기간인 해고시기제한기간 중에는 해고예고를 할 수 없다(다수설).

(2) 해고예고기간 중에 해고시기제한사유가 발생한 경우

동 기간 중에 해고시기제한사유가 발생하였다면 예고기간이 해고시기제한기간 중에 만료되었다고 하더라도 해고할 수 없다. 그러나 이 경우에 해고시기제한사유의 발생 전에 있었던 해고예고는 어떠한 효력을 가지느냐에 관하여 견해가 대립[223]하고 있으나 해고제한규정(제23조 제2항)과 해고예고규정(제26조)은 그 입법취지와 보호대상이 상이한 제도이므로 효력정지설이 타당하다고 본다(다수설).

관련행정해석

해고예고금지기간에 예고를 하고 금지기간이 종료된 후 해고 하는 경우

사용자는 근로자에 대하여 근로기준법 제27조 및 제27조의 2에 의거 정당한 이유없이 해고하지 못하며 정당한 이유가 있는 경우에도 산전 · 산후 60일의 휴가기간과 그후 30일간은 해고하지 못하나, 근로자가 취업규칙상 해고에 해당하는 중대한 비위사실이 발견되었을 때에는 산전 · 산후의 휴가중이라 하더라도 해고예고를 하여 해고금지기간이 종료된 후에 해고하는 것은 무방하다고 사료됨(1987.03.30, 근기 01254-5080).

4. 해고시기 제한의 예외

(1) 의의

사용자가 제84조의 규정에 따른 일시보상을 행하였을 경우 또는 사업을 계속할 수 없게 된 경우에는 해고 또는 근로계약을 해지할 수 있다(제23조 제2항).

(2) 해고제한의 예외사유

1) 일시보상의 지급

222) 근기 1987. 3. 30, 01254-5080.

223) 학설로는 ① 무효설 : 해고예고는 해고제한사유가 발생함으로써 무효가 된다는 견해이다. ② 효력정지설(유효설) : 해고예고는 해고제한기간의 종료 후 다시 나머지 예고기간의 진행이 계속된다는 견해이다(다수설). ③ 절충설 : 해고제한기간이 장기간에 걸친 때에는 해고예고는 무효가 되고 단기간에 그친 때에는 기간의 종료 후 다시 나머지의 예고기간의 진행이 계속된다는 견해가 있다.

① 법 제78조의 규정에 의해 요양보상을 받고 있는 근로자가 요양개시 후 2년을 경과하여도 부상 또는 질병이 완치되지 않는 경우에 평균임금의 1,340일분의 일시보상을 행하였을 때(제84조)에는 사용자는 당해 근로자를 해고할 수 있다.

② 산재법은 「요양급여를 받는 근로자가 요양을 개시한 후 3년이 경과된 날 이후에 상병보상연금을 지급 받고 있는 경우에는 근기법 제23조 제2항의 규정을 적용함에 있어서 당해 사용자는 그 3년이 경과된 날 이후에는 동법 제84조에 규정된 일시보상을 지급한 것으로 본다」 고 규정(제48조 제4항)하고 있으므로 이와 같은 요건을 갖춘 경우에는 해고할 수 있다.

2) 사업을 계속할 수 없게 된 경우

이는 천재 · 사변 기타 부득이한 사유에 기한 경우로서 고용노동부장관의 인정과 관계없이 즉시 해고할 수 있다.

Ⅲ. 해고의 예고

1. 의 의

(1) 법 규정

제26조 (해고의 예고) 사용자는 근로자를 해고(경영상 이유에 의한 해고를 포함한다)하려면 적어도 30일 전에 예고를 하여야 하고, 30일 전에 예고를 하지 아니하였을 때에는 30일분 이상의 통상임금을 지급하여야 한다.

(2) 취 지

1) 해고예고제도는 근로자를 해고하고자 할 경우에는 비록 정당한 이유가 있더라도 갑작스런 해고로 인해 생활기반이 상실되는 것을 방지하고 새로운 직장을 구할 수 있는 필요한 시간적 여유를 부여하거나 그 기간 동안의 생계비를 지급하기 위하여 마련된 제도이다.

2) 해고의 예고는 정당한 이유가 있는 경우에 적용되는 것이므로 해고의 예고를 했다고 하여 정당한 이유 없이 해고할 수 있는 것은 아니다.

2. 해고예고의무

(1) 예고의 기간

1) 예고는 적어도 30일 이전에 하여야 한다. 따라서 당사자의 합의나 취업규칙 또는 단체협약 등에 의하여 30일 이상으로 예고기간을 연장할 수 있다 그러나 30일 미만으로의 단축은 그 부분에 한하여 무효이다(제15조).

2) 해고예고기간은 근로일이 아닌 역일로 계산하므로 휴일이 있더라도 연장되지 않으며, 계산에 있어 초일은 산입 되지 않고 그 익일로부터 계산한다.

(2) 예고의 방법

1) 예고의 방법에 관한 특별한 규정이 없으므로 해당 근로자가 해고예고의 사실을 알 수 있다면 문서 · 구두 또는 게시 등 어떠한 방법으로도 가능하다.

2) 해고예고를 할 때에는 반드시 '해고하고자 하는 날'을 특정하여 명시하여야 한다. 따라서 불확정기한부의 예고나 조건부의 예고는 예고로서 효력이 없다.[224)]

(3) 예고의 철회

예고효력은 예고통지가 근로자에 도달할 때 발생하며, 일단 해고예고를 하고 나면 추후에이를 취소하여도 근로자의 동의가 없는 한 철회로서의 효력이 없다.

(4) 예고수당의 지급

1) 30일 전에 해고예고를 하지 않은 경우에는 이에 갈음하여 '30일분' 이상의 통상임금을 지급하여야 한다(제26조 제1항 후문). 여기서 통상임금의 '30일분'은 일급통상임금 '30일분'이아니라 「통상임금의 1개월분」을 의미하는 것으로 해석된다.

2) 해고예고수당은 그 성격과 해고예고제도의 취지로 보아 적어도 해고와 동시에 지급하여 야하며, 예고수당을 지급한 경우 해고의 효력은 즉시 발생한다. 예고기간이 30일에 미달하는 경우에는 그 미달하는 일수분의 예고수당을 지급하여도 예고의무에 위반된다고 볼 수 없다.[225)] 는 견해가 있으나 행정해석은 30일분 전액을 지급해야 효력이 있다고 본다.

3) 해고예고와 예고수당의 지급은 사용자의 임의로 선택할 수 있는 사항으로서 예고수당의 지급은 해고예고에 갈음하는 법적 효과를 가진다.

(5) 예고기간 중 임금지급

1) 해고의 예고가 있는 경우에도 예고기간 만료 시까지는 기존 근로관계는 유효하게 존속한다. 따라서 예고기간 동안 근로자는 근로를 제공해야 할 의무가 있으며 사용자는 이에 대하여 임금을 지급하여야 한다.

2) 30일 전에 해고의 예고를 받은 근로자가 새로운 직장을 구하기 위하여 부득이 결근 또는 일부

224) 임종률, 538-539면.

225) 임종률, 530면.

근로를 제공하지 못하더라도 그 시간이 사회통념상 용인될 수 있는 범위에서는 사용자는 임금을 지급하여야 한다고 보는 것이 동 제도의 취지에 부합하다고 본다.

(6) 예고와 해고의 정당성 문제

1) 해고예고는 정당한 사유가 있는 해고의 절차이지 해고예고를 했다고 해서 정당하지 않은 해고가 정당하게 되는 것은 아니다.

2) 이에 판례도 정당한 이유 없는 해고를 당한 근로자가 해고예고수당을 수령했다고 해서 이것이 정당한 이유 없는 해고의 유효성을 승복했다고 볼 수 없다는 입장을 취하여 해고예고는 정당한 해고이유가 있을 때 가능한 것이다.[226]

3. 해고예고의 예외(즉시해고)

(1) 의 의

1) 법 규정

> 제26조 제1항 단서(해고의 예고)천재 · 사변 그 밖의 부득이한 사유로 사업을 계속하는 것이 불가능한 경우 또는 근로자가 고의로 사업에 막대한 지장을 초래하거나 재산상 손해를 끼친 경우로서 노동부령이 정하는 사유에 해당하는 경우에는 그렇지 않다.

2) 취 지

① 즉시해고는 법 제23조 제1항의「정당한 이유」중에서도 특별한 경우에 한하여 해고예고제도의 적용을 배제시키려는 데 그 법적 의의가 있으므로, 즉시 해고사유는 내용적으로 이미「정당한 이유」속에 포함되는 것이다.

② 이는 사용자의 귀책사유 없는 불가항력적인 상황에서도 해고예고의무를 요구하는 것은 형평에 반하고, 근로자가 사용자에 대하여 중대한 의무위반행위를 함으로서 기본적인 신뢰관계를 파괴하는 경우까지 근로자에게 해고예고의 보호를 부여할 필요가 없기 때문이다.

3) 사 례

즉시 해고사유는 납품업체로부터 금품 또는 향응을 제공받고 불량품을 납품받아 생산에 차질을 가져온 경우, 영업용 차량을 임의로 타인에게 대리운전하게 하여 교통사고를 일으킨 경우, 사업의 기밀 기타 정보를 경쟁관계에 있는 다른 사업자 등에 제공하여 사업에 지장을 초래한 경우 등을 들 수 있다.

(2) 즉시해고의 요건

226) 대판 1992. 3. 31, 91누6184.

1) 천재 · 사변 그 밖의 부득이한 사유로 사업을 계속하는 것이 불가능한 경우

① 부득이한 사유라 함은 천재 · 사변에 준할 정도의 불가항력에 의한 돌발적인 사유를 말하며, 불황이나 경영난은 이에 포함되지 않는다.

② 사업계속이 불가능한 경우라 함은 사업의 전부 또는 대부분의 계속이 불가능한 경우를 말하며, 이에 대한 입증책임은 그 사용자에게 있다. 그러나 사업의 일부의 불가능한 경우에는 해당되지 않는다.

2) 근로자의 중대한 귀책사유

① 근로자가 고의로 사업에 막대한 지장을 초래하거나 재산상 손해를 끼친 경우이다.

② 이는 근로계약관계의 당사자 사이의 신뢰가 중대하게 침해되었느냐의 여부를 중심으로 계약법적인 관점에서 판단하여야 한다.

③ 고의에 대한 입증책임은 해고예고의 예외를 주장하는 사용자가 부담하여야 한다.

4. 해고예고의무위반의 효과

(1) 벌칙의 적용

해고예고의무를 위반한 사용자는 2년 이하의 징역 또는 1,000만 원 이하의 벌금에 처한다(제110조 제1호).

(2) 예고 없이 행한 해고의 사법상 효력

1) 학 설

① 유효설

법 제26조는 효력규정이 아니라 단순한 단속규정에 불과하므로 벌칙규정만 적용될 뿐이며, 해고 자체의 사법상의 효력은 발생한다고 한다.

② 무효설

동조를 효력규정으로 파악하여 그 위반의 해고는 당연히 무효이며, 아무리 기간이 경과하더라도 유효로 되지 않는다고 한다(다수설).[227)]

③ 상대적 무효설

예고위반의 해고가 즉시해고로서는 무효이지만 법 제26조의 요건을 결과적으로 갖추면 효력을 발생한다고 본다.[228)]

④ 선택권설

예고도 없고, 예고수당의 지급도 없이 행하여진 해고의 통지에 대하여 근로자가 무효임을 주장하거나 유효임을 전제로 예고수당의 지급을 청구하거나 어느 쪽이든 선택할 수 있다고 본다.[229)]

227) 김형배, 560면 ; 박상필, 207면.

228) 하경효, "해고예고규정위반과 단체협약에 따른 '노조와의 합의'없이 행한 징계면직의 효력", 경영계, 1994. 7, 56면.

229) 임종률, 540면.

2) 판 례

법 제26조는 단순한 단속규정에 지나지 않으므로 예고위반의 해고로 사법상의 효력을 발생하게 하는데 아무런 지장이 없다고 보고 유효설의 입장에 있다.[230)]

3) 검토의견

해고예고제도가 근로자의 생존의 위협과 구직의 기회를 보장하여 근로자의 인간다운 생활을 보장하려는 취지라고 볼 때 이 규정은 효력규정으로 보아야 할 것이며, 이를 위반한 해고는 효력을 가질 수 없다고 볼 것이다.

5. 해고예고의 적용제외

(1) 법 규정

제35조 (예고해고의 적용 예외) 제26조는 다음 각 호의 어느 하나에 해당하는 근로자에게는 적용하지 아니한다.
1. 일용근로자로서 3개월을 계속 근무하지 아니한 자
2. 2개월 이내의 기간을 정하여 사용된 자
3. 월급근로자로서 6개월이 되지 못한 자
4. 계절적 업무에 6개월 이내의 기간을 정하여 사용된 자
5. 수습 사용 중인 근로자(3개월 이내)

(2) 예외

1) 퇴직(정년 임시, 합의퇴직 등)이나 기간의 정함이 있는 근로계약, 사망 등에 의한 자동퇴직, 법인의 해산, 폐업 등은 해고예고가 필요하지 않다. 다만 일용근로자나 2개월 이내의 기간을 정하여 사용된 자라도 당해 계약이 장기간에 걸쳐 계속적 반복 · 갱신된 경우에는 해고예고절차는 준수된다.

2) 또한 법 제35조 규정이 제23조의 적용예외규정이 아니고 제26조의 적용예외 규정이므로 채용내정자와 시용근로자에 대한 본채용의 거부에도 제35조 제3호 및 제5호와의 해고예고제도가 적용된다고 본다.

3) 법 제35조에서 정한 단기 취업자의 경우 취업이 단기성임을 감안하여 예고의무에 대한보호를 제외한 것이므로 천재 · 사변 등의 특별한 사유가 없더라도 예고나 예고수당의 지급 없이 해고할 수 있다.

230) 대판 1993. 9. 24, 93누4199 ; 대판 1993. 11. 19, 93다7464.

Ⅳ. 해고사유 등의 서면통지

제27조 (해고사유 등의 서면통지) ①사용자는 근로자를 해고하려면 해고사유와 해고시기를 서면으로 통지하여야 한다.
②근로자에 대한 해고는 제1항에 따라 서면으로 통지하여야 효력이 있다.
③ 사용자가 제26조에 따른 해고의 예고를 해고사유와 해고시기를 명시하여 서면으로 한 경우에는 제1항에 따른 통지를 한 것으로 본다.

(1) 이는 사용자가 해고 여부를 신중히 결정하고, 또한 해고사유와 해고시기를 명확히 함으로써 차후 분쟁을 예방하기 위하여 명시적으로 규정한 것이다. 여기에서 해고사유는 해고의 동기나 원인을 말하고, 해고시기는 해고의 효력을 발생시키고자 하는 시기를 말한다.

(2) 서면으로 통지하는 방법은 제한이 없고 근로자에게 서면이 도달하면 된다. 사용자는 근로관계의 당사자로서 신의성실의 원칙상 근로관계의 부수적 의무로서 근로자를 해고할 경우 당연히 해고사유를 통지하여야 할 것을 확인하는 규정으로 이 규정 위반에 대한 벌칙규정은 없으나 해고사유 등을 서면통지 하지 않는 경우 해고는 효력이 없다.

관련판례

근로기준법 제27조는 사용자가 근로자를 해고하려면 해고사유와 해고시기를 서면으로 통지하여야 효력이 있다고 규정하고 있는데, 이는 해고사유 등의 서면통지를 통해 사용자로 하여금 근로자를 해고하는 데 신중을 기하게 함과 아울러, 해고의 존부 및 시기와 그 사유를 명확하게 하여 사후에 이를 둘러싼 분쟁이 적정하고 용이하게 해결될 수 있도록 하고, 근로자에게도 해고에 적절히 대응할 수 있게 하기 위한 취지이다. 따라서 사용자가 해고사유 등을 서면으로 통지할 때는 근로자의 처지에서 해고사유가 무엇인지를 구체적으로 알 수 있어야 하고, 특히 징계해고의 경우에는 해고의 실질적 사유가 되는 구체적 사실 또는 비위내용을 기재하여야 하며 징계대상자가 위반한 단체협약이나 취업규칙의 조문만 나열하는 것으로는 충분하다고 볼 수 없다(대법 2011. 10. 27, 2011다42324).

Chapter 13

경영상 이유에 의한 고용조정

Ⅰ. 의의

1. 개념

제24조 (경영상 이유에 의한 해고의 제한) ① 사용자가 경영상 이유에 의하여 근로자를 해고하려면 긴박한 경영상의 필요가 있어야 한다. 이 경우 경영 악화를 방지하기 위한 사업의 양도 · 인수 · 합병은 긴박한 경영상의 필요가 있는 것으로 본다.
② 제1항의 경우에 사용자는 해고를 피하기 위한 노력을 다하여야 하며, 합리적이고 공정한 해고의 기준을 정하고 이에 따라 그 대상자를 선정하여야 한다. 이 경우 남녀의 성을 이유로 차별하여서는 아니 된다.
③ 사용자는 제2항에 따른 해고를 피하기 위한 방법과 해고의 기준 등에 관하여 그 사업 또는 사업장에 근로자의 과반수로 조직된 노동조합이 있는 경우에는 그 노동조합(근로자의 과반수로 조직된 노동조합이 없는 경우에는 근로자의 과반수를 대표하는 자를 말한다. 이하 "근로자대표"라 한다)에 해고를 하려는 날의 50일 전까지 통보하고 성실하게 협의하여야 한다.
④ 사용자는 제1항에 따라 대통령령으로 정하는 일정한 규모 이상의 인원을 해고하려면 대통령령으로 정하는 바에 따라 고용노동부장관에게 신고하여야 한다.
⑤ 사용자가 제1항부터 제3항까지의 규정에 따른 요건을 갖추어 근로자를 해고한 경우에는 제23조제1항에 따른 정당한 이유가 있는 해고를 한 것으로 본다.

긴박한 경영상의 필요에 의한 해고를 경영상 이유에 의한 고용조정 또는 정리해고라 하며, 입법화되기 전에도 판례는 이를 인정하여 왔다.[231]

2. 취 지

본 조는 사용자의 해고남용으로부터 근로자를 보호하기 위하여 경영상 이유에 의한 해고의 법률적 기준을 명확히 하려는 데 그 취지가 있다.

Ⅱ. 요건

1 긴박한 경영상의 필요

(1) 법 규정

사용자는 경영상 이유에 의하여 근로자를 해고하고자 하는 경우에는 긴박한 경영상의 필요가 있어야 한다. 이 경우 경영악화를 방지하기 위한 사업의 양도 · 인수 · 합병은 긴박한 경영상의 필요가 있는 것으로 본다(동조 제1항 후단).[232] 물론, 회사가 소멸함으로 인해 해고한 것은 정리해고에

231) 대판 1989. 5. 23, 87다카2132; 대판 1990. 1. 12, 88다카34094; 대판 1990. 3. 13, 89다카24445; 대판 1991. 1. 29, 90누4433; 1991. 12. 10, 91다8647; 1992. 5. 12, 90누9421 외.

232) 이 경우 「경영악화를 방지」 하기 위한 경우에 한하여 긴박한 경영상의 필요가 인정되는 것으로 좁게 해석하여야 할 것이다.

해당하지 아니한다.[233]

(2) 학설과 판례의 입장

긴박한 경영상의 필요성의 범위에 대하여는 도산회피설,[234] 합리적 필요성설,[235] 감량경영설 등이 있는데, 판례는 도산회피설에서 합리적 필요성설로 완화되어가는 추세에 있고,[236] 나아가서 장래에 올 수도 있는 위기에 대처하기 위하여 인원감축이 객관적으로 보아 합리성이 인정되는 경우에도 포함되는 것으로 본 판례도 있다.[237]

(3) 구체적 사례

계속되는 경영의 악화[238]나 경영악화를 방지하기 위한 사업의 양도 · 인수 · 합병, 나아가서 생존전략차원에서의 생산성 향상 또는 경쟁력 강화를 위한 경우[239]에도 인정될 수 있다.

(4) 검토의견

최근 학설이나 판례의 변화는 기술혁신이나 구조조정 등으로 기업의 경쟁력을 강화해야 하는 현실적 필요에 의해 비롯된 것으로서 '장래의 경영상의 위기'까지 긴박한 경영상의 필요성이 있는 것으로 완화시키는 것은 지나친 확대해석으로 법에서 정한 요건 그 자체를 퇴색시킬 우려가 있다고 본다.

따라서 단순한 사업의 확장 등의 경우에는 정리해고가 인정되지 아니하는 것으로 보아야 할 것이다.

233) 대판 2004. 3. 12, 2003다44363.

234) 대판 1989. 5. 23, 87다카2132

235) 대판 1991. 12. 10, 91다8647; 대판 1992. 5. 12, 90누9421; 대판 1992. 8. 14, 92다16973; 대판 1993. 1. 26, 92누3076; 대판 2002. 8. 27, 2000두6756; 대판 2003. 11. 13, 2003두4119 외

236) 긴박성의 정도에 관하여 구 판례는 구체적으로 인원정리를 하지 않으면 기업이 도산에 초래될 정도의 경영위기상태가 초래되어야 한다고 판시하였으나(대판 1989. 5. 23, 87 다카 2132), 최근의 판례는 기업의 도산을 회피하기 위한 정도까지 요구하지는 않고 객관적으로 볼 때 경영합리화 조치의 합리성이 인정되는 정도이면 족하다고 판시하고 있다(대판 1992. 5. 12, 90누 9421).

237) 최근 판례가 "장래의 경영위기"까지 긴박한 경영상의 필요와 연계하여 긴박성의 요건을 완화하고 있는 것은 주목해야 할 일이다(대판 2002. 7. 9, 2001다29452 ; 2000두9373 ; 대판 2003. 9. 26, 2001두10776). 이는 "경영권과 노동3권이 서로 충돌하는 경우 이를 조화시키는 한계를 설정함에 있어서는 기업의 경제상의 창의와 투자의욕을 훼손시키지 않고 오히려 이를 증진시키며 기업의 경쟁력을 강화하는 방향으로 해결책을 찾아야 한다는 점"을 명백히 하고 있다.

238) 정리해고를 하지 아니하면 안 될 경영상의 어려움이 계속적으로 누적되어 왔고 장래에도 쉽사리 해소되지 아니할 개연성이 존재하여야 한다. 그러나 (ⅰ) 노동조합의 파업 등으로 기업에 일시적인 경영난이 있거나(대판 1993. 1. 26, 92누3076), (ⅱ) 해고된 근로자 수 만큼 또는 그 이상의 인원을 즉시 신규채용한 경우(대판 1987.4.28, 86다카1873; 대판 1989. 5. 23, 87다카2132), (ⅲ) 해고 전에 새로운 고급승용차를 구입하고 기사를 고용하거나, 부실기업을 새로이 인수한 경우(대판 1995. 11. 24, 94누10931) 등은 계속되는 경영의 악화에 해당되지 아니한다.

239) 생산성 향상 또는 경쟁력 강화를 위하여 구조조정 또는 기술혁신을 하거나 업종을 전환하는 경우에도 인정된다. 예컨대, (ⅰ) 경영상태의 악화로 불필요한 담당부서를 폐지한 경우(서울고판 1987. 7. 10, 86나2932), (ⅱ) 해당사업부문을 외부 하도급제로 운영하기로 함에 따라 잉여인력을 감축한 경우(대판 1995. 12. 22, 94다52119) 등에는 긴박한 경영상의 필요성이 인정된다.

2. 해고회피노력의무

사용자는 긴박한 경영위기의 타개라는 정리해고의 목적을 해고 이외의 다른 방법으로 실현할 수 있고 또 그것이 가능한 경우에는 그러한 노력을 다하여야한다(동조 제2항 전단).[240)]

관련행정해석

해고회피노력의 구체적 예

구체적 사례에는 (ⅰ) 시간외근로의 중단, 근로시간의 축소 등 조업단축의 실시(대법 1990. 3. 13, 86다카24445), (ⅱ) 전근 및 전직 등을 통한 취업의 유지(대법 1992. 12. 22, 92다14779), (ⅲ) 사무실 규모축소, 임원의 임금동결(대법 1995. 11. 24, 94누10931), (ⅳ) 신규채용의 중단(대법 1993. 12. 28, 92다34858), (ⅴ) 경영방침 또는 작업방식의 합리화(대법 1993. 11. 23, 92다12285), (ⅵ) 일시휴직(대법 1992. 12. 22, 92다14779) 및 희망퇴직의 활용(대법 1992. 12. 22, 92다14779), (ⅶ) 임시직, 유기근로자 등의 재계약정지(중노위 1996. 12. 17, 96부해174), (ⅷ) 자산매각 등이 해당된다.

또한 사용자가 고용보험법상 휴업수당지원금, 근로시간단축지원금, 고용유지훈련지원금 및 인력재배치지원금 등의 고용안정지원제도를 활용하는 경우도 해고회피노력을 하는 것으로 보아야 할 것이다(1998. 3. 28, 근기68201-586).

3. 합리적 정리기준에 따른 해고대상자 선정

(1) 합리적이고 공정한 해고의 기준을 정하고 이에 따라 그 대상자를 선정하여야한다. 이 경우 남녀의 성을 이유로 차별하여서는 아니된다(동조 제2항 후단). 설령, 단체협약에 정한 바가 있더라도 여성을 우선적인 해고대상자로 선정할 수 없다.

(2) 해고대상자 선정기준은 (ⅰ) 근로자 측 입장으로서 연령, 건강, 가족상황 및 재취업가능성을 종합적으로 고려하여 사회적 · 경제적 약자를 우선적으로 보호하고, (ⅱ) 사용자측 입장으로서 근로자의 근무능력, 근속기간 및 능률성 등을 고려하여 경영에 필요한 근로자가 우선적으로 보호되도록 설정되어야 한다.

(3) 예컨대, 정규직 근로자보다 일용직 근로자를 우선해고 대상으로 삼은 경우[241)]나 상용직 근로자보다 단시간 근로자를 우선해고 대상으로 삼은 경우, 또는 연령이 낮거나 근속연수가 낮은 근로자를 우선해고 대상으로 삼은 경우[242)] 등은 합리적이고 공정한 기준에 해당된다.

240) 정리해고하기 전 회사측에서 이를 회피하기 위한 노력으로 조업단축이나 배치전환 등의 조치를 취했다고 인정할 증거가 없는 경우 그 해고처분은 정리해고의 요건을 갖추지 못한 것으로서 무효이다(대판 1990. 3. 13, 89다카24445). 또한 정리해고 시 추가인원 삭감조치가 객관적으로 합리성이 결여되었다면 해고회피노력의무를 다했다고 볼 수 없다(대판 2004. 1. 15, 2003두11339).

241) 대판 1966. 4. 6, 66도204.

242) 대판 1993. 12. 28, 92다34858.

[관련판례] - 대법 2011두11310 (2012-05-24)

객관적 합리성과 사회적 상당성을 가진 구체적인 해고대상자 선정기준이 마련되어야 하고, 그 기준을 실질적으로 공정하게 적용하여 정당한 해고대상자의 선정이 이루어져야 한다

[요 지]

1. 사용자가 경영상의 이유에 의하여 근로자를 해고하고자 하는 경우 근로기준법 제24조제1항 내지 제3항에 따라 합리적이고 공정한 해고의 기준을 정하고, 이에 따라 그 대상자를 선정하여야 하는바, 이때 합리적이고 공정한 기준이 확정적 · 고정적인 것은 아니고 당해 사용자가 직면한 경영위기의 강도와 정리해고를 실시하여야 하는 경영상의 이유, 정리해고를 실시한 사업 부문의 내용과 근로자의 구성, 정리해고 실시 당시의 사회경제상황 등에 따라 달라지는 것이기는 하지만, 객관적 합리성과 사회적 상당성을 가진 구체적인 기준이 마련되어야 하고, 그 기준을 실질적으로 공정하게 적용하여 정당한 해고대상자의 선정이 이루어져야 한다.

2. 이 사건 정리해고 대상자 선정기준은 근무태도에 대한 주관적 평가와 객관적 평가 및 근로자 측 요소가 각 1/3씩 비중을 차지하고 있는데, 근무태도라는 단일한 대상을 주관적 평가와 객관적 평가로 나누어 동일하게 배점하고 주관적 평가 항목에서 참가인들과 잔존 근로자들 사이에 점수를 현격하게 차이가 나도록 부여함으로써 결국 근무태도에 대한 주관적 평가에 의하여 해고 여부가 좌우되는 결과가 된 점, 근무태도에 대한 주관적 평가의 개별 항목 중 현장직 근로자들의 업무 특성에 비추어 적절해 보이지 않는 부분이 있고, 참가인들에 대하여 부여된 주관적 평가 점수가 객관적 평가 점수나 잔존 근로자에 대한 주관적 평가 점수와 비교해 볼 때 납득하기 어려울 만큼 차이가 큰 점 등 그 판시와 같은 사정들에 비추어 보면 그 선정기준 자체가 합리적이고 공정하다고 인정하기 어렵고, 그 기준을 정당하게 적용하여 해고 대상자를 선정하였다고 보이지도 아니하므로 이 사건 참가인들에 대한 해고가 위법하다.

[관련판례] - 대법 2001다29452 (2002-07-09)

합리적이고 공정한 해고의 기준은 사용자가 직면한 경영위기의 강도와 정리해고를 실시해야 하는 경영상의 이유 등에 따라 달라진다

[요 지]

1. 정리해고의 요건 및 그 요건의 충족 여부의 판단 방법 : 사용자가 경영상의 이유에 의하여 근로자를 해고하고자 하는 경우에는 긴박한 경영상의 필요가 있어야 하고, 해고를 피하기 위한 노력을 다하여야 하며, 합리적이고 공정한 기준에 따라 그 대상자를 선정하여야 하고, 해고를 피하기 위한 방법과 해고의 기준 등을 근로자의 과반수로 조직된 노동조합 또는 근로자대표에게 해고실시일 60일 전까지 통보하고 성실하게 협의하여야 한다.

여기서 긴박한 경영상의 필요라 함은 반드시 기업의 도산을 회피하기 위한 경우에 한정되지 아니하고, 장래에 올 수도 있는 위기에 미리 대처하기 위하여 인원삭감이 객관적으로 보아 합리성이 있다고 인정되는 경우도 포함되는 것으로 보아야 하고, 위 각 요건의 구체적 내용은 확정적 · 고정적인 것이 아니라 구체적 사건에서 다른 요건의 충족 정도와 관련하여 유동적으로 정해지는 것이므로 구체적 사건에서 경영상 이유에 의한 당해 해고가 위 각 요건을 모두 갖추어 정당한지 여부는 위 각 요건을 구성하는 개별사정들을 종합적으로 고려하여 판단하여야 한다.

2. 정리해고의 요건으로서 사용자가 해고회피노력을 다하였는지 여부의 판단 방법 : 사용자가 정리해고를 실시하기 전에 다하여야 할 해고회피노력의 방법과 정도는 확정적 · 고정적인 것이 아니라 당해 사용자의 경영위기의 정도, 정리해고를 실시하여야 하는 경영상의 이유, 사업의 내용과 규모, 직급별 인원상황 등에 따라 달라지는 것이고, 사용자가 해고를 회피하기 위한 방법에 관하여 노동조합 또는 근로자대표와 성실하게 협의하여 정리해고 실시에 관한 합의에 도달하였다면 이러한 사정도 해고회피노력의 판단에 참작되어야 한다.

3. 정리해고의 요건으로서 합리적이고 공정한 해고 기준인지 여부의 판단 방법 : 합리적이고 공정한 해고의 기준 역시 확정적 · 고정적인 것은 아니고 당해 사용자가 직면한 경영위기의 강도와 정리해고를 실시하여야 하는 경영상의 이유, 정리해고를 실시한 사업 부문의 내용과 근로자의 구성, 정리해고 실시 당시의 사회경제상황 등에 따라 달라지는 것이고, 사용자가 해고의 기준에 관하여 노동조합 또는 근로자대표와 성실하게 협의하여 해고의 기준에 관한 합의에 도달하였다면 이러한 사정도 해고의 기준이 합리적이고 공정한 기준인지의 판단에 참작되어야 한다.

4. 정리해고의 절차적 요건으로서 노동조합 또는 근로자대표와의 성실한 협의를 규정한 취지 : 근로기준법 제31조제3항이 사용자는 해고를 피하기 위한 방법 및 해고의 기준 등에 관하여 당해 사업 또는 사업장에 근로자의 과반수로 조직된 노동조합이 있는 경우에는 그 노동조합, 근로자의 과반수로 조직된 노동조합이 없는 경우에는 근로자의 과반수를 대표하는 자(근로자대표)에 대하여 미리 통보하고 성실하게 협의하여야 한다고 하여 정리해고의 절차적 요건을 규정한 것은 같은 조 제1, 2항이 규정하고 있는 정리해고의 실질적 요건의 충족을 담보함과 아울러 비록 불가피한 정리해고라 하더라도 협의과정을 통한 쌍방의 이해 속에서 실시되는 것이 바람직하다는 이유에서이다.

5. 정리해고가 실시되는 사업장에 근로자의 과반수로 조직된 노동조합이 있는 경우 사용자가 그 노동조합과의 협의 외에 정리해고의 대상인 일정 급수 이상 직원들만의 대표를 새로이 선출케 하여 그 대표와 별도로 협의를 하지 않았다고 하여 그 정리해고를 협의절차의 흠결로 무효라 할 수는 없다.

6. 인사발령과 휴직명령이 근로자를 정리해고하는 과정에서 그 근로자에게 퇴직을 강요하기 위하여 인사재량권을 남용하여 한 인사처분이므로 무효라고 판단한 원심판결은 위법하다.

4. 과반수로 조직된 노동조합 또는 근로자대표와의 협의

(1) 사용자는 해고회피 방법 및 해고의 기준 등에 관하여 당해 사업 또는 사업장에 근로자의 과반수로 조직된 노동조합이 있는 경우에는 그 노동조합(근로자의 과반수로 조직된 노동조합이 없는 경우에는 근로자의 과반수를 대표하는 자. 이하 "근로자대표"[243]라 함)에 대하여 해고를 하고자 하는 날의 50일 전까지 통보하고 성실하게 협의하여야 한다(동조 제3항).

(2) 사전협의의 법적 의미[244]는 정리해고의 절차를 담보하는 기능을 수행하기에 강행규정으로서 이를 거치지 아니하면 무효이다.[245] 다만, 통보 시기는 해고실시 50일 이전이 아니더라도 위법하다고 볼 수 없다.[246] 한편, 개별근로자에 대한 해고예고는 해고 30일전에 이루어져야 하므로 해고예고는 50일간의 사전통보 및 협의기간 중에도 할 수 있으나 노사 간의 협의가 종료된 후에 하여야 한다.

(3) 정리해고의 실시여부는 경영주체에 의한 고도의 경영상 결단에 속하는 사항으로 경영권의 본질에 속하는 사항으로서 정리해고에 대한 합의약정을 하였을 지라도 노동조합과의 협의만으로도 충분하다고 본다.[247] 이 경우 사전협의의 법적 성질에 관하여는 근로조건에 관한 단체교섭을 하는 것과 같다는 입장도 있으나, 단체교섭을 의미하는 것이 아니라 노사 협의적 성질이라고 판단해야 할 것이다.[248]

Ⅲ. 효과

1. 사용자가 위의 요건을 갖추어 근로자를 해고한 때에는 법 제23조 제1항의 규정에 의한 정당한 이유가 있는 해고를 한 것으로 본다(동조 제5항).

2. 정리해고의 경우에도 해고예고에 관한 규정이 적용됨은 물론이다(제26조).

---

243) 다른 요건을 모두 충족하고 '성실한 협의의무'를 다했다면 합의나 동의가 없더라도 정당성이 인정된다는 것이 판례의 입장이다(대판 2002. 8. 27, 2000두3061, 하이닉스 사건).

244) 사용자가 정리해고를 단행하기 위해서는 반드시 사전협의를 거쳐야 하는데 이와 같은 사전협의를 거치지 아니하고 행한 해고는 무효라고 해석되며(대판 1991. 5. 14,91다2656), 또한 사전통보기간을 단축(60일→50일)함으로써 해고의 유연성 제고와 노사간의 갈등을 줄일 수 있다.

245) 대판 1991. 5. 14 91다22656; 대판 1993. 1. 26, 92누376.

246) 대판 2003. 11. 13, 2003두4119.

247) 서울고판 2003. 7. 10, 2002 나 58138; 노동조합의 "합의"가 있을 경우에만 구조조정을 할 수 있다면 경영주체에 의한 고도의 경영상의 결단, 즉 경영권은 부인되는 결과를 가져올 수 있을 것이다. 따라서 기업의 존립과 관련된 구조조정의 실시여부는 원칙적으로 합의의 대상이 될 수 없고, 단체교섭 대상이 되지 않는다는 것이 다수설이고 판례입장이다(대판 2003. 7. 22, 2002도7225; 대판 2002. 2. 6, 99도5380)

248) 대판 2001. 4. 24, 99도4893.

Ⅳ. 신고

1. 경영상의 이유에 의해 사용자는 1개월 동안에 다음 각 호의 어느 하나에 해당하는 인원을 해고하려면 최초로 해고하려는 날의 30일전까지 고용노동부장관에게 신고하여야 한다(영 제10조 제1항).

(1) 상시 근로자수가 99인 이하인 사업 또는 사업장 : 10인 이상

(2) 상시 근로자수가 100인 이상 999인 이하인 사업 또는 사업장 : 상시 근로자수의 10% 이상

(3) 상시 근로자수가 1000인 이상 사업 또는 사업장 : 100인 이상

2. 상기 신고에는 다음 각 호의 사항이 포함되어야 한다(영 제10조 제2항).

(1) 해고 사유, (2) 해고예정인원, (3) 근로자대표와 협의내용, (4) 해고일정

3. 신고제도는 대량해고에 대한 행정적 감독과 지도를 하기 위한 것이므로 신고를 하지 않더라도 위반시 벌칙규정도 없고, 해고의 효력에 영향을 미치지는 않는다.

Ⅴ. 우선 재고용 등

1. 사용자의 우선 재고용의무

제 24조에 따라 근로자를 해고한 사용자는 근로자를 해고한 날부터 3년 이내에 해고된 근로자가 해고 당시 담당했던 업무와 같은 업무를 할 근로자를 채용하려고 할 경우 제 24조에 따라 해고된 근로자가 원하면 그 근로자를 우선적으로 고용하여야 한다(제25조 제1항).[249)]

2. 국가의 의무

정부는 경영상의 이유에 의하여 해고된 근로자에 대하여 생계안정, 재취업, 직업훈련 등 필요한 조치를 우선적으로 취하여야 한다(동조 제2항).

---

249) 우선적 고용의무를 규정함으로써 의무규정화 하였으나 위반시 처벌규정은 없다. 다만, 동규정 위반시 형사처벌로 이행을 강제하지 않고 민사상의 권리의무만을 확정시켜, 사용자가 재고용의무 불이행시 근로자에게 민사상 청구권이 발생토록 하였다. 또한 정리해고를 한 후 일정한 기간(2년)이 경과하기 전에는 당해 업무에 파견근로를 사용하여서는 아니된다(파견법 제16조 제2항).

Chapter 14

부당해고의 구제

Ⅰ. 정당한 이유 없는 해고 등의 구제절차

1. 이원주의

(1) 부당해고 등에 대한 구제는 법원에 의한 사법적 구제와 노동위원회를 통한 행정적 구제의 이원주의를 채택하고 있다. 특히 노동위원회의 구제절차와 관련하여 구법은 노조법 규정을 준용하였으나, 법 개정에 의해 금전보상제와 부당해고 구제명령 불이행시 이행강제금제도 도입 및 확정된 구제명령 위반 시 노동위원회의 고발을 요건으로 하는 벌칙규정을 신설하는 등 구제절차를 명문화(제28조 내지 제33조)하였다.

(2) 근로자는 행정적 구제 또는 사법적 구제의 어느 하나를 택하거나 양자를 다 같이 이용하여 노동위원회에 부당해고 구제신청을 하고 그와 동시에 법원에 해고무효확인소송을 제기할 수 있다.

(3) 그러나 법해석의 최종적 권한은 법원에 있으므로 일단 법원에서 부당해고가 아니라는 판결이 확정된 때에는 행정적 구제는 할 수 없다.

2. 민사적 구제 (지방법원 → 고등법원 → 대법원)

(1) 사용자의 해고가 부당한 경우 근로자는 법원에 해고무효확인소송을 제기하여 그 구제를 받을 수 있다. 또한 이 소송을 본안으로 하여 종업원지위보전의 가처분신청이나 임금지급의 가처분신청을 할 수 있다.

(2) 소의 제기기간에 관하여 법에 규정한 바가 없으나, 장기간의 권리불행사가 신의칙에 반하는 경우 실효의 원칙에 따라 구제를 받을 수 없다.[250)]

3. 행정적 구제 (지노위 → 중노위 → 행정법원 → 고등법원 → 대법원)

(1) 구제신청

구제신청을 할 수 있는 자는 부당해고 등을 당한 당해「근로자」이고 노동조합은 이를 할 수 없고, 구제신청은 부당해고 등이 있는 날로부터 3개월 이내에 하여야 한다(제28조 제2항). 3월 이내의 기간은 불변기간이므로 기간 경과 시 민사소송에 의한 사법적 구제만이 가능하다. 또한 사용자가 해고예고를 한 때에는 예고일이 아니라 해고를 하고자 하는 날부터 기산하여 3개월 이내에 하여야 한다.

(2) 조사와 심문

노동위원회는 구제신청을 받으면 지체 없이 필요한 조사를 하여야 하며, 관계 당사자를 심문하여

250) 대판 1996. 11. 26, 95다49004.

야 하며, 노동위원회는 심문을 하는 때에는 관계 당사자의 신청에 의하거나 직권으로 증인을 출석하게 하여 필요한 사항을 질문할 수 있고, 관계 당사자에게 증거의 제출과 증인에 대한 반대심문을 할 수 있는 충분한 기회를 주어야 한다(제29조). 이러한 조사와 심문에 관한 절차는 노조법상의 부당노동행위 구제절차와 동일하다.

(3) 구제명령 등

노동위원회는 심문을 끝내고 부당해고 등이 성립한다고 판정하면 사용자에게 구제명령을 하여야 하며, 부당해고 등이 성립하지 아니한다고 판정하면 구제신청을 기각결정을 하여야 하며, 이러한 판정, 구제명령 및 기각결정은 사용자와 근로자에게 각각 서면으로 통지하여야 한다(제30조 제1 · 2항). 여기서 구제명령은 노동위원회의 재량행위로서 원직복직 등에 대한 공법상 이행의무만을 부과한 것으로 사법상의 효력은 없다.

(4) 금전보상제

제30조 제3항(구제명령 등) ③노동위원회는 제1항에 따른 구제명령(해고에 대한 구제명령만을 말한다)을 할 때에 근로자가 원직복직(原職復職)을 원하지 아니하면 원직복직을 명하는 대신 근로자가 해고기간 동안 근로를 제공하였더라면 받을 수 있었던 임금 상당액 이상의 금품을 근로자에게 지급하도록 명할 수 있다.

1) 취 지

① 노동위원회가 부당해고를 판정하면 "원직복직과 해고기간동안 근로를 제공하였더라면 지급받을 수 있었던 임금상당액 지급"을 명하고 있으나, 원직복직은 근로자가 이를 원하지 않으면 효과적인 구제방법이 되지 못하므로 원직복직을 대신하여 당사자간의 합의에 의해 금전보상금을 지급하고 근로관계를 종료할 필요가 있어 신설한 것이다.

② 금전보상제는 정당한 이유 없는 해고에 대한 구제방식을 다양화함으로써 권리구제의 실효성을 제고하고 근로관계 단절상태의 장기화를 방지하여 근로관계를 조속히 안정시키는 효과가 기대되고 있다.[251]

2) 법적 성격

① 금전보상제는 근기법에 규정된 부당해고 구제절차에서 노동위원회가 사용자에게 내리는 구제명령의 하나로서 공법관계 하에서 사용자에게 이행의무가 부과되는 행정처분적 성격을 갖는 공법상의 구제조치에 해당된다.

② 금전보상명령이 내려지면, 근로자와 사용자간의 사법상의 권리의무관계에는 직접적인 영향을 미치는 것이 아니다. 따라서 보상금지급이행명령을 사용자가 이행하지 아니할 경우 근로

251) 노동부, 「노사관계 선진화 입법 설명자료」, 2007. 1, 83면.

자가 노동위원회의 명령을 권원으로 민사소송상 이행청구를 할 수 없다고 본다.[252)]

3) 보상금 지급의 요건

① 부당해고의 성립

금전보상은 사용자가 근로자에게 금품을 지급하고 근로관계를 종료하려는 취지에서 도입되었기에 부당해고 구제신청에 대해 노동위원회가 부당해고가 성립한다고 판정하여 구제명령을 내리는 경우에만 가능한 것이고, 해고 이외의 휴직, 정직, 전직, 감봉 기타 징벌에 대한 구제명령은 해당되지 아니한다.

② 근로자의 신청

금전보상제는 근로자가 원직복직을 원하지 않은 경우에만 인정되는 것이다. 금전보상이 사용자의 신청 또는 사회통념상 근로관계의 유지가 객관적으로 어려운 경우에도 폭넓게 인정하는 선진국과는 달리 우리나라의 경우에는 해고의 남용이 우려되기에 근로자가 원직복직을 원하지 아니한 경우로 제한하여 근로자에게만 신청권을 부여한 것이다.

4) 보상금액의 산정

① 노동위원회의 재량행위

㈎ 노동위원회가 보상금 지급명령을 내리는 경우 보상금액의 정확하고 구체적인 액수를 명령서에 기재하여야 하는 바, 근기법 제30조 제3항의 규정에서는 '근로자가 해고기간동안 근로를 제공하였더라면 지급받을 수 있었던 임금상당액 이상의 금품'이라고만 정하고 있을 뿐이다.

㈏ 보상금은 해고기간 동안의 임금상당액(해고기간 동안 근로를 제공하였다면 지급받을 수 있었던 임금 상당액)과 부당해고에 대한 위로금을 포함하는 것으로서 해고의 부당성 정도, 근로자 귀책사유 여부 등을 종합적으로 고려하여 판정기관인 노동위원회에서 결정하게 된다. 따라서 노동위원회의 재량행위로서 상당한 재량권을 가지게 된다.

② 보상금 결정에 대한 구체적인 기준

㈎ 보상금의 내용 중 해고기간 동안의 임금상당액은 객관적으로 계산될 수 있지만, 위로금은 해고가 부당한 정도 즉, 단순한 위반인지 중대한 위반인지 뿐만 아니라, 근로자 귀책사유 여부 등 다양한 변수를 고려하여 결정하여야 할 것이다.

㈏ 이렇게 다양한 변수를 포괄하는 하나의 기준을 마련하는 것은 쉽지 않으며, 오히려 획일적인 기준을 다양한 개별 사건에 적용하다 보면 그 타당성이 떨어질 우려가 있다. 따라서, 판정기관이 보상금을 개별 사건에 따라 적절하게 결정할 수 있도록 한 것이다.

㈐ 금전보상제의 도입취지가 부당해고에 따른 실제 손해에 대한 배상을 하는 것이 아니라 원직에 복직하지 아니함으로써 발생하는 고용상의 이익을 적절하게 보상하겠다는 점을 감안하여 결정하여야 할 것이다.

---

252) 同旨, 김홍영, "부당해고에 대한 금전보상제의 도입에 따른 쟁점사항", 「조정과 심판」(제28호), 2006, 5면.

5) 해고기간과 임금상당액

① 해고기간

금전보상제는 임금상당액 지급의 대상기간이 '해고기간'인데, 그 개시시점은 해고 시로 명확하지만, 그 종료시점은 언제까지로 볼 것인가 불명확하다. 이 경우의 해고의 종료시점으로 구제신청시점, 노동위원회의 구제명령 시점, 구제명령이 확정된 시점, 보상금이 실제로 지급되는 시점, 판정의 기준으로 별도로 정해지는 특정 시점 등 다양한 시점을 산정하여 적용할 수 있을 것이나 노동위원회 규칙 제65조는 당해사건의 판정일을 종료시점으로 규정하고 있다.

② 해고기간동안의 임금상당액

㈎ '해고기간 동안의 임금상당액'이란 근로자가 해고기간 동안 근로를 제공하였더라면 지급받을 수 있었던 임금에 상당하는 금액을 의미한다. 실제로 근로한 것을 대상으로 하는 것은 아니므로 근로의 대가인 임금이라고 볼 수 없으며, 가상의 근로를 전제로 임금에 상당하는 금액을 정하는 것이다.

㈏ 따라서 임금상당액이 임금에 정확히 일치하지 아니할 수 있으며, 임금에 상당한지 여부의 판단은 노동위원회의 전문성을 기초로 한 재량행위라고 볼 수 있다.

③ 추가되는 액수

임금상당액을 추가하는 액수를 산정하는데 고려할 항목에 대해 근기법은 전혀 규정하고 있지 아니한 점을 감안할 때 노동위원회가 재량권을 행사하는데 있어서 상당한 어려움에 처할 수 있다. 왜냐하면 보상금액의 산정에 있어서 해고의 행태, 근로자의 대응, 사용자의 책임정도 외에 각 기업의 지급능력도 좌우되기 때문에 일률적으로 결정할 수 없고, 사전에 개별 기업 내 노사 간 합의로써 정한 금액으로 결정하는 방식도 한번 생각할 수 있을 것이다.

⑸ 구제명령 등의 확정

지방노동위원회의 구제명령 또는 기각결정에 불복하는 사용자나 근로자는 구제명령서 또는 기각결정서를 통지받은 날부터 10일 이내에 중앙노동위원회에 재심을 신청할 수 있고, 중앙노동위원회의 재심판정에 대하여 사용자나 근로자는 재심판정서를 송달받은 날부터 15일 이내에 「행정소송법」의 규정에 따라 소를 제기할 수 있다. 이 기간 내에 재심을 신청하지 아니하거나 행정소송을 제기하지 아니하면 그 구제명령 · 기각결정 또는 재심판정은 확정된다(제31조). 확정된 구제명령을 이행하지 않는 자는 벌칙이 적용되며, 이에 대한 고발권은 이행강제금제도와 연계운영하기 위하여 노동위원회만이 갖는다(제111조 · 112조).

⑹ 구제명령 등의 효력

제32조 (구제명령 등의 효력) 노동위원회의 구제명령, 기각결정 또는 재심판정은 제31조에 따른 중앙노동위원회에 대한 재심 신청이나 행정소송 제기에 의하여 그 효력이 정지되지 아니한다.

⑺ 이행강제금

제33조 (이행강제금) ① 노동위원회는 구제명령(구제명령을 내용으로 하는 재심판정을 포함한다. 이하 이 조에서 같다)을 받은 후 이행기한까지 구제명령을 이행하지 아니한 사용자에게 2천만원 이하의 이행강제금을 부과한다.
② 노동위원회는 제1항에 따른 이행강제금을 부과하기 30일 전까지 이행강제금을 부과 · 징수한다는 뜻을 사용자에게 미리 문서로써 알려 주어야 한다.
③ 제1항에 따른 이행강제금을 부과할 때에는 이행강제금의 액수, 부과 사유, 납부기한, 수납기관, 이의제기방법 및 이의제기기관 등을 명시한 문서로써 하여야 한다.
④ 제1항에 따라 이행강제금을 부과하는 위반행위의 종류와 위반 정도에 따른 금액, 부과 · 징수된 이행강제금의 반환절차, 그 밖에 필요한 사항은 대통령령으로 정한다.
⑤ 노동위원회는 최초의 구제명령을 한 날을 기준으로 매년 2회의 범위에서 구제명령이 이행될 때까지 반복하여 제1항에 따른 이행강제금을 부과 · 징수할 수 있다. 이 경우 이행강제금은 2년을 초과하여 부과 · 징수하지 못한다.
⑥ 노동위원회는 구제명령을 받은 자가 구제명령을 이행하면 새로운 이행강제금을 부과하지 아니하되, 구제명령을 이행하기 전에 이미 부과된 이행강제금은 징수하여야 한다.
⑦ 노동위원회는 이행강제금 납부의무자가 납부기한까지 이행강제금을 내지 아니하면 기간을 정하여 독촉을 하고 지정된 기간에 제1항에 따른 이행강제금을 내지 아니하면 국세 체납처분의 예에 따라 징수할 수 있다.
⑧ 근로자는 구제명령을 받은 사용자가 이행기한까지 구제명령을 이행하지 아니하면 이행기한이 지난 때부터 15일 이내에 그 사실을 노동위원회에 알려줄 수 있다.

이행강제금 부과절차 : 구제명령 → 구제명령 이행기간 → (당사자 통보) → 이행강제금 부과예고 → 이행강제금 부과 → 납부기한 경과 → 독촉 → 강제징수

4. 형사적 구제

지방노동관서 등에 진정 · 고소를 제기하면 '부당해고 등 관련 민원사건 처리지침'[253]에 의해 지방노동위원회 판정결과에 따라 진정종결 또는 검찰송치하게 되며, 법원은 부당해고라 하여 당연 처벌대상의 범죄로 보지 않고 사용자가 고의로 근로자에게 해고권을 남용하여 가해하려는 의사가 있어야 한다고 본다.

Ⅱ. 정당한 사유 없는 해고 (부당해고) 시 효과

1. 사법적 효력

253) 근기 68201-663, 1997. 5. 20.

정당한 이유 없는 해고는 강행법규 위반으로 사법상 당연히 무효이다. 구제명령이 내려진 경우에는 사용자는 근로자를 원래의 근로관계로 회복하여야 할 것이다. 이러한 원상회복은 단순한 회복만이 아니고 원상태로의 회복으로서, 그러한 회복이 없는 한 부당해고 구제명령을 이행하였다고 볼 수 없다.[254)]

2. 형사적 효력

(1) 부당해고 등에 대한 처벌조항 삭제구법에 규정하였던 부당해고 처벌조항이 합헌으로 결정한 바 있으나, 이를 삭제한 것은 부당해고에 대해 실제 징역형이 선고되는 예가 드물고 소액의 벌금형에 그쳐 효과가 매우 낮은 실정이고 국제적으로도 형사처벌하는 입법례가 없으며 오히려 이행강제금 등 실질적으로 근로자의 복직에 도움이 되는 제도로 전환하는 것이 좋다고 보았기 때문이다.

(2) 내 용

1) 벌칙조항 삭제대신에 부당해고 등에 대한 노동위원회 구제명령의 실효성 담보를 위해 확정된 구제명령을 위반한 경우에는 노동위원회의 고발을 요건으로 벌칙규정이 적용되고(제111조 · 제112조), 노동위원회는 구제명령을 받은 후 이행기한까지 구제명령을 이행하지 아니한 사용자에 대하여 2천만 원 이하의 이행강제금을 부과하고 있다(제33조).

2) 벌칙과 이행강제금은 구제명령의 실효성 확보를 목적으로 도입된다는 공통점이 있으나 벌칙은 확정된 구제명령을 이행하지 않은 자에게 부과가 가능하고, 이행강제금은 구제명령이 확정되거나 확정되지 않은 단계에서 모두 부과가 가능하므로 확정된 구제명령을 이행하지 않은 자에게는 벌칙과 이행강제금의 부과가 가능하다.

3. 확정된 구제명령 불이행시 벌칙적용

(1) 내 용

과거에는 노동위원회의 '확정된 부당노동행위 구제명령'을 위반시에만 벌칙규정(노조법 제 89조)이 부과될 뿐, '확정된 부당해고 구제명령'을 사용자가 이행하지 아니한 경우에 이에 대한 벌칙 등의 제재조치가 없었으나, 최근 법 개정으로 노동위원회의 '확정된 구제명령'을 불이행시에도 벌칙을 부과하여 실효성을 확보하고 있다.

(2) 고발권

254) 판례는 운전기사직에서 해고된 근로자를 영업직 사원으로 복직시킨 경우, 전직의 효력을 다투는 것은 별론으로 하고 해고무효확인을 구할 소의 이익은 없다고 보거나(대판 1991. 2. 22, 90다카27389), 복직된 일이 다소 다르더라도 원직에 복직된 것으로 본다(대판 1994. 7. 29, 94다4259).

확정된 구제명령의 불이행에 대한 처벌은 노동위원회의 고발이 있어야 공소를 제기할 수 있다. 고발권한을 노동위원회에서만 갖도록 한 것은 원직복직을 이행하지 아니한 경우 이행강제금제도와 연계하여 운영하고자 함이며, 검사가 위반행위가 있음을 노동위원회에 통보하여 고발을 요청할 수 있다(제112조 제2항).

4. 정신적 위자료청구권

사용자의 부당해고가 건전한 사회통념이나 사회상규상 용인될 수 없는 위법한 행위인 경우에는 근로자를 위법하게 정신적 고통을 가한 것이므로 불법행위책임을 부담하므로 근로자는 민사상 정신적 손해배상인 위자료청구권을 행사할 수 있다고 본다.[255] 이 경우 민법상 불법행위 요건으로서 "해고의 이유로 된 어느 사실이 취업규칙 등 소정의 해고사유에 해당되지 아니하거나 해고사유로 삼을 수 없는 것임이 객관적으로 명백하고 또 조금만 주의를 기울이면 이와 같은 사정을 쉽게 알아볼 수 있는 바와 같이 고의, 과실이 있어야 한다.[256]

5. 복직거부에 대한 취업청구권

(1) 내 용

근로자는 근로를 함으로써 임금을 지급받는 이익 이외도 근로 그 자체에 특별한 이익이 있으므로 특별한 사정이 없는 이상 마땅히 사용자의 근로수령의무가 인정되어야 한다고 본다.

(2) 인정 취지

1) 인간은 근로를 통해 자아를 실현하고 자기의 기능을 유지 · 개발하며, 이를 통해 자기의 성취욕구를 달성할 수 있고, 사회에 참여함으로써 사회적 평가를 인정받을 수 있는 조건을 갖출 수 있기 때문이다.

2) 그러므로 사용자가 정당한 이유 없이 근로자를 취업시키지 않는 때에는 설령 근로자가 임금을 받는 경우라 하더라도 인격권의 침해가 된다.

(3) 정신적 위자료청구권 행사가능여부

사용자가 정당한 이유 없이 근로자를 취업시키지 않는 때에는 해당 근로자는 취업청구권 외에 별도로 정신적 고통에 따른 위자료청구권을 행사할 수 있다고 본다.[257]

---

255) 대판 1993. 10. 12, 92다43586.

256) 대판 1992. 2. 23, 98다12157.

257) 판례는 "사용자가 근로자를 부당하게 해고하고 그 무효판결이 확정되었음에도 장기간에 걸쳐 근로자에 대한 복직을 거부하였다면 근로자가 정신상 고통을 받았을 것이 명백하므로 사용자는 이를 금전으로 위자할 의무가 있다"고 보았다(대판 1994. 2. 8, 92다893, 대판 1996. 4. 23, 95다6823).

6. 해고의 효력을 다투는 자의 법적 지위

해고의 효력을 다투는 자에 대하여 근로자로 간주하는 노조법 제2조 제4호 단서의 법적효력은 조합원의 지위에 한정될 뿐, 사용자와의 개별적 근로관계에 적용되지 않는다.

Chapter 15

비정규직 근로자 보호

I. 서설

1. 현황

(1) 최근 기업의 경쟁력 강화와 고용의 유연성 확보, 저임금 · 낮은 근로조건에 의한 비용절감 등을 원인으로 하여 비정규직(기간제 · 단시간 파견)근로자의 규모가 지속적으로 증가하고 정규직근로자와 임금 등 근로조건에서 상당한 격차가 존재함에도 기존 노동법제하에서는 비정규직 근로자에 대한 보호 혹은 차별금지규정이 없었다.

(2) 근기법 제6조 균등처우 규정이나 남녀고평법 제2장 제1절의 남녀의 평등한 기회보장 및 대우에서 금지하는 차별의 사유는 성별 · 국적 · 신앙 · 사회적 신분 등 이른바 '인격적 요소(본성적 사유)'에 불과하였고, '고용형태'에 따른 차별을 금지한 것은 아니었다. 따라서 이러한 '고용형태'에 따른 비정규직 근로자의 차별을 법적 · 제도적으로 해소하기 위해 '기간제및단시간근로자보호등에관한법률'(이하 '기간제법'이라 한다)과 '파견근로자보호등에관한법률'(이하 '파견법'이라 한다) 등 비정규직근로자 관련 법률을 제정(2006.11.30. 국회 본회의 의결, 2007.7.1.부터 시행)하여 비정규직 근로자에 대한 불합리한 차별처우금지원칙을 명문화하고 노동위원회를 통한 차별시정 절차까지 규정하였다.

2. 비정규직 근로자의 개념

(1) 비정규직 근로자란 학문적으로 개념이 정립된 것도 아니고, 또한 법률상 용어도 아니다. 흔히 다양한 고용형태 하에서 근로를 제공하는 자들의 근로조건을 현상적으로 파악하여 '고용의 불안정성과 낮은 근로조건'을 속성으로 비정규직 근로자군으로 분류하며, 정규직근로에 대한 상대적 개념으로 '비정규직 근로자'라는 용어를 사용하고 있다.

(2) 비정규직 근로자는 기간제법상에 의한 고용기간이 정해져 있거나 임시적으로 근로를 제공하는 기간제근로자나 통상근로자보다 근로시간이 짧은 단시간근로자 외에 일용직, 임시직 근로자, 파트타임근로자, 근로를 제공하는 사업장에 직접 채용되지 않고 다른 사업주의 근로자로서 근로를 제공하는 사업장에 파견되어 근로하는 파견근로자 등이 있다.

(3) 기간제법에 의한 정의규정(제2조)에 의하면, '기간제근로자'란 기간의 정함이 있는 근로계약을 체결한 근로자를 말하며, '단시간근로자'란 1주간의 소정근로시간이 당해 사업장의 동종 업무에 종사하는 통상근로자의 1주간의 소정근로시간에 비하여 짧은 근로자를 말한다. 또한 파견법에 의한 파견근로자는 파견사업주가 고용한 근로자로서 근로자파견의 대상이 되는 자를 말한다(제2조 제5호).[258)]

258) 1. 사업의 완료 또는 특정한 업무의 완성에 필요한 기간을 정한 경우
   – 건설공사 등 유기사업, 특정 프로그램 개발 또는 프로젝트 완수를 위해 고용하는 경우 등을 고려

Ⅱ. 비정규직 근로자의 보호

1. 적용범위

(1) 기간제법은 상시 5명 이상 근로자를 사용하는 모든 사업 또는 사업장에 적용된다(제3조 제1항 전단). 상시 사용되는 근로자에는 일용직, 임시직, 단시간 근로자, 심지어는 불법체류외국인 근로자 등도 모두 포함된다.

(2) 동거의 친족만을 사용하는 사업 또는 사업장과 가사사용인에 대해서는 적용되지 아니하며(동조 제1항 후단), 상시 4명 이하의 근로자를 사용하는 사업 또는 사업장에 대하여는 대통령령이 정하는 바에 따라 이 법의 일부규정을 적용할 수 있다.

(3) 파견법은 원칙적으로 상시 1명 이상의 근로자를 사용하는 모든 사업 또는 사업장에 적용되지만, 차별적 처우 및 시정절차에 관한 규정은 사용사업주가 상시 4명 이하의 근로자를 사용하는 경우에는 적용되지 아니한다(제21조 제4항).

2. 기간제 근로자의 사용기간 제한

(1) 기간제 근로자의 사용기간(반복갱신 등의 경우에는 계속근로한 총 사용기간)을 2년으로 제한함을 원칙으로 하고(제4조 제1항 본문), 합리적 사유가 있는 경우 2년을 초과하여 기간제 근로자로 사용할 수 있도록 예외를 규정하였다(제1항 단서). 또한 사용자가 2년을 초과하여 기간제 근로자를 사용할 때에는 기간의 정함이 없는 근로계약(무기계약)을 체결한 근로자로 본다(동조 제2항).

---

2. 휴직 · 파견등으로 결원발생으로 당해 근로자가 복귀할 때까지 그 업무를 대신할 필요가 있는 경우
- 출산 · 질병 · 군입대 등으로 인한 휴직, 장기파견 근로자 대체 등
3. 근로자가 학업, 직업훈련 등을 이수함에 따라 그 이수에 필요한 기간을 정한 경우
- 학생, 직업훈련생은 학위 또는 자격증 취득 후 취업이 중요하므로 그 기간 중에는 근로계약기간에 제한을 두지 않음(학업 · 직업훈련과 직업의 양립을 고려)
4. 「고령자고용촉진법」 제2조 제1호의 고령자(만55세 이상)와 근로계약을 체결하는 경우
- 연령 때문에 재취업이 어려운 조기퇴직자의 고용촉진을 위해 고령자에 대한 예외 허용
5. 전문적 지식 · 기술의 활용이 필요한 경우와 정부의 복지정책 · 실업대책 등에 의하여 일자리를 제공하는 경우로서 대통령령이 정하는 경우
- 의사 · 변호사 등 전문성과 직업능력이 높은 전문직종은 기간제한을 통해 보호할 필요성과 당위성이 상대적으로 낮고, 취로사업 · 자활사업 · 공공근로사업 등 정부시책사업은 참여자들의 생활안정, 취업기회 제공 등이 주된 목적으로서 일반적인 근로관계와 차이가 있으며, 예산을 통해 시행되므로 사업의 성격상 사업기간에 맞추어 기간제로 사용할 필요가 있음.
6. 그 밖에 제1호 내지 제5호에 준하는 합리적인 사유가 있는 경우로서 대통령령이 정하는 경우
- 고용환경 변화에 따라 시행령에서 탄력적으로 규정할 수 있도록 하되 위 각호에 준하는 정도의 합리적인 이유가 있는 경우에만 가능토록 함.

관련행정해석

기간제근로자의 근로기간 단절이 있을 경우 계속근로기간 산정

○ 「기간제 및 단시간근로자 보호 등에 관한 법률」(이하 기간제법) 제4조제1항 본문 및 제2항의 규정에 의하면 사용자는 2년을 초과하지 아니하는 범위 안에서(기간제 근로계약의 반복갱신 등의 경우에는 그 계속 근로한 총기간이 2년을 초과하지 아니하는 범위 안에서) 기간제근로자를 사용할 수 있고

- 사용자가 2년을 초과하여 기간제근로자를 사용하는 경우, 동 2년을 초과한 시점부터 기간의 정함이 없는 근로계약을 체결한 근로자로 보도록 되어 있음.
- 이 경우, "계속근로기간"이라 함은 근로계약을 체결하여 해지될 때까지의 기간을 말하는 바, 기간의 정함이 있는 근로계약의 경우 그 계약기간의 만료로 고용관계는 종료되는 것이 원칙이나, 근로계약이 만료됨과 동시에 근로계약기간을 갱신하거나 동일한 조건의 근로계약을 반복하여 체결한 경우에는 갱신 또는 반복한 계약기간을 모두 합산하여 계속근로년수를 계산하여야 하며,(대법 1995.7.11, 93다26168)
- 근로계약의 반복 갱신 사이에 근로관계의 단절이 있는 경우라도 그 근로계약이 이루어지게 된 동기 및 경위, 기간을 정한 목적과 당사자의 진정한 의사, 동일 사업(장)에서의 근무여부, 기간제법의 제정 취지 등에 비추어 "계속근로"로 볼 수 있는지 여부를 판단하게 될 것임.

○ 귀 질의내용과 같이 기간제 근로계약 사이에 근로관계의 단절이 있는 경우에는 상기의 원칙에 따라 그 계속근로 해당 여부를 개별적 · 구체적으로 살펴보아 판단하여야 할 것으로 사료됨.

- 일반적으로는 '계약기간 만료통보', '자의에 의한 퇴직원 제출', '퇴직금 및 4대 보험 정산' 등을 거쳐 유효하게 근로관계가 단절된 후 신규입사 절차를 거쳐 새로운 기간제 근로계약을 체결하고 근무하는 형태라면 각각 별도의 근로계약에 의한 근무기간으로 보아야 하는 것이 원칙이지만,
- 기간의 단절이 있는 근로계약이 수년간 반복되어 계약을 계속 체결하는 것이 관행화되어 있고, 노사 당사자 모두 그렇게 기대하면서 사실관계에 있어서도 특정기간이 도래하면 재계약을 체결한 후 동일한 근로를 제공하고 사용자는 그 대상으로서 임금을 지급하는 형태의 근로관계가 반복되었다면, 이 경우는 반복적으로 체결한 근로계약 전 기간을 계속근로로 인정할 수도 있을 것임(고용차별개선정책과-682, 2009.07.14).

관련행정해석

사업의 완료 또는 특정한 업무의 완성에 필요한 기간내에서 기간제 근로계약의 반복 갱신 가능 여부

기간제법 제4조제1항은 "사용자는 2년을 초과하지 아니하는 범위 안에서 (기간제 근로계약의 반복갱신 등의 경우에는 그 계속 근로한 총기간이 2년을 초과하지 아니하는 범위 안에서) 기간제근로자를 사용할 수 있다"고 규정하고 있으며, 단서 제1호에 따라 '사업의 완료 또는 특정한 업무의 완성에 필요한 기간을 정한 경우'에는 기간제한의 예외를 인정하고 있는 바, 기간제법은 기간제근로자의 사용기간을 2년으로 제한할 뿐, 개별 근로계약 기간의 한도 또는 연장 · 갱신 · 반복 횟수를 제한하는 것은 아님.

- 따라서 귀 질의와 같이 사업의 완료 또는 특정한 업무의 완성에 필요한 기간을 정한 경우, 그 기간이 2년을 넘더라도 기간제한의 예외로 인정될 수 있으며, 그 정한 기간 내에서 1년 단위 기간제 근로계약을 반복 · 갱신할 수 없다고는 할 수 없으나, 법문의 취지상 사업의 완료 또는 특정한 업무의 완성에 필요한 기간동안 계속 고용하여야 할 것이므로 1년 단위 계약을 반복 · 갱신하는 것의 실익이 없을 것으로 봄(비정규직대책팀-2786, 2007. 07. 10.).

관련행정해석

사업의 완료에 필요한 기간을 정하여 근로계약을 체결함에 있어, 근로계약 만료일을 "당해 공사의 종료일"이라고 정할 수 있는지 여부

○ 「기간제 및 단시간근로자 보호 등에 관한 법률」(이하 기간제법) 제4조제2항의 규정에 의하면, 사용자가 2년을 초과(기간제 근로계약의 반복갱신 등의 경우에는 그 계속 근로한 총기간이 2년을 초과)하여 기간제근로자를 사용하는 경우, 동 2년을 초과한 시점부터 기간의 정함이 없는 근로계약을 체결한 것으로 보도록 하고 있으나, 같은법 제4조제1항 단서의 각호에 해당하는 경우에는 2년을 초과하여 사용하더라도 기간의 정함이 없는 근로계약을 체결한 것으로 보지 않도록 예외규정(사용기간 제한 예외)을 두고 있음

「기간제법」 제4조 제1항 단서 제1호는 "사업의 완료 또는 특정한 업무의 완성에 필요한 기간을 정한 경우"를 기간제근로자의 사용기간 제한의 예외로 규정하고 있고, 건설공사 등 유기사업, 특정 프로그램 개발 또는 프로젝트 완수를 위한 사업 등 한시적이거나 1회성 사업의 특성을 갖는 경우에는 이 규정의 적용을 받을 수 있음.

- 특정 사업(공사)의 완료에 필요한 계약기간을 정함에 있어, 날씨 등의 사유로 사업완료일을 확정할 수 없는 경우에는, 근로계약 만료일을 당해 특정 사업(공사)의 "공사종료일"로 정하여 근로계약을 체결할 수 있을 것이며, 귀 질의의 경우 당초 공사기간이 '08.4.30.일부터 '10. 4. 30일 이었다가 공사가 지연되었더라도 동 공사기간에 관련 업무를 수행할 목적으로 채용된 기간제근로자라면 동 공사기간 동안은 사용기간 제한의 예외를 적용할 수 있다고 사료됨(고용평등정책과-586, 2010. 06. 04.).

(2) 2년 초과 사용 시 사용자가 종전에 체결한 근로계약기간의 만료를 이유로 고용을 종료하면 '해고'에 해당되므로 근기법 제23조의 '정당한 이유'가 있어야 한다. 사용기간 2년 초과 자체에 대한 벌칙 등 제재는 없으나, 2년 초과사용 시 정당한 이유가 없는 근로관계의 종료는 부당해고에 해당한다.

(3) 기간제 근로자의 사용기간을 2년으로 제한함에 따라 근기법상 계약기간상한(1년) 규정을 폐지(부칙 제3항)하고, 당사자는 2년 범위 내에서 계약기간을 자유롭게 설정할 수 있으며, 법 제4조의 사용기간 제한 등에 관한 규정은 이 법 시행 후 근로계약이 체결 · 갱신되거나 기존의 근로계약기간을 연장하는 경우부터 적용하게 하여 기간제근로에 대한 반복갱신 제한은 소급적용되지 않고 법 시행 후 새로이 체결되거나 갱신되는 근로계약부터 적용되며 당초 계약기간을 연장하는 경우도 그 연장된 때부터 법을 적용하는 것이다(부칙 제2항).

(4) 파견근로자의 경우 파견법 개정 전 1년의 범위 내에서 1회에 한하여 파견기간을 연장할 수 있도록 한 것을 연장횟수에 대한 제한을 삭제하여 1회의 파견기간이 1년을 초과하지 아니하고, 연장된 총 파견기간이 2년을 초과하지 아니하는 범위 내에서 파견기간 연장횟수의 제한이 없어졌다.[259)]

3. 기간의 정함이 없는 근로자로의 전환 노력

(1) 사용자는 기간의 정함이 없는 근로계약을 체결한 근로자를 채용하고자 하는 경우에 당해 사업 또는 사업장의 동종 또는 유사한 업무에 종사하는 기간제근로자를 우선적으로 고용하도록 노력해야 한다(제5조).

(2) 파견근로자의 경우에는 파견법상 고용의제 규정의 문제점을 감안하여 고용의제를 고용의무로 변경하고, 불법파견 시에도 적용됨을 명시하여 파견근로자 보호, 불법파견에 대한 제재를 강화하였다(제6조의2).

4. 단시간근로자의 초과근로 제한

(1) 사용자는 단시간근로자에 대하여 「근기법」 제2조 제1항 제7호의 소정근로시간을 초과하여 근로하게 하는 경우에는 당해 근로자의 동의를 얻어야 한다. 이 경우 1주간에 12시간을 초과하여 근로하게 할 수 없다(제6조 제1항). 사용자는 이에 따른 초과근로에 대하여 통상임금의 100분의 50 이상을 가산하여 지급하여야 한다.(동조 제3항) 단시간근로자에게 초과근로를 하게 할 경우벌칙 규정 이 적용된다(제22조).

(2) 단시간근로자는 사용자가 근로자의 동의를 얻지 아니하고 초과근로를 하게 하는 경우에이를 거부할 수 있다(동조 제2항). 사용자는 부당한 초과근로 지시를 거부한 것을 이유로 해고 그 밖의 불리한 처우를 하지 못한다(제16조 제1호).

5. 통상근로자로의 전환 노력 등

(1) 단시간 근로자와 통상근로자간 전환을 촉진하기 위해 ① 단시간근로자의 통상근로자로의 전환뿐만 아니라 고용창출 등을 위해, ② 통상근로자의 자발적인 단시간근로 전환도유도하고자 하였다.

(2) 즉, 사용자는 통상근로자를 채용하고자 하는 경우에 당해 사업 또는 사업장의 동종 또는 유사한 업무에 종사하는 단시간근로자를 우선적으로 고용하도록 노력해야 하며, 사용자는 가사, 학업 그 밖의 이유로 근로자가 단시간근로자로의 전환을 신청하는 때에는 당해근로자를 단시간근로자로 전환하도록 노력해야 한다(제7조).

---

259) 예컨대, 6개월 파견계약 체결 후 총 파견기간 2년 이내에서 파견기간을 3회 연장한 경우 구법으로는 회수 위반이나 개정법에서는 법위반 아니다.

5. 근로자 파견 대상업무

(1) 상시허용업무

파견사업은 제조업의 직접생산공정업무를 제외하고 전문지식 · 기술 · 경험 또는 업무의 성질 등을 필요로 하는 업무로서 대통령령이 정하는 업무를 대상으로 한다(제5조 제1항).

(2) 임시허용업무

출산 · 질병 · 부상 등으로 결원이 생긴 경우 또는 일시적 · 간헐적으로 인력을 확보하여야 할 필요가 있는 경우(제5조 제2항)에는 사용사업주는 당해 사업 또는 사업장에 근로자의 과반수로 조직된 노동조합이 있는 경우에는 그 노동조합, 근로자의 과반수로 조직된 노동조합이 없는 경우에는 근로자의 과반수를 대표하는 자와 사전에 성실하게 협의하여야 한다(제5조 제4항).

(3) 절대금지업무

1) 건설공사현장에서 이루어지는 업무

2) 「항만운송사업법」제3조 제1호,「한국철도공사법」 제9조 제1항 제1호, 「농수산물유통 및 가격안정에 관한 법률」 제40조, 「화물유통촉진법」 제2조 제2호 · 제10호의 규정에 따른 하역업무로서 「직업안정법」 제33조의 규정에 따라 근로자공급사업 허가를 받은 지역의 업무

3) 「선원법」 제3조의 규정에 따른 선원의 업무

4) 「산업안전보건법」 제28조의 규정에 따른 유해하거나 위험한 업무

5) 그 밖에 근로자 보호 등의 이유로 근로자파견사업의 대상으로는 적절하지 못하다고 인정하여 대통령령이 정하는 업무

6. 근로자 파견기간 및 고용의무

(1) 상시허용업무

근로자파견의 기간은 일시허용업무에 해당하는 경우를 제외하고는 1년을 초과하지 못한다(제6조 제1항). 파견사업주 · 사용사업주 · 파견근로자간의 합의가 있는 경우에는 파견기간을 연장할 수 있다. 이 경우 1회를 연장할 때에는 그 연장기간은 1년을 초과하지 못하며, 연장된 기간을 포함한 총파견기간은 2년을 초과하지 못한다(동조 제2항). 다만, 고령자인 파견근로자에 대하여는 2년을 초과하여 파견기간을 연장할 수 있다.

(2) 일시허용업무

① 출산 · 질병 · 부상 등 그 사유가 객관적으로 명백한 경우에는 그 사유의 해소에 필요한 기간
② 일시적 · 간헐적으로 인력을 확보할 필요가 있는 경우에는 3월 이내의 기간. 다만, 그 사유가 해소되지 아니하고 파견사업주 · 사용사업주 · 파견근로자간의 합의가 있는 경우에는 1회에 한하여 3월의 범위 안에서 그 기간을 연장할 수 있다(제6조 제4항).

(3) 고용의무

① 사용사업주가 다음 각 호의 어느 하나에 해당하는 경우에는 해당 파견근로자를 직접 고용하여야 한다. 당해 파견근로자가 명시적인 반대의사를 표시하거나 대통령령이 정하는 정당한 이유가 있는 경우에는 적용하지 아니한다(제6조의2조 제1 · 2항)
1. 제5조 제1항의 근로자파견대상업무에 해당하지 아니하는 업무에서 파견근로자를 사용하는 경우(제5조 제2항에 따라 근로자파견사업을 행한 경우는 제외한다.)
2. 절대금지업무 규정을 위반하여 파견근로자를 사용하는 경우
3. 제6조제2항을 위반하여 2년을 초과하여 계속적으로 파견근로자를 사용하는 경우
4. 일시허용업무 규정을 위반하여 파견근로자를 사용하는 경우
5. 고용노동부장관의 허가를 받지 않은 자로부터 근로자파견의 역무를 제공받은 경우

② 사용사업주가 파견근로자를 직접 고용하는 경우에 있어서 파견근로자의 근로조건은 다음과 같다(동조의2 제3항)
1. 사용사업주의 근로자 중 당해 파견근로자와 동종 또는 유사업무를 수행하는 근로자가 있는 경우에는 그 근로자에게 적용되는 취업규칙 등에서 정하는 근로조건에 의할 것
2. 사용사업주의 근로자 중 당해 파견근로자와 동종 또는 유사업무를 수행하는 근로자가 없는 경우에는 당해 파견근로자의 기존의 근로조건의 수준보다 저하되어서는 아니될 것

③ 사용사업주는 파견근로자를 사용하고 있는 업무에 근로자를 직접 고용하고자 하는 경우에는 당해 파견근로자를 우선적으로 고용하도록 노력하여야 한다(동조의2 제4항).

Ⅲ. 차별적 처우의 금지

1. 차별적 처우의 개념

(1) 차별적 처우라 함은 임금 그 밖의 근로조건 등에 있어서 합리적인 이유 없이 불리하게 처우하는 것을 말한다(기간제법 제2조 제3호, 파견법 제2조 제7호).

(2) 헌법 제11조에서 국민의 평등권을 보장하고 있는 바, 여기에서의 평등원칙은 일체의 차별적 대우를 부정하는 절대적 평등을 의미하는 것이 아니라 합리적 근거가 없는 차별을 금지한 상대적 평등을 말하는 것이므로 합리적 근거가 있는 차별이나 불평등은 평등원칙에 반하지 아니한다.[260)]

260) 헌재 1998. 9. 30, 98헌가7.

(3) 비정규직 근로자의 경우에는 정규직 근로자와 달리 기술 · 능력 · 경력 · 자격 · 근속년수 등에 의한 합리적 이유 있는 차별이 아니라 비정규직 근로자임을 이유로 하여 행하는 차별은 불합리한 차별로 볼 수 있다.

2. 차별적 처우의 판단기준

(1) 비정규직(기간제 · 단시간 · 파견) 근로자임을 이유로

1) 사용자가 근로자의 기술이나 능력, 경력 · 근속연수 등을 이유로 하는 것이 아니라 비정규직임을 이유로 한 차별적 처우는 불합리한 차별로서, 법은 '비정규직 근로자임을 이유로' 차별하는 것을 금지하는 규정을 두고 있다.

2) 이 경우의 인과관계는 사용자의 내심의 주관적인 차별적 의사의 존재여부와 관계없이 객관적으로 보아 차별이 있고, 그러한 차별이 비정규직 근로자임을 이유로 한 것이라면 인과관계의 성립을 인정할 수 있은 객관적 인과관계설이 타당하다고 본다.

(2) 당해 사업 또는 사업장의

비정규직 근로자와 비교되는 정규직 근로자는 당해 사업 또는 사업장에서 동종 또는 유사한 업무에 종사하는 자에 비교하여 차별을 금지하는 것이지, 동일 사업이나 지역에서의 동종 또는 유사한 업무에 종사하는 근로자를 비교대상으로 하는 것이 아니다.

(3) 비교대상자

① 기간제근로자는 기간의 정함이 없는 근로계약을 체결한 근로자, ② 단시간근로자는 통상근로자, ③ 파견근로자는 사용사업주에게 고용되어 있는 자를 비교대상으로 한다.

(4) 차별적 처우 금지

금지되는 차별적 처우란 다음 각 목의 사항에 있어서 합리적인 이유 없이 불리하게 처우하는 것을 말한다. (기간제법 제2조 제3호, 파견법 제2조 제7호)

가. 「근로기준법」 제2조제1항제5호에 따른 임금
나. 정기상여금, 명절상여금 등 정기적으로 지급되는 상여금
다. 경영성과에 따른 성과금
라. 그 밖에 근로조건 및 복리후생 등에 관한 사항

여기에서 불합리한 처우란 비정규직 근로자임을 이유로 비교대상자에 비하여 낮은 근로조건으로 처우하는 것을 말하며, 불합리한 처우의 여부는 비정규직 근로자를 중심으로, 합리적 이유의 존부는 사용자를 중심으로 파악하면 될 것이다.

관련판례

통근비와 중식대의 차별

1. 기간제근로자보호법 제2조제3호는 '차별적 처우'를 '임금 그 밖의 근로조건 등에서 합리적인 이유 없이 불리하게 처우하는 것'으로 정의하고 있다. 여기에서 불리한 처우란 사용자가 임금 그 밖의 근로조건 등에서 기간제근로자와 비교 대상 근로자를 다르게 처우함으로써 기간제근로자에게 발생하는 불이익 전반을 의미하고, 합리적인 이유가 없는 경우란 기간제근로자를 다르게 처우할 필요성이 인정되지 않거나 다르게 처우할 필요성이 인정되는 경우에도 그 방법 · 정도 등이 적정하지 않은 경우를 의미한다. 그리고 합리적인 이유가 있는지 여부는 개별 사안에서 문제된 불리한 처우의 내용과 사용자가 불리한 처우의 사유로 삼은 사정을 기준으로 기간제근로자의 고용형태, 업무의 내용과 범위, 권한과 책임, 임금 그 밖의 근로조건 등의 결정요소 등을 종합적으로 고려하여 판단하여야 한다.

2. 원고 은행이 이 사건 근로자들에게 정규직인 비교대상 근로자보다 불리하게 차별 지급한 통근비와 중식대는 실비변상적인 것으로서 업무의 범위나 난이도, 업무량 등에 따라 차등지급할 성질의 것이 아닌 점, 정규직 직원들에 대한 장기근속 유도 목적은 원고 은행이 마련하고 있는 각종 제도로 충분히 달성할 수 있을 것으로 보이는 점 등을 종합하여 볼 때, 통근비 및 중식대 지급과 관련한 차별적 처우에 합리적인 이유가 있다고 볼 수 없다(대법 2012. 03. 29, 2011두2132).

3. 차별시정절차의 도입취지와 주된 특징

(1) 도입취지

노동문제에 전문성이 있는 노동위원회에 차별시정위원회를 설치하여 차별시정의 판단 · 명령을 하도록 한 바, 차별금지원칙이 명문화됨에 따라 근로자가 직접 법원에 차별시정을 구하는 소송을 제기할 수도 있을 것이나 소송기간 및 비용 부담 등을 고려할 때, 신속 저렴한 행정절차(준사법절차)를 도입한 것이다.

(2) 주된 특징

비정규직 근로자의 차별시정제도의 주된 특징은 ① 신청권자는 비정규직 근로자에 되며, 신청대상은 비정규직임을 이유로 한 차별에 국한한 점, ② 구제절차는 조정방식과 심판절차를 병행하고, 심문과정에서 사용자의 입증책임을 명시하고 있으며, ③ 시정방식을 차별적 행위의 중지, 근로조건의 개선명령, 적절한 금전보상 등 다양한 방식으로 운용하고, 시정명령의 실효성 확보차원에서 과태료 처분을 두고 있는 점이다.

4. 차별적 처우의 시정절차

(1) 차별시정 신청

1) 기간제근로자 또는 단시간근로자는 차별적 처우를 받은 경우 「노동위원회법」 제1조의 규정에

따른 노동위원회에 그 시정을 신청할 수 있다. 다만, 차별적 처우가 있은 날(계속되는 차별적 처우는 그 종료일)부터 6개월이 경과한 때에는 그러하지 아니하다.(제9조 제1항) 근로자가 차별시정신청을 하는 때에는 차별적 처우의 내용을 구체적으로 명시해야 한다.(동조 제2항). 파견근로자도 파견법에 의해 차별적 처우의 금지 및 시정 등 기간제법의 시정절차(제9조 내지 제15조)를 준용한다.

2) 차별시정신청 절차 · 방법 등에 관하여 필요한 사항은 중앙노동위원회가 따로 정하고(동조 제3항), 차별시정절차의 실효성을 높이기 위해 차별금지와 관련한 분쟁에 있어서 입증책임을 사용자가 부담하도록 규정하였다(동조 제4항). 또한 사용자는 근로자에 대하여 차별시정신청을 이유로 해고 그 밖의 불리한 처우를 하지 못한다(제16조 제2호).

(2) 조사 · 심문

1) 차별적 처우 여부의 판단을 위하여 노동위원회는 시정신청을 받은 때에는 지체없이 필요한 조사와 관계 당사자에 대한 심문을 해야 하며(제10조 제1항), 심문시 관계 당사자의 신청 또는 직권으로 증인을 출석하게 하여 필요한 사항을 질문할 수 있고(동조 제2항), 심문시 관계 당사자에게 증거의 제출과 증인에 대한 반대심문을 할 수 있는 충분한 기회를 주어야 한다(동조 제3항).

2) 조사 · 심문의 방법 및 절차 등에 관하여 필요한 사항은 중앙노동위원회가 따로 정하며(동조 제4항), 차별시정사무에 관한 전문적 조사 · 연구업무를 수행하기 위하여 노동위원회에 전문위원을 둘 수 있다(동조 제5항).

(3) 조정 · 중재

1) 조정 · 중재절차의 개시요건

노동위원회는 심문과정에서 관계 당사자 쌍방 또는 일방의 신청 또는 직권에 의하여 조정(調停)절차를 개시할 수 있고, 관계 당사자가 미리 노동위원회의 중재(仲裁)결정에 따르기로 합의하여 중재를 신청한 경우에 중재를 할 수 있으며(제11조 제1항), 조정 또는 중재신청의 신청은 시정신청 일부터 14일 이내에 해야 하며, 단, 노동위원회의 승낙이 있는 경우 14일 이후에도 가능하다(동조 제2항).

2) 조정 · 중재결정의 효력

당사자 쌍방이 조정안을 수락하여 조정이 성립하거나, 노동위원회의 중재결정이 내려진 경우 그 이행의 실효성을 담보하기 위하여 조정 및 중재결정에 재판상 화해[261]와 동일한 효력을 부여를 갖는다(동조 제7항).

261) 재판상 화해는 확정판결과 동일한 효력을 가지므로(민사소송법 제220조) 향후 소송에서 이에 저촉되는 내용으로 다툴 수 없고(기판력), 관할 법원에서 집행문을 부여받아 부동산 압류, 동산, 인도 등 강제집행이 가능(집행력)하다.

3) 조정 · 중재의 방법 등

조정 · 중재의 방법, 조정조서 · 중재결정서의 작성 등에 관하여 중앙노동위원회가 따로 정한다(동조 제8항).

(4) 시정명령 등

노동위원회는 조사 · 심문을 종료하고 차별적 처우에 해당된다고 판정한 때에는 사용자에게 시정명령을 발하고, 차별적 처우에 해당하지 아니한다고 판정한 때에는 그 시정신청을 기각하는 결정을 해야 하며(제12조 제1항), 노동위원회는 시정명령의 내용 및 이행기한 등을 구체적으로 기재해야 한다(동조 제2항).

(5) 조정 · 중재 또는 시정명령의 내용

노동위원회의 조정 · 중재 또는 시정명령의 내용에는 차별적 행위의 중지, 임금 등 근로조건의 개선 및 적절한 금전보상 등이 포함될 수 있다(제13조 제1항). 이에 따른 배상액은 차별적 처우로 인하여 기간제근로자 또는 단시간근로자에게 발생한 손해액을 기준으로 정한다. 다만, 노동위원회는 사용자의 차별적 처우에 명백한 고의가 인정되거나 차별적 처우가 반복되는 경우에는 손해액을 기준으로 3배를 넘지 아니하는 범위에서 배상을 명령할 수 있다.(동조 제2항)

(6) 시정명령 등의 확정

1) 지방노동위원회의 시정명령 또는 기각결정에 대하여 불복하는 관계 당사자는 시정명령서 또는 기각결정서를 송달받은 날부터 10일 이내에 중앙노동위원회에 재심을 신청할 수 있다(제14조 제1항).

2) 중앙노동위원회의 재심결정에 대하여 불복이 있는 관계 당사자는 재심결정서의 송달을 받은 날부터 15일 이내에 행정소송을 제기할 수 있다(동조 제2항).

3) 재심신청기간(10일) 또는 행정소송 제기기간(15일) 내에 재심을 신청하지 아니하거나 행정소송을 제기하지 아니한 때에는 시정명령 · 기각결정 또는 재심결정은 확정된다(동조 제3항).

(7) 시정명령 이행상황의 제출요구 등

1) 시정명령 이행상황의 제출요구

고용노동부장관은 확정된 시정명령에 대하여 사용자에게 이행상황을 제출할 것을 요구할 수 있다(제15조 제1항). '확정된 시정명령'에 대한 것이므로 지노위의 시정명령 또는 중노위의 재심결정에 대해 관계 당사자가 불복하여 재심신청 또는 행정소송을 제기한 시정명령에 대해서는 적용하지 아니한다.

2) 시정명령 불이행의 신고

시정을 신청한 근로자는 사용자가 확정된 시정명령을 이행하지 아니하는 경우 이를 고용노동부장관에게 신고할 수 있고(제15조 제2항), 신고한 근로자에 대하여 사용자의 불이익 처우를 하지 못한다(제16조 제3호).

(8) 확정된 시정명령의 효력 확대

고용노동부장관은 제14조에 따라 확정된 시정명령을 이행할 의무가 있는 사용자의 사업 또는 사업장에서 해당 시정명령의 효력이 미치는 근로자 이외의 기간제근로자 또는 단시간근로자에 대하여 차별적 처우가 있는지를 조사하여 차별적 처우가 있는 경우에는 그 시정을 요구할 수 있다.(제15조의 3)

Ⅳ. 기타 비정규직 근로자의 보호

1. 불리한 처우의 금지

사용자는 기간제 · 단시간근로자가 ① 사용자의 부당한 초과근로 요구의 거부, ② 시정신청, 노동위원회에의 참석 및 진술, 재심신청 또는 행정소송의 제기, ③ 시정명령 불이행의 신고, ④ 감독기관에 대한 통고의 어느 하나에 해당하는 행위를 한 것을 이유로 기간제 단시간근로자에 대하여 해고 그 밖의 불리한 처우를 하지 못한다(제16조 제1항 본문).

2. 근로조건의 서면명시

(1) 사용자는 기간제 또는 단시간근로자와 근로계약을 체결하는 때에는 ① 근로계약기간, ② 근로시간 · 휴게, ③ 임금의 구성항목 · 계산방법 및 지급방법, ④ 휴일 · 휴가, ⑤ 취업의 장소와 종사해야 할 업무, ⑤ 근로일 및 근로일별 근로시간에 관한 사항을 서면으로 명시해야 한다(단, ⑥은 단시간근로자에 한한다)(제17조).

(2) 서면명시의 방법은 ① 근로계약서에 명시하거나, ② 주요 근로조건이 취업규칙에 명시되어 있을 경우 근로계약서는 개별 근로자에 해당하는 것만 기재하고 그 외 사항은 취업규칙의 내용을 주지시키는 방법 등이 있다.

3. 감독기관에 대한 통고

(1) 이 법 또는 이 법에 의한 명령에 위반한 사실이 있는 경우 근로자는 그 사실을 고용노동부장관 또는 근로감독관에게 통고할 수 있다(제18조).

(2) 통고받은 경우 차별처우의 시정에 관한 사항은 노동위원회로 시정신청을 하도록 안내하고, 그 외 법 위반 사항에 대해서는 신고사건 처리절차에 준하여 처리한다.

4. 취업촉진을 위한 국가 등의 노력

국가 및 지방자치단체는 고용정보의 제공, 직업지도, 취 업 알선, 직업능력개발 등 기간제근로자 및 단시간근로자의 취업촉진을 위하여 필요한 조치를 우선적으로 취하도록 노력해야 한다(제20조).

V. 결

1. 근로감독강화 방안 강구

비정규직 근로자 문제의 상당부분이 근로감독행정 등 현행법 준수에 의해 해소될 수 있다고 판단되므로 근로감독강화 방안을 강구해야 한다.

2. 사회보험 확충방안 강구

사회보험의 적용확대 및 복지확충을 위해 일용직 근로자에 대한 고용보험 적용방안을 강구하고 건강보험 · 국민연금의 적용확대, 사회보험의 적용촉진 및 직업능력개발 확대 및 복지확충방안을 강구해야 한다.

3. 합리적인 보호방안 마련

현재의 비정규직 근로자와 관련된 문제는 단순히 기업과 비정규근로자간의 사적차지 영역으로만 이해되어서는 안 되며, 현행 노동법의 근로자보호의 취지와 경제여건과 노동시장 변화의 현실을 고려한 합리적인 비정규직 근로자 보호방안을 정책적으로 마련해야 할 것이다.

4. 인식제고 및 제재절차 강화

비정규직 근로자의 임금, 근로조건, 4대보험 등과 관련한 노동관계법상의 의무를 성실히 이행하지 않으면서 비정규직은 당연히 저임금과 여타 노동관계법의 적용이 배제되는 것으로 잘못 인식되고 있는 경향이 있으므로 이에 대한 인식제고와 법 위반에 대한 제재절차를 강화해야 할 것이다.

주요약력

대표노무사 유선용

명지대학교 법학과
고려대학교 노동대학원
(전) 한국토지주택공사 노무담당
(전) KLE신지식평생교육원 노동법 / 사회보험법 전임교수
(현) 한국경영교육원 노동법 / 사회보험법 전임
(현) 노무법인 MK 컨설팅 대표

주요저서 : EBS 노동법(고시계사), EBS 사회보험법(고시계사)

함께 알아가는 근로관계

초판발행	2012년 6월 1일
초판2쇄발행	2014년 7월 15일
개정판발행	2015년 6월 12일
개정판2쇄발행	2016년 3월 20일
저자	유선용
발행인	鄭相薰
발행처	考試界社

서울특별시 관악구 봉천로 472
코업레지던스 B1층 고시계사
대 표 : 817-2400 편집부 : 817-0367~8
영업부 : 817-0418~9 팩 스 : 817-8998
등 록 : 2001. 4. 10. 제16-2381호

www.gosi-law.com / www.eduall.kr / E-mail : goshigye@chollian.net

정가 19,000원 ISBN 978-89-5822-516-4 93360